国际海运政策概论（第二版）

GUOJI HAIYUN
ZHENGCE GAILUN

王杰　王丹 / 主编
赵旭 / 主审

大连海事大学出版社
DALIAN MARITIME UNIVERSITY PRESS

图书在版编目(CIP)数据

国际海运政策概论 / 王杰,王丹主编. — 2版.
大连 : 大连海事大学出版社, 2025. 8. — ISBN 978-7
-5632-4693-9

Ⅰ. F551.0

中国国家版本馆 CIP 数据核字第 2025478KE8 号

大连海事大学出版社出版

地址:大连市黄浦路523号 邮编:116026 电话:0411-84729665(营销部) 84729480(总编室)

http://press.dlmu.edu.cn E-mail:dmupress@dlmu.edu.cn

大连金华光彩色印刷有限公司印装　　大连海事大学出版社发行

2010年9月第1版　　2025年8月第2版　　2025年8月第1次印刷

幅面尺寸:184 mm×260 mm　　印张:10.25

字数:256千　　印数:1~500册

出版人:余锡荣

责任编辑:陈青丽　　责任校对:王　琴

封面设计:解瑶瑶　　版式设计:解瑶瑶

ISBN 978-7-5632-4693-9　　定价:26.00元

内容简介

国际海运政策是规范水运市场、调节市场失灵的重要手段，不同国家和地区由于国情和海运业的发展程度不同，其国际海运政策也各具特色。本书从国际海运的基本概况出发，提出了国际海运政策的一般理论，并分别阐述了中国海运政策、美国海运政策、欧盟（欧共体）海运政策、日本海运政策和主要国际性组织的海运政策。本书结构完整、内容丰富，既包含一般性的理论介绍，也有不同国家及地区的实践分析。

本书可供高等学校的交通、海事、外贸、海关等专业学生及相关研究人员学习使用，也可作为水运、贸易、物流等领域从业人员和管理人员的工作参考书。

第二版前言

国际海运承担了全球贸易量90%以上的运输任务，是各国经济发展和国际贸易运行的基础。合理的海运政策不仅可以促进各国海上贸易往来，提高贸易效率，确保货物在全球范围内的流动性和供应链的稳定性，还能调控航运市场，防止垄断和不正当竞争，促进市场环境的公平。同时，海运业具有发展的周期性、基础设施建设的滞后性、班轮运输市场的寡头垄断性等诸多特性，也使得国家必须出台相应的法规和政策对行业加以规范，以更好地促进海运业的发展。

制定和实施符合国家利益的海运政策在经济、社会、安全和环境方面均具有深远意义。通过加大船舶更新和技术研发方面的投入，可以提升海上运输的安全性和效率，加强本国航运企业的国际竞争力，也有助于增加外汇收入和就业机会；通过加大对港口设施的投入和开展自动化港口建设，有助于缩短船舶装卸时间和周转时间，降低社会物流成本。此外，引导航运企业使用更加环保的船用燃料，能够减少有害排放，保护本国海域生态环境，确保渔业和旅游业等产业的可持续发展，并带动绿色技术产业的发展。

海洋运输的国际性使得任何一个国家在从事相关活动时，不得不考虑到本国与他国海运业之间可能产生的各种复杂联系，也不得不谋求相应的对策，并在行动准则上做出系统的规范。比如，海运业所涉及的远洋船舶能否在一个国家的领海和内河水域中自由地进行贸易运输，直接关系到一个国家的主权和安全问题。因此，世界上大多数国家，在其颁布的国际海运政策中，把沿海运输权专门赋予本国海运船队，而对外国船舶规定了严格的限制和审批制度。而且国际海运活动因涉及跨国运输，在面对海域通航权、海运安全和环保标准等问题时往往需要以国际合作的方式来解决，在这方面，国际海事组织（IMO）、联合国贸易和发展会议（UNCTAD）、国际劳工组织（ILO）等机构所颁布的国际公约起到了统一全球水路运输安全标准、航运服务标准、海洋环保标准的重要作用，有助于提高海上运输的安全性和防止船舶造成海洋污染。

鉴于国际海运政策的重要作用和意义，本书在第一版的基础上修订再版，本次再版主要是针对近十年来海运政策的发展变化，对几个国家和地区的海运政策内容进行了补充和完善。对国际海运政策的相关知识进行了梳理和总结。首先，提出了相关理论，包括国际海运的基本概况、产业结构，以及国际海运政策的分类、本质、特征、地位与功能、主客体，目标等；其次，介绍了相关国家与地区组织的国际海运政策，包括中国、美国、欧盟和日本的海运政策，其中对中国的海运政策进行了比较详细的介绍，具体涵盖了航运市场法规与政策、港口市场法规与政策两个方面；最后，对主要国际性组织的海运政策进行了介绍，包括世界贸易组织的海运法规、《联合国海洋法公约》的相关规定，以及国际海事组织的相关政策。

全书由大连海事大学交通运输工程学院王丹副教授负责架构的确定，大连海事大学交通运输工程学院王杰教授负责第一章、第二章、第三章和第八章的编写工作，王丹副教授负责第四章、第五章、第六章、第七章的编写和最终的统稿工作。大连海事大学交通运输工程学院赵旭教授担任本书的主审，感谢他在百忙之中对本书进行的细心指导和修改。

编　者

2024 年 11 月于大连海事大学

第一版前言

1982 年 4 月到 6 月间，在遥远的南大西洋，英国和阿根廷为争夺马尔维纳斯群岛的主权爆发了一场战争。在一番激烈和艰苦的争夺后，英军夺回了该岛的控制权。在整个行动中，共有 43 艘英国商船（英语称"ships taken up from trade""自贸易征召"）为特遣舰队服役或提供补给。为特遣舰队提供燃料物资等的集装箱船及油船走出了一条来往英国至南大西洋的 8 000 海里后勤线。1991 年 1 月 17 日至 2 月 28 日，以美国为首的多国部队在取得联合国授权后，对科威特和伊拉克境内的伊拉克军队发动军事进攻，多国部队以较小的代价取得了决定性胜利，重创伊拉克军队。伊拉克最终接受《联合国 660 号决议》，并从科威特撤军。在战争中，美国最大限度地出动了运输司令部所辖战略运输工具，动员了后备和民用运输力量，同时，进行了后备役征召和编组。这些民间运输工具在战争中为美军提供了有力的后勤保障。国际海运业的战略意义，由此可见一斑。

1999 年 12 月，运载着 3 万多吨重油的马耳他籍油船"埃里卡"号在风急浪高的恶劣气候条件下断裂成两截后沉入海底，1 万多吨重油泄入大海，法国沿海成了石油污染的重灾区；2002 年 11 月，"威望"号在西班牙加利西亚海岸沉没，对当地海域造成了严重污染；2007 年 3 月，"粤惠州货 0301"号与 1 艘油船在东莞新沙码头处水域相撞，煤船沉没，900 多吨煤炭沉入江中；2009 年 8 月，中国台湾台塑集团的"立善"号油船在马六甲海峡发生了船舶相撞海难事故。有关专家指出，海运业的恶性竞争和国际管理机制的不完善，是海上运输事故频发的重要原因，海上原油运输行业尤甚。为了降低运营成本，约有 50%的海运公司无视有关海上运输的法律条文和安全措施，或对船舶的技术性能缺乏严格的定期检查。在失事船舶中，老旧船舶占到了 80%以上。与此同时，随着金融危机的发生，海运运价一直处于波动之中。一方面，在我国及世界其他国家均出现了集装箱运输"零运价""负运价"等恶性竞争行为，严重损害了航运企业的利益，从长远角度考虑也不利于世界海运业的发展；另一方面，以班轮公会和航运联营体为代表的国际组织又极力控制市场，导致欧盟决定取消班轮公会在其港口航线上的活动。从某种意义上讲，造成上述现象发生的罪魁祸首，正是无序的航运竞争市场。而国际海运政策就是国家通过宏观调控的方式，为国际航运业提供的一些宏观方面的指导和规范，从而弥补市场经济当中存在的一些缺点。规范有序的航运市场迫切需要完善的航运政策。

有鉴于此，本书介绍了国际海运政策的一般理论，论述了世界各个主要国家和地区以及主要国际性组织的海运政策，并对船舶开放登记做了专题评述，同时还介绍了国际海运政策中的几种分析方法，从而为决策者决策提供科学的依据。本书的出版，可以给予我国海运政策的制定者、实施者和我国国际海运相关企业一个了解、审视世界各国海运政策的良好机会。作者希望以这本书作为引玉之砖，引起相关理论界以及航运界的重视，从而促进我国海运政策体系和国际航运市场的完善，推动我国航运业的健康稳定发展。

由于时间和水平有限，本书难免存在不足之处，恳请同行批评指正。

编著者

2010 年 5 月于大连

目 录

第一章 国际海运概述

第一节 国际海运的基本概况

一、国际海运的定义

水路运输是利用船舶、排筏和其他浮运工具，以港口或港站为运输基地，以海洋、江、河、湖泊以及其他人工水道为运输活动范围，运送旅客和货物的一种运输方式。

根据运输的距离和范围，可以将水路运输划分为内河运输、沿海运输、近洋运输与远洋运输，其中近洋运输和远洋运输统称为国际海运，是使用船舶通过海上航道在不同国家和地区的港口之间运送货物的一种运输方式。

二、国际海运的特点

国际海运通过海洋运输（简称海运），将内陆经济腹地与世界连通，是发展经济和开展国际贸易的主要方式。国际海运可充分利用天然水资源，具有点多、面广、线长、对环境污染小、运输量大、价格低廉、对运输货物适应性强的优点。具体说来，国际海运具有以下几项主要特征：

1. 运输能力强

（1）运输量大。目前，世界上最大的油船（诺克·耐维斯号）载重量达50万吨，最大的矿砂船载重量达40万吨，最大的集装箱船一次可装载24 000个标准箱。

（2）对货种无限制，基本上适应于各种货物的运输。如钻井平台、火车头、超重超长货物等其他运输方式无法承运的货物，船舶一般均可以承运。

（3）货物周转量大。运输量大加上运距比其他运输方式长使得国际海运运输完成的货物周转量比其他运输方式的大。

2. 运送速度慢

受船舶航速及港口基础装卸效率与集疏运能力的影响，国际海运货物的运送速度较慢。由于船舶运输量较大，货物的集散时间也长，如我国至美洲、欧洲等航线，一个往返航次需要数月时间。货物在途时间长，增加了货方的流动资金占用量。当然，有些货主也利用较慢的速度来达到转运盘存货物的目的。

3. 运输的完整性较差，对综合运输的依赖性较大

海洋的地理分布有相当大的局限性，水运航线无法在广大陆地上任意延伸，故水路运输依赖于天然航道和港口，难以实现门到门的货物运输，运输直达性较差，需要借助其他运输方式来完成集疏运。

4. 成本低、投资少、见效快

海运航道天然形成，基本建设投资很少。航路几乎不需要什么投资，几乎不占用土地，尤其不占用耕地。只需花少量投资进行勘测，建立助航设施，辅之以必要的管理，就可以实现多艘船舶的同时航行。除此之外，水运也是各种运输方式中成本最低的。据测算，运送每吨货物，海运的设备自重仅 0.4 吨；铁路运输为 0.7~0.8 吨；公路运输为 1.2 吨。海运消耗单位功率、单位燃料和材料、单位劳动力所获得的运量比铁路运输、公路运输和航空运输都要高。

5. 节省能源

船舶在低速航行条件下阻力小，而且可以借助水的浮力，因而单位燃料消耗要比其他运输方式少。据统计，平均每 1 吨货物运送 1 千米所消耗的燃料按标准煤计算，船舶运输约为 2 千克，铁路运输为 12 千克，公路运输为 40 千克，航空运输则为 800 千克。

6. 货物运输的涉及面广、复杂多变、风险较大

国际海上货物运输的距离一般较长，涉外性较强，涉及的环节也较多，货运流程需要各方港口、船舶、供应、通信、导航、船舶修造、代理、海关和检疫等部门的配合才能进行，因此与其他运输方式相比，海运受自然因素和人为因素的影响更大，运输风险更大。

三、国际海运的地位和作用

与国民经济中的其他产业不同，国际海运并不生产有形的产品，而是为产品在商业的流通中提供运输服务。因而国际海运作为国际物流的一个重要环节，在国民经济中发挥了独特的重要作用，是其他运输方式难以替代的。这种地位和作用具体表现为以下几个方面：

1. 进行对外贸易和实现经济独立的重要手段

水路运输具有运量大、运费低、对货物适应性强等优势，使国际海运成为国际贸易中主要的运输方式和保障一个国家经济独立的重要手段。我国进出口货物运输总量的 80%~90%是通过海运进行的。全球经济一体化的趋势使得各种原材料、产品和劳动力更加广泛、更加深入地在全球范围内流动，因此对外贸易已经成为一个国家国民经济的重要组成部分，而要实现对外经济的独立，就必须发展水路运输，尤其是远洋运输。

2. 国家外汇收入的重要来源

国际海运属于服务贸易，即利用船舶和其他运输工具，通过提供海上运送货物服务来获得一定的运费收入。而在国际贸易中，运费一般以美金来结算，因此国际海运也是国家外汇收入的重要来源。

为了维护本国权益，对于出口货物，如果通过船运，卖方希望派本国船舶将出口货物运抵

目的港，除了可获得贸易货款外，还可为本国赚取运费收入。对于进口货物，买方则争取由本国船舶承运回国，希望这笔运费让本国航运公司来赚取。

国际航运船队除承担本国外贸运输外，还可参与国际航运市场竞争，承担除了本国之外的第二国与第三国之间的运输。在这种情况下，国际海运作为国际服务贸易的特点就尤为突出，像货物贸易一样，也能为国家创汇。如挪威、希腊和丹麦这些航运发达的国家，其国际航运船队主要从事其他国家的海上货物运输，运费成为这些国家外汇收入的重要来源。

3. 带动国际航运中心产业链和临港工业的发展

一个国家水路运输越发达，港口发展得越好，则其成为国际航运中心的可能性就越大。而国际航运中心的建设可带动港口、港口机械、造船、修船、集装箱制造业等产业的发展，而这些产业又可带动钢铁、材料、机械制造、电子仪器仪表工业的发展，从而形成航运产业链。同时，围绕国际航运的其他海运服务业，如船舶代理、货运代理、理货、船舶供应、船舶管理等都随国际航运的发展而发展。此外，国际航运业还能带动租船及船员劳务、金融和保险等行业的发展。

在国际化生产情况下，无论是原材料运入，还是产品出口，都离不开国际航运的支持。临港工业借助海上运输，可以减少原材料、产成品运输的中转次数，最大限度地降低运输的成本。如在港口附近建设钢铁厂，巨轮从澳大利亚、巴西等地运回铁矿石，钢铁厂生产出钢材，便可直接装船运往世界各地。

4. 国际物流业发展的主力

海上运输是国际贸易货物的主要运输方式，国际航运企业不仅具有海运能力，而且经过多年经营，在全球形成运输、仓储、配送等综合性的运输服务网络和信息网络，汇聚了大量有经验的人才，已经成为开展国际物流服务的主要力量。

5. 国防的重要后备力量

海运船队历来在战时会被用作后勤运输工具。美、英等国把商船队称为“除陆、海、空之外的第四军种”，苏联商船队也被西方国家称为“影子舰队”，可见水上运输船队对战争胜负所起的作用。正因为水路运输占有如此重要的地位，世界各国都很重视水路运输业，纷纷通过立法对其加以保护。

6. 有利于改善国家产业结构和国际贸易出口商品结构

水路运输中的海洋运输是依靠航海活动来实现的，航海活动的基础是造船业、航海技术以及掌握技术的船员。造船工业是一项综合性的产业，它的发展又可带动钢铁工业、船舶设备工业、电子仪器仪表工业的发展，促进整个国家的产业结构的改善。到 2022 年，我国船舶出口订单量位居世界第一，注册船员数量达到 190 万人，船员外派数量达到 12 万人，海运船队规模达 3.7 亿吨，跃居世界第二。海洋运输业的发展不仅促进了造船业的发展，也为拆船业的发展提供了条件，还为我国的钢铁厂冶炼提供了廉价的原材料、节约了能源和减少了进口矿石的消耗，还可以促进出口外销废钢。由此可见，海洋运输业的发展，不仅能改善国家的产业结构，还会改善国际贸易中的商品结构。

四、国际海运的发展趋势

1. 船舶大型化、专业化、低龄化

为了追求长距离海上运输过程中的规模经济，船舶大型化的趋势越来越明显。1990 年前后的最大集装箱船的最大载重量约为 4 000 TEU（标准箱）载箱量，2023 年的最大集装箱船的最大载重量已达 24 000 TEU 载箱量，最大矿砂船的最大载重量为 40 余万吨，最大油船的最大载重量为 50 万吨以上。

船舶的专业化运输已经形成。专业化的船舶设计和建造能够满足特定货物运输需求，提高运输效率和安全性。例如，集装箱船、液化天然气（LNG）船、铁矿石船、油船等专业船舶，它们根据所运输货物的特性进行专门设计，从而优化了货物的装卸和运输过程。这种专业化不仅提升了船舶的运输效率，也增强了船舶对特定市场的适应性和竞争力。

低龄化则是指航运公司为了保持船队的现代化和竞争力，趋向于使用较新的船舶。新型船舶通常配备更先进的导航和通信设备，以及更高效的动力系统，能够满足日益严格的环保法规和能效标准。此外，低龄船舶的维修和保养成本相对较低。

2. 码头泊位深水化与专用化、装卸机械自动化

随着船舶大型化、专业化的发展，码头泊位也在朝着深水化与专用化、装卸机械自动化的方向发展。深水化泊位能够满足大型船舶的靠泊需求，配备的装卸机械能够提供更高效的装卸作业；专业化的泊位能够针对特定类型的货物提供更加专业和高效的装卸服务，如集装箱码头、铁矿石码头、油船码头、滚装码头等。

船舶大型化使得港口的装卸效率需要不断提升，自动化的装卸机械应运而生，如自动化龙门起重机、自动化堆垛机、自动引导车（AGV）等。自动化的装卸机械不仅能够提高装卸效率，还能减少人为操作的错误，降低劳动强度和运营成本。此外，自动化装卸机械还能与港口的信息系统无缝对接，实现数据的实时共享和作业流程的智能调度。

3. 智能化、绿色化的发展

智能化、绿色化的发展是水路运输当前正在经历的深刻变革。智能化趋势体现在利用先进的信息技术，如物联网、大数据分析、人工智能等，优化船舶的运营管理，提高运输效率和安全性。未来通过智能化系统，还可以实现船舶的自动驾驶、智能导航、远程监控和故障预测，从而进一步提高船舶的运行效率和降低运营成本。

绿色化趋势则是响应全球环保要求和可持续发展理念的体现。国际海运业正努力减少温室气体的排放量和污染物的排放量，通过使用清洁能源、优化船舶设计、提高燃油效率等措施，实现低碳运输。

第二节 国际海运的产业结构

一、定期船运输市场

定期船运输也称班轮运输，它是指在特定港口之间，针对不特定的众多货主，均按照所公布的船期表和运价进行规则运输的一种营运方式。由于定期船运输市场的供给方由为数不多但规模较大的航运企业组成，因此，定期船运输市场是一个垄断或寡头垄断的市场结构。通常情况下，其班轮运输市场具有以下主要特点：

1. 由为数不多、规模较大的航运企业构成

定期船需要良好的设备、较高的技术和营运速度，以适应众多货物在运输质量和营运速度方面的特殊需要。为了维持规则的运输，保持一定的发船密度，需要有一定规模的船队，因此定期船的造价和投资都比不定期船高得多；为了减少船舶在港延误，维持正常班期，船公司通常要支付巨额资金租用专用码头或设备；为争取和保证稳定的货载，需要大量的管理费用。总之，定期船从船舶投资到港口使用直至经营管理都需要较多的资金投入，市场准入壁垒较高，只有大型的航运公司才有实力进行经营。

2. 改变航线和退出市场的伸缩性小

定期船按照既定航线经营，要求船公司与货主保持良好和密切的关系。为维持稳定的货源，必须在长期的经营活动中取得货主的信任，建立起相互信任的关系。同时，定期船市场以航线为单位构成，定期船航线经营与其他航线经营连带关系小，船舶营运人一旦开辟了定期航线，就需要不断扩大影响，需在与货主建立密切关系的基础上，巩固已经营的阵地，甚至谋求垄断的地位。在一般情况下，他们不会轻易改变航线或退出市场，否则将承受巨大的沉没成本损失，即市场退出门槛较高。

3. 具有强烈的排他性

定期船公司的国际竞争愈加激烈，主要体现在大型班轮公司之间的博弈。班轮公司一旦把大量资金投入航线上，便不得不扩大其影响，并排斥他人的竞争。又因定期船运输具有经营领域固定、改变航线困难和强烈排他等特点，定期船市场竞争更加激烈。

二、不定期船运输市场

不定期船运输又称租船运输，它是根据海运需求在时间、地点和货种上的变化，不断变更航线和货种的一种营运方式。不定期船运输市场是一个近似于完全竞争市场的市场结构。

从船东方面来看，该市场具有以下特点：

1. 市场有众多的供给者和需求者

不定期船运输市场的船舶所有人数量多，公司规模小，有些船舶所有人甚至只拥有一艘船舶，而且单船公司较多。与整个航运市场相比，每一个供给者或需求者所占的市场份额微乎其微。

2. 进入与退出市场门槛低

不定期船运输市场船舶所有人进入和退出市场均比较容易。就进入而言，只要拥有一艘船舶，无论是新船还是二手船，也无论是自有还是租赁，只要配备船员和必要的装备，就可从事不定期船运输，即新的航运供给者进入市场基本不受阻碍；就退出而言，航运供给者既可以出租船舶，也可以卖船，还可以拆船，退出的途径有很多选择。另外，不定期船舶造价较低，对港口装卸设备也无特殊要求，使得其进入与退出的资本壁垒较低。

3. 市场交易公开自由

一方面，不定期船运输市场交易是公开和自由的，极少受到来自政府方面的干预；另一方面，市场上的所有参与者都能及时获取市场上任何一笔运输交易的信息，市场上的所有交易都是公开的，而且随着通信技术的发展，参与者获得信息将更为方便、迅速和全面。

4. 运输服务的差异性较小

不定期船运输的货物都是原材料和初级产品，对运输服务的要求除了运费低廉外，在运输

的规则性、速度、船舱设备等方面没有很高的要求。因此对于货主来说,不同的船舶所有人提供的运输服务差异性一般不大。

从货主方面来看,该市场具有以下的特点:

第一种情况,对于普通散货船运输来说,货主数量很多,而且很分散。

第二种情况,对于专用船和兼用船运输来说,具有以下特点:

(1)市场上存在大货主,他们在需求方面占有很大的市场份额,如钢铁巨头等。

(2)大货主之间存在联合。如有铁矿石运输需求的大钢铁厂之间就有联合。

(3)大货主控制着一部分船舶。为了保证运输能力和稳定的运费支出,货主控制船舶有两种途径:一种是与船舶所有人签订长期租船合同,在合同期内,船舶归货主使用;另一种是货主直接投资建造船舶、购买船舶或直接经营。

(4)船舶所有人对货主的依赖性强。专用船的船舶所有人不但在货源上依赖货主,而且由于专用船受到船型限制,往往只能停靠货主的专用码头,更增加了对货主的依赖程度,这在LNG船等较小规模特种运输中情况更甚。

第二章 国际海运政策的一般理论

第一节 国际海运政策的产生、分类、本质、特征、地位与功能

一、国际海运政策的产生

如同一般法规政策的产生一样，国际海运政策也是国家出现后的产物。但是，作为一种特殊的领域政策，它的出现与存在还有不同于其他领域政策的基础动因。成熟的国际海运政策的产生，可从以下三个主要方面加以论述。

1. 国际海运政策是海运市场出现和发展的产物

真正的国际海运，只有在国家形成之后，产品开始通过海洋在进行国际流动和交换的时候才有明确的意义。以中国航海史而论，这一时代出现于公元前16世纪左右的殷商时代；以西方航海史而论，这一时代的肇端大体与中国殷商时代相当，当时地中海沿岸的海上强国——埃及、腓尼基、迦太基、希腊和罗马等已开始进行早期的国际海洋运输活动，并制定了相应的国际贸易与海运政策。

然而，国际海运政策在奴隶制国家时期尚处于萌芽状态，因为当时的海上运输多为军事性的掠夺行为，船舶与货物甚至包括船员经常会成为海上强者的战利品而不是交易品。

在漫长的中世纪封建制度统治下，随着远洋航行与国际运输日益广泛的开展，世界各国的海运政策开始逐步建立起来。以中国、阿拉伯为代表，各国制定了一系列对国际贸易和运输进行管理的政策，使西太平洋和北印度洋上的国际海运出现“舟舶继路，商使交属”的盛景。不过仍需指出，封建制度下的国际海运政策，在内涵上仍充满军事上的掠夺因素、政治上的朝贡成分以及海洋商业活动上的垄断色彩，较之当今意义上成熟的国际海运政策体系尚有很大的

差距。

国际海运法规政策体系的成熟与完善开始于资本主义时代，经过15世纪末与16世纪初以哥伦布、达·伽马、麦哲伦为代表的西方早期殖民主义者的探险航行，全球性的海上新航路得以开辟，使世界各国经济联系的范围得到空前的扩大。通过跨洲越洋的国际海运，欧洲和亚洲的市场上出现了美洲的糖、可可、苏木、宝石、珍珠、洋红、烟草、棉花、花生、向日葵、马铃薯、西红柿、蓝靛、香油、皮革、银圆……而中国的丝绸、茶叶、纸张、铁器、柑橘、荔枝等也成为欧美市场上的抢手货。

由此，国际海运业成为资本主义世界市场不可或缺的一个重要组成部分。从17世纪“劳埃德咖啡屋”的出现到19世纪初伦敦“波罗的海航运交易所”的开张，国际海运市场得到了长足的发展。第二次世界大战后，伦敦、纽约、汉堡、鹿特丹、奥斯陆、东京和中国香港等地，形成了全球性和地区性的国际海运市场。各类货物的转换与交易，大量船舶的租赁与买卖，巨额海运资金的进出与配置，众多技术人员的招募与雇佣，海上运价的洽谈与调控，航线资源的分配与介入，海运信息的交流与传播，跨国经营的扩展与竞争……所有这一切世界性的国际海运市场的运行，使任何一个国家在从事国际海运活动时，都不得不考虑到本国与他国海运业之间可能产生的各种复杂影响，也不得不谋求相应的对策，并在行动准则上做出系统的规范。

2. 国际海运政策是水运市场调节“失败”的产物

国际海运市场的出现和发展，打破了传统海上强国对国际航道与国际海运的垄断局面，使众多国家的港航企业与货主单位成为真正的市场主体。从市场理论上讲，成熟的市场机制作为一只“无形之手”，将对国际海运活动中的资源配置、经营效率和利益分割等实行有效的调控，但在实际运行中，市场并不是万能的，其内在的某些固有缺陷是无法回避的。我们在研究海运政策时，必须对其有充分的认识。

(1)由于单个市场主体对价格、供求、竞争等市场信号做出的识别和处理，都是从自身的局部条件和局部利益出发的，这就不可避免地带来某种盲目性。例如，当某一海运航线因运力不足而运价上扬时，众多的船舶所有人就很有可能会一哄而上，很快导致运力过剩，造成海运资源的配置不当和社会劳动力的浪费；同样，当某一海运航线因运力过剩而运价下跌时，众多的船舶所有人就很有可能会竞相撤退，很快导致运力不足，造成货物积压，无法及时运送。

(2)在社会生产的某些领域(例如原材料、能源、交通运输等)，市场的调节作用是有限的。以国际海运活动而论，由于船舶建造周期较长、所需资金多、投资风险大，一旦市场发出某类船舶(如大型集装箱船和液态化学品船等)运力不足的信号时，一般的单个市场主体也无法随之做出迅速的反应，这时市场的调节机制几乎很难发挥其在理论上应有的作用。

(3)市场调节的有限性还表现在，它在实践中无法使市场的普遍性、完全竞争以及外部经济和公平分配得到有效和切实的兑现。那些“超重量级”经济主体对市场的垄断性操纵，那些形形色色的市场主体活动对外部经济环境所带来的种种负面影响，那些因资本收益大于劳动收益而造成的分配不公和两极分化现象，表明了仅仅依靠市场机制这只“无形之手”的调控并不能完全解决问题。

3. 国际海运政策是维护和发展国家利益的产物

海运是一项直接牵动国家政治利益、经济利益和安全利益的战略产业。从古至今，世界各国，特别是有出海口的国家，均将海运业的盛衰和远洋船队的强弱视为国家综合实力的象征和国际形象的体现，并从政策上予以有力的支持和扶持。如在近代历史上，英国为维护其殖民主义的国家利益，在18世纪与19世纪曾先后采取了保护主义和自由主义的海运政策。当然，前者是在英国急剧发展其远洋船队时期实施的，而后者是在其远洋船队已取得垄断地位时宣布的。20世纪世界航运界的新霸主美国对海运业的重视程度更为突出，在其历次颁布的《商船法》中，始终将国家的远洋船队作为“在平时承担国家大部分贸易运输，在战时或非常时期作为陆、海军的辅助部队而服役”的战略产业力量来看待。美国政府之所以对本国的航运业采取某种保护主义的政策倾向，概源于此。

同时，航运业所涉及的远洋船舶能否在一个国家的领海和内河水域自由地进行贸易运输，也直接关系到一个国家的主权和安全问题。因此，世界上绝大多数国家，在其海运政策中，把沿海运输权专赋予本国海运船队，而对外国船舶规定了严格的限制和审批制度。

二、国际海运政策的分类

各国实行的国际海运政策主要有海运扶持政策和海运保护措施。航运扶持政策主要通过经济、财政手段给予本国籍船舶各种补贴和资助。航运保护措施主要通过行政和法律等手段保护本国船队的利益。

1. 造船与买船政策

造船和买船是一项数额巨大的风险投资。由于航运业是一个微利的行业，船舶所有人很难仅靠营运利润和自筹资金来发展或更新船队，因此，政府往往在政策上给予一定的扶持。如国家银行提供长期的低息贷款，政府对船公司的贷款提供贷款担保，以一定金额或一定的船价比例作为给造船厂的直接补贴，对造船所需的各类原材料、设备的进出口、技术更新、科技开发及经营亏损等给予财政上的优惠和资助等，这些都属于扶持政策范畴。

世界各国对造船补贴的类型很多，这里所说的造船补贴主要是针对造船企业而言的，主要包括直接补贴、低息贷款、贴息、进口设备减免关税、出口船舶减免关税的增值税、冲销船厂的经营亏损、资助船舶工业的科研与开发项目、船舶出口信贷等。

2. 货载保留制度

货载保留制度是指通过国际公约（如《联合国班轮公会行动守则公约》）、双边或多边海运协定，或国内立法的形式，将一部分国家的进口贸易货载留给本国船舶承运，目的是保护和促进本国航运事业的发展。例如，美国在1928年制定的《商船法》规定，有4种物资必须由美国船来运输，只有在美国船运力不够的情况下，这些物资才能由外国船来运输。

随着经济全球化和贸易自由化的发展，一些国家已经放弃了或放宽了货载保留政策，以更好地融入国际市场和履行世界贸易组织（WTO，简称世贸组织）等国际组织的规则。例如，中国从1988年起就基本取消了货载保留政策，并在1996年之后签订的双边海运协定中不再保留货载保留的内容。

3. 税收优惠

税收是国家为满足社会公共需要，凭借政府的权力，用法律强制手段参与国民收入中剩余价值分配的一种形式。各国政府制定优惠的航运税收政策是国家向船舶所有人提供补贴的通用方式。

4. 营运补贴

营运补贴是指政府对本国商船队在营运成本较高的情况下，补贴一定比例的营运成本差额。其目的是提高本国航运企业在国际航运市场的竞争能力，确保船舶所有人的经营效益。

5. 减免关税

关税是由主权国家确定的税种之一，即由海关依法对进出国境的货物进行征税的一种税制。有的国家对船舶和造船材料及设备的进口免征关税，一些国家对船舶维修、保养、营运所需物料和设备的进口也免征关税。

6. 航运市场准入和国民待遇

航运市场准入和国民待遇政策关系到一个国家市场化的程度。中国近年来已基本上开放了本国的国际航运市场，并以双边海运协定的形式，陆续给予世界上各主要航运国家和地区的船公司以市场准入和国民待遇。

7. 沿海运输权

沿海运输权指国内沿海两海港之间的水上运输权利。为确保国家主权和本国的航运利益，许多国家规定，沿海运输业务只限于本国船舶公司经营，外国船舶公司不得进入本国沿海运输市场。沿海运输权事关一国国内航运的主权和安全，大多数国家未开放，或只在区域集团内相互开放。

三、国际海运政策的本质

海运法规和政策的本质是其内在的固有属性。研究海运法规和政策必须透过其错综复杂的现象，洞察其深层的内核。无论是保护主义色彩浓郁还是自由主义调门高亢的海运法规和政策，它们的本质都是相同的。这主要是基于以下因素：

1. 海运法规和政策是阶级（含阶层或集团）意志在海运领域的体现

如上所述，法规和政策是人类进入阶级社会的产物。在阶级社会中，处于不同社会地位的各个阶级（含阶层或集团，下同），都会因其经济地位的不同而有各自的利益要求。同一阶级的内部成员对利益的要求基本上是一致的，这种共同的利益要求，就是阶级意志。这种阶级意志只有争取通过一定的形态表达出来，才能转化为有组织的社会实践活动，而这种一定的形态的基本表达方式就是政策的出台和法规的制定。

在阶级社会中，统治阶级的思想在每个时代都是占统治地位的思想。这就是说，一个阶级是社会上占统治地位的物质力量，同时也是社会上占统治地位的精神力量；支配着物质生产资料的阶级，同时也支配着精神生产的资料。因此，在政策的制定和执行中，统治阶级必然比其他阶级拥有更多的权力、资源和手段。就此意义而论，任何一个阶级社会中占主导地位的政策，必然是占统治地位，亦即掌握国家政权的阶级意志的集中体现。

2. 海运法规和政策是海运领域各种社会利益关系的调节器

在政策和法规的实践中，无论是哪一个阶级的政策或法规，都必然会反映出各阶级错综复杂的社会利益关系。社会的实际发展过程，往往是各阶级意志共同作用于社会的结果。虽然水运法规和政策首先是掌握国家政权的统治阶级的意志和利益的体现，但是同时（或其次）这一法规或政策的走向与规范还牵涉其他阶级和社会集团的利益。如果后者的利益得不到必要和适度的重视和协调，那么，社会各阶级与集团的利益难免发生尖锐的矛盾和激烈的冲突，从而使某些海运政策无法切实地得到贯彻。因此，占统治地位的阶级与社会集团为确保整个海运活动有一个基本正常的秩序，避免与其他社会阶级和集团之间产生难以调和的对抗性矛盾，就不能不考虑其他社会阶级和集团的利益，否则将可能无法有效和顺畅地维持其占统治地位的利益。从这一角度分析，海运法规和政策应是占统治地位的社会阶级或集团在海运领域，调节各种社会利益关系的重要手段。

从系统工程角度看,海运活动涉及一个利益多元的体系。虽然这一体系具有整体上的一致性利益,但在各个具体利益的层次和区间上必然有所不同。从纵向上看,其有不同层次(例如政府、企业、行会之类)的利益;从横向上看,也有不同区间之间(例如不同国家与地区的政府之间、不同企业集团之间、不同行会机构之间)的利益。这些不同层次和不同区间的利益,都有赖于政府的干预与协调。

3. 国际海运政策是在海运领域实现社会公共发展目标的必要手段

政策是执行社会公共职能的重要手段,政策的力量和影响可以深入社会活动的每一个环节,因此,政策就成为实现社会公共职能不可或缺的工具。一个政府制定某种海运法规和政策,必须着眼整个国家的社会公共发展目标和社会公共利益,比如说,发展整个国民经济,维护政局稳定,保障人民生活安定,不断提高全体社会成员的物质文化水平等。正确的政策应能给经济社会带来协调的发展,给全体社会成员提供良好的发展环境。

四、国际海运政策的特征

1. 理论指导实践的中介性

人类在长期的跨国海洋运输实践中,经过认识上的多次反复和提高,无论在经济上、管理上、操作上都逐渐形成了相应的理论。这些理论揭示了海运活动和发展的客观规律,对于海运实践具有普遍的指导意义。但是,理论是人们对客观世界认识的高级形态,并不能直接规范人们的行为。当理论所论述的观点、见解要付诸实践时,必须将之具体化为政策或法规,通过政策或法规作为“桥梁”来指导和规范人们的行为。这样,海运政策就具有理论指导实践的中介性特征。

2. 主观指导与客观规律的统一性

海运法规和政策作为规范海运活动的行为准则,是一种属于意识范畴的主观指导。但是,这种指导绝不应是少数决策者“拍头脑”的凭空臆造,而必须从客观实际的需要和可能出发,通过详尽的调查研究和科学的论证分析,使这种主观指导符合海运活动的客观规律。这也就是说,海运法规和政策必须具有主观指导与客观规律的统一性。

3. 国际海运政策的稳定与变动的相对性

稳定性是指法规和政策在其有效的范围内保持不变。这主要体现在法规或政策的阶段性和连续性上,前者说明任何法规或政策都应在一定的历史阶段中有效,在这一历史阶段结束之前,不能轻易改变;后者说明在历史阶段发生变化时,原先的法规或政策中的合理内核应该得到必要的继承和延续。

五、国际海运政策的地位与功能

1. 国际海运政策的地位

(1)国际海运政策是航运业兴衰荣辱的生命线

无论对于一个国家、一个地区,还是一个企业来说,要想发展国际海运业,就必须有正确的海运法规和政策予以指导和规范。任何海运活动都是在一定的法规和政策制约下进行的,正确的法规和政策可以使各种水运资源得到最佳的配置,可以使各种从事海运活动的生产要素潜能得到最大限度的发挥,可以使海运领域的各种社会利益关系得到最为合适的协调。反之,错误的法规和政策则可以产生与上述完全不同的社会效应和经济效应。

(2)国际海运政策是管理国际海运业及其活动的基本手段

任何法规主体为了在海运领域实现自己的意志，维护自身的权益，都必须制定和实施一定的法规，以此来规范在该领域活动的全体社会成员的行为。与诸如思想的、人事的、行政的、法律的、经济的、纪律的管理手段等相比较，法规是最基本的、最核心的管理手段，因为所有其他管理手段都必须与法规或政策手段结合起来，最终体现并落实到各自的管理上。

2. 国际海运政策的作用

(1)为政府实施宏观调控、管理国际海运市场提供法律依据，同时又规制政府行政管理机关管理市场的行为。

(2)国家实现宏观调控目标的重要手段。国际海运政策是通过设定行为模式来引导人们的行为，引导市场的走向，达到宏观调控的目标。

(3)维护国际海运市场的正常运行秩序，引导和规范市场主体的经营活动。

(4)调整国际海运活动中的各种关系，制止不正当的竞争行为，保护国际海运市场主体的合法权益。

(5)维护船舶航行秩序，确保人命安全、防止水域污染。

(6)解决国际海运市场主体之间的争端。

3. 国际海运政策的功能

国际海运政策作为政策主体是管理国际海运的基本手段，作为规范国际海运行为的指导和准则，主要具有以下几个功能。

(1)导向功能

国际海运政策作用的对象是人们在海运活动中的行为，其导向功能是指它对人们的这种行为的发展方向具有引导作用。这种引导作用主要表现在两点上：其一，它为航运业及其活动的发展方向提出了明确的政策目标；其二，它为实现政策目标规定了行为准则，不仅规定了什么可以做，什么不可以做，而且告诉人们应该怎样做以及怎样做得更好。海运政策这种导向功能，展示了一项正确和科学的国际海运政策应该具有前瞻性和规定性。因为只有这样，才能使政策不仅在调整现存关系上，而且在设计未来关系上充分发挥指导作用；也只有这样，才能使政策的调控对象自觉和严格地确定行为界限，从而保证既定目标的顺利实现。

(2)协调功能

国际海运政策的协调功能是由其作为社会利益关系调节器的本质属性所决定的，是指它对海运活动过程中的各种失衡状态的调节和制约能力。例如，协调货主集团、船舶所有人集团以及地区航运业之间的各种关系，使整个海运活动得以协调有序地发展。国际海运政策的协调功能具有以下三个主要特色：其一是协调对象的多维性，要力求照顾到在政策规范下各方面均有某种程度的利益可图；其二是动态性，即在不断变化的矛盾运动中，使各种失衡状态达到动态平衡；其三是适度性，指政策在协调不平衡的利益关系时，必须掌握各方利益分配和让渡的分寸，厘定最佳满足的界限，而不能简单地“利润均沾”或“顾此失彼”，从而导致新的实质上的不平衡。

(3)控制功能

国际海运政策的控制功能，是指政策主体通过规范人们从事海运活动的行为，达到对整个航运业发展态势的控制。国际海运政策的控制功能取决于它对行为准则的规范性本质，因此具有以下两个主要特征:一是强制性。政策一般是由占统治地位的权威机构所做出的,它所制定的行为规范,所有参与海运活动的人都必须遵循,而不能予以曲解、截留和抑制;二是惩罚性。由于政策体现着占统治地位的阶级或集团的意志,因此无论是谁违反了政策,都应受到来自行政上、经济上或法律上的制裁和惩罚。只有这样,政策才能充分发挥预期的作用,实现既定的目标。

第二节 国际海运政策的主客体

一、国际海运政策的主体

法规与政策的主体是制定和实施国际海运政策的承担者。对于这一主体的具体组成,存在着两种不同的见解。一种认为国际海运政策的主体应该也只能是一个国家的政府;另一种则认为构成这一主体的不仅有一个国家的政府,还应该包括一些航运机构、企业、团体或个人,只要它们拥有的权威和能量可以对其所涉足的海运活动产生足够的影响。

我们认为,从理论上说,只要某一实体所制定和实施的国际海运政策,能在其控制或影响的范围内发挥一定的行动指南和行为规范作用,则无论其是政治实体还是经济实体,也无论其是国家权力机关、政府部门、航运集团、行业组织或国际性的官方或民间组织等,均可成为法规与政策的主体。因为在错综复杂的海运活动中,上述这些政治性或经济性的实体所采取的行动导向和行为准则,均会产生这样或那样的影响和作用,只不过这些影响有强有弱,作用有大有小罢了。当然,我们也认为,从国际海运政策的实践作用而论,这类主体应有主要和次要、狭义和广义之分,而狭义的主体,就是主要的或核心的政策主体。

(一)狭义的国际海运政策主体

这类法规与政策的主体,一般可分为政党和国家两个层次。这里所指的政党,可以是执政党,也可以是非执政党;这里所指的国家,可以是国家的权力机关,也可以是国家的行政机关。

1. 政党

就政党而言,由于执政党的政策目标始终是与巩固政权及国家利益紧密联系在一起的,因此,执政党无疑在法规与政策主体中占最重要的核心地位。在我国,参政的各民主党派的政策目标,原则上也是与国家和人民的利益紧密联系在一起的。而在多党制国家中,在野党或反对党的政策目标主要是为了取得政权,它们一般通过议会党团在立法机构中的影响,对国家政策的制定和实施施加影响。故在野党作为一个国家的政治实体,同样可以作为某种政策主体而发挥相应的作用。当然,就政策制定和实施的主体而言,在野党的地位是比不上执政党的。

由于执政党的主体层次很高,它一般决定的是最具综合性和原则性的总政策,因此对各种具体领域(如国际海运领域)的政策制定来说,主要是通过国家这一层面去进行的。

2. 国家

国家在政策制定的权威性和代表性方面是最具特色和影响力的。一般而言,无论抱有何种国家观,客观上的国家都是由人民、领土及一定的统治机制这三个要素组成的。换言之,国家是由居住在一定的领土范围内的全体人民构成的、具有坚强组织的、能够对内行使统治权力和对外行使国家主权的集团。国家的这一特性使其在客观上具有了最高的权威性和最广泛的代表性。应该说,这样的政策主体所制定的政策,对全体社会成员来说,是最具权威性和代表性的,也是最具有规范性和约束力的。

然而,国家只不过是一个抽象的概念,任何政策,包括经济政策和更为具体的海运政策的制定和实施,并不是由概念上的国家完成的,而且必须委托或通过一定的具体的机构去进行。在这方面,国家又可以分为国家权力机关和国家行政机关两个层次。作为第一层次的是国家权力机关,它是行使国家权力的机关。我国实行议行合一制度,国家权力机关为全国人民代表大会和地方各级人民代表大会。全国人民代表大会为最高国家权力机关。一些国家级层次的海运政策立法,一般是由国家权力机关制定的,例如《中华人民共和国海商法》(简称《海商法》)便是在1992年11月7日由我国第七届全国人民代表大会常务委员会第二十八次会议审定通过的。西方一些航运大国涉及海运政策的法规,如美国1984年的《航运法》,也是由众参两议院审议通过的。以立法的形式和程序所颁布的各类海运法律、法规等,构成了国家海运政策体系的核心主干,其政策的权威性、代表性和透明度一向为国际社会所公认。

不过,从法规政策体系的纵向层次考虑,国家权力机关所确定的海运政策,大都仍是较为原则性的航运大法,而各种较为具体的海运政策往往需要由国家的行政机关——即政府来加以制定和贯彻。一般来说,一个国家的中央政府是国家意志和人民意志的代表,肩负着消除国民经济运行中可能出现的各种矛盾、确保国家主权不受侵犯并维护一个有利于国家利益的国际环境的行政职责,因此它是公认的一个最普遍、最主要的政策主体。在我国,许多水运法规政策是由中央政府及其交通主管部门制定和实施的,如交通运输部在2009年6月颁布的《关于修改〈水路运输管理条例实施细则〉的决定》,国务院在2012年9月通过的《国内水路运输管理条例》。

还需要指出的是,在国家权力机关和国家行政机关这两个层次上,尚可以细分为中央机关与各级地方机关,各级地方机关在其各自所能控扼或影响的范围内,同样可以成为法规与政策的主体,只不过它是地方性政策的主体而已。在一些幅员辽阔、自然地理条件与历史人文条件都存有较大差异的国家,各级地方权力机关和行政机关一般根据各自的具体情况,制定并实施适用于本地区的政策法规。由于这些地区性的政策法规同样涉及海运领域,因此它们也必须以不违反国家权力机关和中央政府所宣布的普遍性的政策法规为前提。换言之,它们应该而且也必须更多地表现为对中央政策法规在地方上的具体细化和必要补充。在我国,主要由地方海事局和交通运输厅实施这一职能。

(二)广义的国际海运政策主体

一个国家的政府是狭义的或者说是核心的法规与政策主体,但这并不等于说它是主体的全部。还有一些广义的主体同样是不可忽略的,因为它们所制定的一些政策规定,在其所能控制或影响的范围内,同样对海运活动具有某种重要的规范或引导作用。

1. 国际性组织

国际性组织是以各国或地区的政府为缔约方的全球性或区域性国际组织。由于海运是一种有形物质的跨国流动,具有很强的涉外性,因此为了协调各个国家和地区政府在海运活动中的政策立场,统一规范各国海运船队的活动标准和业务行为,这些政府和地区间的国际组织也可以成为海运政策的主体。

(1)联合国的组织架构

在政府间国际组织中,最主要、最广泛和最有影响力的是联合国。联合国是1945年10月成立的国际组织,是根据1945年6月在旧金山会议上签署的《联合国宪章》建立的。联合国以维持国际和平与安全、发展国际友好关系、促进经济文化等方面的国际合作为主要宗旨,在其众多的下属机构中,有一些与协调和促进海运活动合作密切相关的机构,它们顺理成章地成为世界性海运政策的政策主体。这些机构主要有:

①国际海事组织(IMO)。这是联合国解决有关海上安全和海运技术问题的专门机构,1959年1月于英国伦敦正式成立,迄今已有176个成员国和3个联合会员(中国香港、中国澳门、法罗群岛)。IMO的宗旨为促进成员国政府在海运技术方面进行合作和情报交流,鼓励采用切实可行的统一技术标准,促进海上航行安全,提高海运效率,防止海运对海洋的污染,鼓励消除国际贸易中对海运的歧视行为和不必要的限制。该国际组织所制定或修改的海事公约与规则等,均是规范海运活动的重要政策文件。

IMO的理事会成员国是由大会选举产生的,分为A、B、C三个类别。A类理事国为在提供国际航运服务方面具有最大利害关系的国家,B类理事国为在国际海上贸易方面具有最大利害关系的国家,C类理事国为在国际航运方面具有特别利害关系的国家。表2-1罗列了第2024—2025年国际海事组织理事会成员国名单。

表2-1　2024—2025年国际海事组织理事会成员国名单

A类	中国、希腊、意大利、日本、挪威、巴拿马、韩国、英国、美国
B类	澳大利亚、巴西、加拿大、法国、德国、印度、荷兰、西班牙、瑞典、阿拉伯
C类	巴哈马、孟加拉国、智利、塞浦路斯、丹麦、埃及、印度尼西亚、牙买加、肯尼亚、马来西亚、马耳他、墨西哥、摩洛哥、秘鲁、菲律宾、卡塔尔、沙特阿拉伯、新加坡、土耳其

②联合国贸易与发展会议(UNCTAD)。这是在广大发展中国家的倡议和推动下,于1964年12月根据联合国大会决议而成立的联合国常设机构,以促进国际贸易,加速发展中国家经济发展,协调发达国家与发展中国家的关系为宗旨。该组织理事会下设的专门机构中,有一个航运委员会,负责处理和协调相应的海运政策立场,其最著名的政策为1974年3月通过的《联合国班轮公会行动守则公约》。

另外,在船员政策的制定上,国际劳工组织(ILO)也发挥着主导作用。《2006年海事劳工公约》就是在该组织推动下得以通过的,并在海运领域产生重要的影响。

(2)非联合国系统的国际性组织

非联合国系统的国际性组织可分为全球性和区域性两种。作为广义的政策主体,它们分别在各自的可控范围内,对海运活动产生重要的影响。这类组织主要有:

①世界贸易组织(WTO)。该组织在1994年前为关税贸易总协定(GATT),它原由美、英、法等23个国家于1947年10月30日在日内瓦成立,截至2023年7月,已有成员国164个,为世界上最大的国际贸易组织。WTO所规定的物资和人员的跨国流动以及国民待遇、市场准入等条款,特别是在GATT时期所制定的《服务贸易总协定》(GATS)及其海运谈判,与海运业及其活动的关系相当密切,对世界各国的海运政策有重要的调整和制约功能。

②经济合作与发展组织（OECD）。这是由发达国家所组成的国际经济组织，于 1961 年 9 月 30 日成立，其前身是 1948 年成立的欧洲经济合作组织。2010 年 5 月 10 日，OECD 宣布同意吸收爱沙尼亚、以色列和斯洛文尼亚三国为新成员国，2016—2021 年又陆续吸收拉脱维亚、立陶宛、哥伦比亚和哥斯达黎加为成员国，现共有 38 个成员国，总部设在巴黎。该组织在制定并协调成员国的经济政策和福利政策中，涉及众多的与海运相关的内容，如造船信贷、船舶折旧等，对于世界上一些航运大国以及海运的政策走向具有不可低估的作用。

③欧盟（EU）。该组织又称欧洲共同市场、西欧共同市场或欧洲联盟，是由欧洲主要资本主义国家组成的经济、政治一体化的国际组织，于 1958 年 1 月 1 日成立，总部设在比利时首都布鲁塞尔，截至 2023 年共有 27 个成员国。该组织在海运政策上，对内力主成员国内部的一体化和自由化，对外要求废除货载保留和货载分配，强调渐进式取消船旗差别待遇和沿海航运权。这一系列政策动作，对欧洲各国和整个世界的海运政策走向，均产生了不小的冲击。

④亚太经济合作组织（APEC）。该组织目前是一个涵盖环太平洋广大区域的、松散的、非制度化的国际经济合作组织，于 1993 年 2 月在新加坡成立，现有 21 个成员国。在涉及海运政策的领域，该组织一直倡导一种分阶段实行“促进货物、服务和资本的自由流通”的渐进式自由化政策。

2. 国际性民间航运组织

国际性民间航运组织虽然不是一种政治或经济实体，但是因其在海运界具有巨大的能量和显赫的地位，故它们所采取的内外部政策和战略，同样会对全球性、区域性的海运活动产生重要的影响。鉴于此，我们认为将之纳入广义的政策主体范围，是可以理解的。

作为广义政策主体的国际性民间航运组织主要有三类：一类是规模较大的班轮公会，一类是实力雄厚的航运联盟，一类是涉及面广的行会组织。

（1）班轮公会

班轮公会（liner conference）是在某一特定航线上参加营运，并具有竞争性的若干班轮公司之间，为协调和限制竞争，通过各种协定而组织起来的一种带有国际垄断性的行业组织。自 1875 年 8 月在英国—加尔各答航线上由 4 家大航运公司组成第一个班轮公会以来，班轮公会在较长时间内曾经是操纵世界海运业的主要垄断势力，后来随着航运联盟的兴起逐渐退出航运市场。班轮公会在会员公司内部所制定的运价厘定机制、货载分配协定和共同分配制度，对在该航线上航行的船舶的营运行为具有规范性和导向性的政策作用。

（2）航运联盟

航运联盟是 20 世纪 90 年代迅速发展起来的、结构较为松散的国际性航运企业联合体，它与班轮公会的重大区别在于，它的成员公司并不是在某一条航线上开展联营，而是在多条航线，特别是多条全球性主干航线上开展联营。航运联盟合作的范围更为广泛，不但包括航线上的运力分配和舱位互租，而且包括各种陆地配套和联运设施及航运信息等的互享。随着世界航运市场的竞争越演越烈，通过企业间的兼并、重组等，这类航运联盟的内部成员还在不断发生变化，但由于航运联盟的成员基本是著名的大型跨国海运公司，因此无论其如何组合，它们的经营政策和措施，对于海运的影响都不容小觑。

（3）行会组织

国际航运业的行会组织并不是一种经营性航运实体，而基本是由航运企业以及与航运相关的机构联合而成的学术性和咨询性的民间团体。然而，因参与的成员众多，故其在海运政策

方面所起的协调和咨询功能不可低估。在这方面的主要国际性行会组织有:

①国际航运公会(ICS)。它的会员是一些国家的民间船舶所有人协会及航运企业,于1921年成立,总部设在伦敦。该组织的宗旨是协调和构筑共同的海运政策和海运情报交流,从事与水运有关的经济、法律和技术活动。由于它在联合国经济及社会理事会中拥有席位,并参与协助各分组委员会的事务,因此,它对各有关国家制定海运政策具有广泛的影响力。

②国际海事委员会(CMI)。该机构于1897年成立于布鲁塞尔,主要工作是协调和推进国际海商法、海运关税及航运惯例的统一,协助拟订各种海事公约、海上避碰和救捞的国际规则等,对各有关方面海运政策的厘定颇具影响,其著名的成果即为1921年由CMI起草,并在1924年布鲁塞尔会议上通过的国际上的第一个海上货物运输公约——《海牙规则》。

③波罗的海国际航运公会(BIMCO)。该机构于1905年成立于哥本哈根,参加成员为航运企业、经纪人以及保赔协会等团体和俱乐部组织。它以维护会员权益,防止运价投机及不合理的收费和索赔,拟订标准租船合同和其他货运单证,提供航运情报咨询服务及航运业务情报等为工作重心,因其在联合国贸易与发展会议与国际海事组织中享有咨询地位,故可对海运政策及国际航运惯例的制定及修改施加影响。

3. 大型跨国海运集团公司

除上述由不同国家(或地区)的大型航运企业组成的联营体外,随着国际生产体系运行而出现的一些以跨国经营为特征、以"全球承运人"为己任的大型或超大型的海运企业集团公司,也可跻身于海运政策的广义政策主体行列。这些国际航运界的"庞然大物",无论是独立经营者还是联合经营者,其规划的企业政策,对海运的市场行为与行动准则所产生的作用,同样是不容忽视的。

4. 大型跨国货主企业集团

跨国经营的大货主,虽然一般并不直接从事海运,但因其手中直接控制着全球40%左右的总产值和50%以上的跨国运输货源,因此它们的经营政策对于海运政策的发展方向有着举足轻重的制约作用。特别是其中有一部分大货主还直接经营远洋船舶队,这种船舶所有人与货主兼而有之的身份,使他们在国际航运界具有更大的自主权和发言权。

5. 国际航运交易所

国际航运交易所是一种以国际航运交易为中心,兼及与之相关的如船舶买卖、租赁、保险、信息以及商品诸种业务的交易市场,其主要功能包括航运信息的加工与发布、航运政策的研究与建议、航运业务的沟通与交流、航运交易的协商与达成等。国际航运交易所的会员主体是拥有运力的船舶所有人和拥有货盘的货主,以及充当船舶所有人和货主中介的经纪人;此外也有部分非市场会员,他们只是想与交易所建立各种业务联系,而并不直接参与航运贸易,如海事律师、仲裁者和船舶投资者等。

世界上重要的航运交易所规范的商业道德与市场行为,能对各国的海运政策产生相当大的影响。例如,历史最悠久、规模最宏大的波罗的海航运交易所(又称伦敦航运市场),其公布的海上运价指数(BFI),不但动态地反映了最新的世界海运市场形势,而且对各国海运运价的厘定及政策的走向具有深刻的指导意义。

目前,除上述波罗的海航运交易所外,知名的国际性航运交易所还有纽约、汉堡、鹿特丹、奥斯陆、东京、中国香港等航运交易所或航运市场。我国自20世纪90年代中期起积极筹建上海、大连、武汉等航运交易所或航运市场,其中上海航运交易所于1996年11月18日正式运行，它所规定的“公平、公正、公开”的市场行为准则不仅使我国的航运市场逐步走上开放、统一、竞争、有序的健康轨道，也对我国海运政策与法规体系的建设产生了有力的推动作用。

二、国际海运政策的客体

所谓法规与政策的客体，就是法规和政策所调整或规范的对象，也就是法规与政策实施过程中承受这一政策的载体。国际海运政策的客体，从总的方面来说，就是在主体所能控扼或影响的范围内进行“海运业及其活动”，具体而言，主要包括三个层次：海运活动的过程，海运活动的秩序，海运活动的基础。

1. *海运活动的过程*

海运活动的过程，是实现货物或人员经由海洋进行跨国流动的过程，具体可从微观和宏观两方面考察。

（1）微观海运活动

所谓微观海运活动，是指经济主体从事或参与海运活动的经营行为。从法律角度来说，微观海运活动分为以下三类：

①由政府直接干预的海运活动，即由政府通过制定法律、法规或标准的形式，对海运企业的经济活动进行强制性要求，其主要目的是防止市场失调和保证公共产品的有效性，如航线的设计、开辟、运行，运价的厘定、调整、收取及其方式，船舶的建造、买卖、管理、维修、废弃，船员的招募、培训、使用及工资福利待遇，港口机械的管理、验收及维护等。

②由政府指导的海运活动，即政府通过经济、政策、技术等手段，对海运企业的运作和经营进行良性引导。其既给予了经济主体自主调控的权力，又能在一定程度上达到对企业内部行为的支配，如企业资本的筹措、配置与运作，企业的登记注册，客货源的选择、承揽、代理和运输等。

③企业自发的海运活动。这类经济活动以价格和市场信号为诱导，通过竞争和合作来自行调整与平衡，一般情况下政府不对其进行干预，只对其经济活动的结果进行部分监督。

可见，微观海运活动虽是经济主体独立自主的市场行为，但这些市场行为，尤其是第一类微观海运活动，其运作离不开法律、法规的调控和制约。因此将微观海运活动纳入法规客体范围是顺理成章的。

（2）宏观海运活动

所谓宏观海运活动，是指海运活动在整个经济循环中的运动过程及变动方向。从这一宏观角度出发，构思和规范海运活动在国家、国际乃至整个世界经济大循环中所占的地位与作用及其运动的方式和发展的方向，无疑是国家最高一级的法规主体必须研究和处理的客体。换言之，在整个国民经济发展战略中，将海运视为何种产业——是战略产业、基础产业、支柱产业还是一般产业，对其应予积极扶持保护还是放任自流，是主体所必须解决的重大课题。

2. *海运活动的秩序*

所谓秩序，原指人或事物所在的位置，含有整齐、守规则之意。海运活动的秩序，是指各经济主体借以进行海运活动的经济结构，因为这种经济结构安排或规定了有关经济主体在国际海运活动中的位置和程序。具体来说，作为客体的海运活动秩序可包括以下几方面内容。

（1）海运的产业结构

海运产业结构可分为三大块：

①国际海洋运输业：其结构主要包括船队结构、船员结构、管理结构等。

②港口服务：其结构主要包括航道与港口布局以及装卸、仓储、后勤供给、集疏多式联运等各种结构。

③海运辅助服务：其结构主要包括船代、货代、航运交易市场及与之相关的各类金融、信息、保险、检验、监督等结构系统。

作为海运法规的客体，海运产业结构的调控也可分为三个层次：第一层次是调整三大块的产业结构比重与协调机制，包括海运资源的合理配置与调整，各种投资的力度、贷款利率，企业之间的兼并、分立等；第二层次是调整三大块的技术结构标准，如生产与管理设施的技术标准、职工的岗位技术标准，以及环境保护、安全保障等各类技术标准；第三层是调整三大块内部结构的时空度与力度，以使整个海运产业结构处于最佳的运行态势，并产生最大的运营效益。

(2)海运的宏观结构

①中央与地方的海运结构

这里有两层意思，一是海运是全部由中央直接控制，还是中央与地方均可从事；二是中央的海运机构与地方的海运机构属于一种什么关系，是行政隶属关系、业务指导关系，还是产权纽带关系或平等竞争关系。

②政府部门与海运企业的结构

从事海运的企业是“国有”还是“民有”，是“国营”还是“民营”，是“国有国营”还是“国有民营”，这是一个国家海运宏观结构的主要框架之一。从海运业的历史考察看，在计划经济模式下，政府部门与海运企业往往是“政企不分”“政企合一”的。在这种政策模式下，政府对企业“大包大揽”直接指挥经营，并负责企业的一切盈亏；企业成了“小政府”，政府成了“大企业”，并由之派生出一系列海运扶持政策与倾向型法规。同样，在某些资本主义国家重点扶持和发展海运业的集约化时期，其政府部门与海运企业也有相当紧密的财政联系，并在各种政策与法规上予以破格的优惠和照顾，此时政府的国家利益与企业的经济利益往往是直接捆绑在一起的，在许多地方同样显露出“政企不分”的特征。而在市场经济条件下，政府部门除了对少数“国有”“国营”海运企业予以必要的直接控制外，基本上不参与企业的经营活动，较多的是通过法律、法规与政策对从事海运活动的企业实施间接调控的。因此，当今世界的航运发达国家往往通过组建诸如海事局、海运局、联邦海事委员会之类的政府执法机关，来对本国的海运市场实施强势管理和集中监督。

③经济分配结构

经济分配结构主要反映在诸如国家特定的银行贷款利率与年限、营业税与所得税的厘定和征收、船舶与设备进出口关税及折旧率的制定和收缴、各种行政性和服务性规费的确立和调整等方面。

(3)海运的微观结构

海运的微观结构是相对宏观结构而言的。如果说宏观结构主要着眼于整个海运业的话，那么微观结构将主要调节具体海运企业的内部结构，例如其收支、资金、船队、员工、行政、管理、协作、营销等各种结构。一般来说，尽管在市场经济的条件下，企业作为市场主体和独立法人，有权对其内部的各种结构加以设计和调整(这也就是所谓的在企业内部这个“政策域”内制定和实施企业政策)，但是，由于任何一个企业都不可能孤立地存在和运动，因此任何一项国家性或国际性的海运法规的出台、终止或调整，均会在一定程度上对企业内部的各种结构产生影响。

(4)海运的技术安全结构

由于海运具有跨国流动的特征,因此,海运活动的技术安全结构不但是各国的重要客体,也是整个世界海运法律、法规的重要客体。鉴于此,尽可能降低运营成本的方便旗船队以及一些发展中国家船队老龄化问题的日益严重,在海运技术安全结构方面所出现的矛盾也越来越多。为此,国际海事组织第 18 届大会于 1993 年 11 月通过了《国际安全管理规则》(ISM 规则),并分别对各类船舶规定了满足该新规则的时限。该规则应用国际标准化组织(ISO)质量保证体系的基本原理,提出了新的海运技术安全结构。同时,IMO 还积极推进港口国监督(PSC)和《海员培训、发证和值班标准国际公约》(STCW 公约)。这一切都对各国远洋运输船队的设施和人员的技术结构产生了重大的影响和制约。

3. 海运活动的基础

(1)海运活动的自然基础

海运活动离不开必要的自然基础条件。这些条件在本质上是一种先天的赐予,但随着人类生产力的提高和科学技术的进步,其也是可以被规划、应用和改造的。例如航道的疏浚、运河的开掘、岸线的利用、港口的布局、码头的建设、气象的预测、地文和水文条件的改造、能源的利用和开发、海洋和港口自然环境的保护等,都是人类对自然基础条件的一种能动的后天再创造,而这一切,无疑将对海运活动产生重大的影响。

(2)人力资源基础

从根本上讲,任何海运活动都是需要通过人的劳动来进行的,按照活动区域的不同,可将劳动者划分为船员和码头工人两大类。由于此类劳工的组成比较复杂,其完成海运活动的质量也参差不齐。因此,从事该项活动的各类人员的质和量,将对海运产生关键的作用。而船员作为人力资源中比重最大,影响最广的一类,一直备受政府的重视。如国务院 2007 年颁布了《中华人民共和国船员条例》(后来又陆续经历了 7 次修订),旨在加强船员管理,提高船员素质,维护船员的合法权益,保障水上交通安全,保护水域环境;对船员注册、任职、培训、职业保障以及提供船员服务等活动进行了明确规范。因此,诸如如何建设海运教育和培训基地,如何招募本国籍或外国籍的船员,如何配置船舶上船员技术结构和值班标准,如何提高各级管理人员的调控水平与营销能力等,均是海运法规应予规范和调整的客体。

(3)科技基础

无论从历史还是现实考察,海运活动都是一种集人类文明大成的特殊生产活动。尤其在今天,海运活动已广泛地吸收和采用了最先进的高新技术。诸如电子数据交换系统(EDI)、全球卫星定位导航系统(GPS)、电子海图显示和信息系统(ECDIS)、全球海上遇险和安全系统(GMDSS)以及各种新材料、新工艺、新能源等,已在海运活动中得到了广泛和成功的应用。科学技术是第一生产力,因此,如何规划、应用和提高海运活动中的文明水准和科技含量,是各国制定海运法规时所迫切需要研究和解决的课题。

第三节 国际海运政策的目标

一般来说,制定国际海运政策的终极目标为满足国家利益和全体国民的需要。但是,从具体实践看,国际海运政策的目标并非如此笼统,可以被分为高次目标和低次目标这两大层次。

一、国际海运政策的高次目标

从宏观角度看,国际海运政策的高次目标和其他各种领域的高次目标是相同的。它通常是指国民经济发展、国家安全、政局稳定、国际和平以及国民物质文化水平提高等。

1. 国民经济发展

海运承担着一个国家80%~90%的外贸运输任务,对于一个对外开放国家的现代化建设来说,具有非常重要的战略作用。这种作用表现在:海运能通过商品跨国流动的空间效应,实现和提高商品的使用价值和经济价值;能通过商品及时进入市场的时间效应,提高本国商品和企业在国内外市场上的竞争能力;能通过流通环节促进生产和消费活动的联合效应,形成跨国跨地区的国际大生产机制,产生重大的比较利益;能通过及时运出多余物资和及时运进短缺物资的平衡效应,调整和平稳物价逐步缩小国家地区间的经济差别;能通过其自身的发展的牵动效应,刺激和促进本国造船、机电、钢铁、电子仪器仪表和高新技术等各种产业的发展。因此,海运是发展国民经济的基础产业之一。采取及时和合适的政策手段促进海运业的发展,从而推动整个国家经济实力和贸易水平的提高,正是各国政府煞费苦心所欲解决的重大政策问题。

2. 国家安全

海运涉及一个国家的沿海和内河的航运权益,涉及和平时期战略物资的运输和非常时期军事人员和军需物资的运输,因此,海运政策不仅是一种经济政策,还是一种社会政策、外交政策和军事国防政策。因此,更需要海运法规的强制性规范。现在世界上绝大多数国家的海运法规或政策,将自己的沿海航运权益保留给本国国民,主要是出于国家安全利益的考虑。

3. 政局稳定

一个国家的政局稳定是由众多的因素决定的。如果因一些影响国计民生的战略物资(如粮食、能源等)匮乏,而引起物价失控、通货膨胀、分配不公,则难免经济失衡,导致民怨鼎沸,政局不稳而海运活动则可以以其战略物资跨国流通的空间效应、时间效应和平衡效应等,来有效地防止与平抑上述危及国家政局稳定的现象出现。目前,世界各大国之所以如此重视海湾地区的石油海上运输,有时甚至不惜兵戎相见,其重要的原因之一即满足国民对石油的需求,从而确保国内政局稳定这一高层次目标的实现。

4. 国际和平

海运是一种涉外性极强的特殊生产活动。一个国家的海运法规虽然是通过本国的立法机构或行政机构颁布实施的,但其产生的影响和作用不仅涉及本国航运业,而且涉及外国航运业。例如货载分配上的船旗差别待遇政策,虽然保护了本国的航运企业的营运利益,却限制了外国船舶所有人在货物运输方面以及国内外货主在选择船舶方面的某种自由。又如对本国船队在国内造船和运营方面的种种补贴或优惠措施,会给其他国家的船队带来不公平的待遇。

这种因政策实施而引起的矛盾，发展到一定程度，就可能会激起国家之间在海运政策上的对抗，并影响国际经贸关系甚至政治关系的发展。因此，适时适度地制定和调整本国的海运政策，使其既符合本国国情，又与国际惯例接轨，对发展本国航运业、协调国际经贸关系、减缓国际冲突和维护世界和平，都是十分必要的。

5. 国民物质文化水平提高

对国家政策而言，其终极目标都是提高本国人民的物质文化水平。凡是国民物质文化水平较高的国家和地区（只要其不是纯粹的内陆国家和地区），基本都是很重视发展航运业的。因为国民的物质文化水平是和一个国家和地区的国际经济贸易和文化科技的发展态势紧密联系在一起的，而海运在这方面所能做出的重大贡献是毋庸置疑的。

二、国际海运政策的低次目标

上述五个主要的高次政策目标，都是从宏观战略上列出的。从结构而论，在高次目标之下，必然有一些支撑着高次目标的低次目标，而这些低次目标往往是较为直接和具体的。

国际海运政策的低次目标，大致有以下几个：

1. 完成国民经济发展所需的外贸运输任务

世界经济发展史表明，对于一个处于工业化进程和后工业化进程的国家来说，国民经济对外贸的依存度极大，而要顺畅地开展外贸活动，必须依靠海运。在国际贸易中，由海运承担的货物比例高达80%以上。由于海运在整个国民经济中具有如此重要的战略地位，各国政府规划相应政策的首要目标就是确保国民经济，特别是外贸经济发展所需的涉外性运输任务的顺利完成。

2. 获取外汇，改善国际收支状态

一般而言，以外汇为结算货币的海运收支，主要体现在以下几个关系中：一是运输费用收支关系，指因本国船舶从事国际运输从国外收入的部分与因外国船舶从事与本国货物进出有关的运输而需支出的部分之间的收支关系；二是港口费用收支关系，指因外国船舶进出本国港口的收入部分与因本国船舶进出外国港口的支出部分之间的收支关系；三是租船费用收支关系，指因外国船舶所有人或货主租用本国船舶的收入部分与因本国船舶所有人或货主租用外国船舶的支出部分之间的收支关系；四是船员雇佣费用收支关系，指因外国船舶所有人雇用本国船员的收入部分与因本国船舶所有人雇用外国船员的支出部分之间的收支关系。

由此可知，政府确实可以通过制定或调整某些方面的海运法规和政策，来达到在外汇方面增收节支的目标。而这种以创汇为政策目标的情况，在专门从事第三国之间运输的海运活动中，表现得尤为明显，因为有些地狭人寡的航运强国，其庞大的远洋船队的运营主旨，并不在于运送本国所需的外贸货物，而是着眼于赚取运输外汇，如北欧的丹麦、挪威等国，其海运的外汇收入，就占其本国行业创汇的前三位。

3. 增加财政收入

政府增加财政收入的主渠道是稽征各种税费，其中包括海关征收的进出口税和税务机构征收的各种资产税、登记税、营业税、所得税、调节税以及有关当局征收的各种事业发展基金及规费。由于海运是投资额和营运额均相当巨大的产业，同时从事航海工作人员的个人收入也相对较高，因此，国家和地方政府每年均可从中征收大量的税款，这也是国库财政收入的一个重要组成部分。

4. 保障充分就业

保障充分就业，是国家经济政策的重大目标之一。作为政府经济政策组成之一的海运政策，保障充分就业是不容忽视的政策目标，这在以海运为基础产业的某些航运强国以及某些发展中国家表现得尤为明显。因为海运是其安排国民充分就业的重要产业之一；国际船员也是其劳务输出的主要对象之一。一般来说，由于海运具有一些其他行业相对欠缺的特点——如可以免费出国观光、工资标准一般较高等，故可以成为吸纳国民就业，特别是吸纳要求获得较高工资待遇的国民的一条就业渠道。

5. 稳定物价，减少通胀

稳定物价和减少通胀，是经济政策，也是国际海运政策预期的低次目标之一。由于物价上涨的原因众多，而海运的运价又是其中重要的一环（因为运价的上升最终要被分摊到商品的零售价上，并由全体消费者承担），因此，有关海运运价的政策规定或指导，亦对物价的稳定产生重要的作用。同时，如前所述，海运所产生的时间效应、空间效应和平衡效应等，也会对平抑物价和保障供给，产生相当积极的作用。

6. 改善海运资源的配置

改善海运资源的配置，是海运政策的一个重要目标。海运资源的配置，既包括天然海运资源，如岸线、锚地、水道、能源等，又包括非天然的资本和劳动等生产要素，如投入海运的资金、购置的船舶种类及数量、船员的数量与质量、海运技术设施的科学化、现代化程度等。

7. 建设现代化的远洋运输船队

上述种种具体政策目标的实现，离不开一定的技术和物质基础，因此，建设一支现代化的远洋运输船队，以适应国家对海运活动的各种需要，是海运政策通常而直接的低次目标。许多具体的海运政策手段，诸如直接的或间接的海运扶持政策，基本是围绕着这一政策目标展开的。

第三章 中国航运市场法规与政策

第一节 船舶投融资法规

一、我国船舶投融资法规的沿革

1. 改革开放以前我国的国际海运船舶投融资法规

改革开放以前，国家对投融资进行直接操作和管理。中华人民共和国成立以后的一段时间，主要依靠租用外轮来完成外贸运输任务，到1962年，自有船队的货运能力仅为14万吨，不足外贸海运量的1%，且租用外轮所耗外汇巨大。1963年11月，交通部、对外贸易部、财政部和中国人民银行联合向中共中央、国务院建议，利用中国银行的海外游资，以贷款方式买进"二手船"，发展远洋船队。1964年年初，交通部和中国人民银行签订了贷款买船的合同，购置了远洋船舶20艘，总计24.9万载重吨。1972年和1973年，国务院共批准交通部贷款买船161艘、234万载重吨。1974年，交通部又利用贷款买船22艘、113万载重吨。1975年8月，国务院再次批准了交通部在3年内购进三四百万吨船的贷款计划。

中国远洋船队的迅速发展壮大，除了得到国家制定的贷款买船政策的支持外，还得益于在实施贷款买船过程中的优惠扶持政策。这主要有：凡是由国家批准的买船或造船计划，无论计划贷款的最高透支额为多少，其利息一律按实际使用金额和使用的期限计算；贷款在最初的5年内可以不还本息；在还清全部贷款前，贷款船的营运收入不列入国家财政税收计划，不上缴利润和折旧；贷款船统一向中国人民银行结算还贷；贷款船为外贸部门承运货物时，可收取外汇运费；为保证按期还清贷款，外贸部门将进口货物优先分配给国有贷款船承运，同时为其选择效益好的航线；贷款船进出中国港口优先安排装卸，以缩短滞留时间，提高船舶营运率。此外，在计划贷款买船的同时，财政部还下拨专款用于国内船厂建造远洋船舶。

2. 改革开放以后我国的国际海运船舶投融资法规

改革开放以后，我国国际海运船舶投融资法规的一系列沿革，是随着我国计划经济体制向市场经济体制的转变而进行的，这里将分两个阶段来进行论述。

（1）1979—1992年：扩大市场机制的作用而制定的一系列投融资法规

这一阶段我国国际海运船舶投融资法规的变化，从总体上说与我国整体投融资法规的变化是同步的，同时，国家对国际海运船舶投融资也给予了一定的特殊政策（倾斜政策）。

①资金“拨改贷”政策

1979年8月，国务院批准了国家计委、国家建委、财政部、中国人民建设银行《关于基本建设投资实行贷款办法的报告》与《基本建设贷款试行条例》（现已失效），标志着我国基本建设开始实行“拨改贷”政策。“拨改贷”政策试点一年后在国际海运船舶建造中得到了实施。即凡是实行独立核算、有偿还能力的国际海运企业，其进行船舶建造所需资金，除尽量利用自有资金外，一律由原先的财政无偿拨款改为银行贷款。实施这一政策的目的在于用有偿使用资金的办法加强对企业责任的约束，以提高投资资金的使用效率。同时，“拨改贷”政策的实施也使我国国际海运船舶投资资金的来源发生了根本的转变。因为在中华人民共和国成立后的30多年里，我国的国际海运船舶基本是依靠财政贷款来投资的，在国家财政资金紧张的条件下，很难满足投资资金增长的需求，而“拨改贷”政策实施以后，随着我国经济体制改革的深入，银行信贷资金逐渐成为投资资金的主要来源，这就有利于多渠道吸纳社会资金进行投资，进而也就扩大了我国国际海运船舶投资资金的来源。需要指出的是，当时国际海运企业在贷款购置船舶时，必须先向政府有关部门提出申请，经严格审批后才能正式借贷。

在“拨改贷”政策实施之初，国家对国际海运船舶的购建给予了低息贷款的倾斜政策，并延长还款期限。1984年发布的《国务院关于改革我国国际海洋运输管理工作的通知》规定：凡借贷期5年以下（含5年），年利率由现行的9.36%调整至5.76%；5~10年的由现行的10.08%调整至6.48%；交通部直属单位在1988年年底以前的船舶贷款一律按年利率3.6%付息，超过部分（以当时的6.48%-3.60%=2.88%为限）由国家给予贴息。1989年国家对银行各项存贷款利率进行了调整，但对船舶购置仍给予低息贷款的优惠政策，比正常固定资产贷款利率下浮10%~30%。同时，对贷款船舶免交所得税和调节税，部分骨干企业还可享受一些年度的税前还贷优惠。这充分体现了国家对国际海运船舶投融资的倾斜政策。

②征收固定资金占用费法规

1980年6月，财政部、国家经委发布《关于征收国营工业、交通企业固定资金占用费的暂行办法》（现已废止，下称《暂行办法》），表明不仅建设项目的建设资金要实行有偿使用的政策（“拨改贷”政策），对国家已经投资在固定资产上的资金也要实行有偿使用的政策。《暂行办法》规定，国有企业按照每月月初固定资金的账面余额计算缴纳固定资金占用费；征收的比例各行业有所不同，对于国际海运船舶投资资金，规定的月利率为2‰，属比例最低的一档，体现了国家的倾斜政策。从1983年起，实行利改税办法的企业不再执行此政策。

③扩大企业投资自主权法规

我国国际海运企业投资自主权的增强，是随着投资决策权的分层化、分散化，特别是随着城市经济体制改革和国有企业改革的推进而逐步实现的。这里对相关政策进行汇总论述。

1984年10月，国务院批准了国家计委《关于改进计划体制的若干暂行规定》，进一步下放了地方和部门包括国际海运船舶投融资在内的技术改造项目的审批权限，国家计委的审批限额由1 000万元以上提高到3 000万元以上,3 000万元以下的项目由地方和部门负责审批。1987年3月,国务院又发布了《国务院关于放宽固定资产投资审批权限和简化手续的通知》,不仅进一步扩大了地方政府的投资项目审批权限,也使企业拥有了一定的投资决策权。1988年7月,国务院原则上同意了国家计委提出的《关于投资管理体制的近期改革方案》,该方案首次较为系统、全面和准确地提出,要扩大企业的投资决策权,使企业成为一般性建设的投资主体,从而为企业真正成为国际海运船舶的投资主体奠定了基础。1992年7月,交通部颁发了《给予海运企业投资、自主经营权的政策》,规定国际海运企业在向部备案后可根据自身的经营情况自行决定运力的增减,买、造船舶和出售自有船舶。

④增强企业自我积累和投资能力的法规

这部分政策主要体现在交通部对部属国际海运企业的一系列财税改革政策上,尤其是国家与企业之间分配制度的改革,其目的在于提高国际海运企业在收益分配中所占的份额,增强企业的自我积累和自我投资能力,为投融资活动向市场化发展做好准备。

1978—1979年,交通部对部属企业实行了企业基金制,即企业在全面完成国家规定的产量、质量、利润、安全等指标的前提下,可按职工工资总额的5%提取企业基金。对实现利润增长的部分还可按20%的比例增提企业基金。1980年,企业基金制改为利润留成制,即企业完成核定的利润基数时,按规定的比例留成,超基数部分,按增长数的20%留成。1984年,实行了第一步利改税——税利并存,即企业实现利润按规定税率(通常为55%)缴纳所得税,税后利润按定额基数加增长率、固定比例、调节税税率等3种不同形式进行分配,剩余利润全部留给企业。1986年,实行了第二步利改税——以税代利,即企业实现的利润,分别以所得税和调节税的形式上缴国家财政,剩余部分全部留给企业。与之配套的政策还包括:自1986年起,交通部决定不再集中由企业提取的折旧基金的30%部分,企业提取的折旧基金全部留给企业用于固定资产的更新改造,并按财政部的规定,对这部分原上交的折旧基金免交能源、交通重点建设基金。1986年起,为增强企业的技术改造能力,交通部对部属企业减免部分调节税,减免部分全部留给企业用于技术改造投资。1987年7月,财政部同意部属企业可以适当提高折旧率,缩短使用年限,每年增提折旧基金约28%。这也体现了国家对国际海运船舶投融资的倾斜政策。

⑤征收固定资产投资方向调节税的法规

1991年4月,国务院发布《中华人民共和国固定资产投资方向调节税暂行条例》(现已失效,下称《暂行条例》),对固定资产投资实行征收方向调节税的政策。《暂行条例》明确投资方向调节税根据国家产业政策实行差别税率,固定资产投资项目按其单位工程分别确定适用税率。国际海运船舶属于税率为0%的投资项目,这充分体现了国家对国际海运业给予倾斜的政策。

综观这一时期我国的国际海运船舶投融资法规,主要体现了由计划经济向市场经济过渡的特征,成为后一个时期我国确立市场经济体制后投融资政策确定的先导。在这一时期,国家对国际海运船舶投融资给予了较大的政策倾斜,体现了国家对发展国际海运业的重视。

(2)1993年至今:适应社会主义市场经济发展需要而制定的投融资法规

1993年11月,党的十四届三中全会通过了《中共中央关于建立社会主义市场经济体制若干问题的决定》。这是我国实施市场经济体制后进行经济工作的纲领性文件。该决定按照投资项目的经济效益和社会效益等情况的不同,将投资项目划分为竞争性项目、基础性项目和公益性项目3大类，指出：竞争性项目主要由企业自筹资金，自担风险，自负盈亏，国家不进行干预，把这方面的投融资活动完全推向市场；基础性项目国家在政策上给予优惠和扶持，以多种形式吸引和鼓励各方投资，国家也参与投资；公益性项目主要由国家投资，由政府通过财政来统筹安排。实际上提出了按项目性质类别实施投融资政策的思路，这也成为我国在市场经济环境下制定投融资政策的依据。

该决定实施后，国际海运船舶投资项目被划入了竞争性项目，国家逐渐取消了政策倾斜，投资资金由企业自行筹集，所需贷款由商业银行决定，企业自担风险、自负盈亏，投融资活动被完全推向了市场。此后，随着我国市场经济体制的逐步确立以及新税制的实施，国家更多地运用经济政策对投融资活动进行调节，国际海运船舶投融资政策也随之体现为经济政策，但国家未再给予任何政策倾斜。1994年新税制实行至今，对我国国际海运船舶投融资活动直接产生影响的法规主要包括造船信贷法规、船舶折旧法规和船舶进出口税收法规。具体内容将在我国国际海运船舶投融资法规的现状中进行论述。

二、我国船舶投融资法规的现状

1. 造船信贷法规与船舶出口税收法规

在造船信贷法规中，1984年国务院规定，银行对造船、买船可给予低息贷款，并适当延长贷款期限和减免关税。在法规实施的20多年中，造船贷款利率历经了一个下降、上升而后又下降的过程。近年来的造船贷款利率过高，对我国造船业有一定的负面影响。

改革开放以前，造船所需资金基本上是国家拨款投资，故无补贴之说。而自20世纪80年代“拨改贷”政策实施以来，政府为鼓励船厂建造出口船舶，曾一度采取换汇成本补贴的形式（1美元补贴0.9元人民币）提供出口船价补贴，但自20世纪90年代起，取消了此类补贴，目前也无任何直接补贴。

航运企业在国外造船且申请向国外贷款时，也须先向财政部、外汇管理局、发展改革委等主管部门申请审批，并上报国务院备案。国内船舶所有人在国外购买二手船，亦须国家主管部门审批。船舶所有人在国外购置的船舶回国入籍时须缴纳关税和船舶增值税。按照国家有关规定，1982年1月1日起，征船价10%的进口关税，实际执行9%。1985年征船价6%的进口增值税，1988年1月1日起上调至12%，1994年1月1日起又上调至17%。如此，国内船舶所有人外购船舶入籍时需缴纳船价9%的关税和17%的增值税，两项共计26%。

国家在“八五”期间，对船舶所有人在国内建造船实行优惠，可免缴增值税以及进口设备的关税、生产环节增值税，贷款造船的利息按伦敦银行同行业利率结算。1994年12月31日上述优惠政策被取消。1995年下半年起，为扶持国内船厂建造外轮，又规定外国船舶所有人在中国船厂订造船舶可予免税，国内船厂外购的造船设备、材料等也可免交进口关税。国内船舶所有人在国内造船，则仍须缴纳机器设备的关税和增值税。

2. 船舶进口税收法规与船舶折旧法规

当前，对我国国际海运船舶投融资活动直接产生影响的政策主要包括税收政策和信贷政策。税收政策主要包括船舶进口税收政策和船舶折旧政策两方面。

船舶进口税收政策是指我国国际海运企业在国外购置的船舶回国入籍时须缴纳进口关税和进口增值税。进口关税为进口完税价格（包括船舶成交价格、保险和其他劳务费等）的9%，进口增值税为组成计税价格（关税完税价格+关税）的17%。两项合计共占船舶实际售价的

27.53%。如是二手船进口，完税价格按照实际买价计算，实际买价不足新船船价60%的，一律按照60%计算，这样，一艘二手船进口的最低税负为：

$$关税税额=进口新船完税价格\times60\%\times9\%$$

$$增值税税额=(新船完税价格\times60\%)\times(1+9\%)\times17\%$$

$$=(新船完税价格\times60\%)\times18.53\%$$

$$关税税额+增值税税额=(新船完税价格\times60\%)\times27.53\%$$

由于中国严格的船舶登记制度和较为高昂的船舶进口税费，导致船舶外流的情况严重，很多船东选择到开放登记国去注册登记船舶。为了吸引船舶回归，中国在2007年推出了为期两年（后来又延长至2011年6月）的特案免税登记制度，对符合条件的船舶免征关税和进口增值税。船舶需要满足的条件包括：(1)在2005年12月31日以前已经在境外登记；(2)船龄在4~12年的油船（包括沥青船）、散装化学品船等；或船龄在6~18年的散货船、矿砂船等；船龄在9~20年的集装箱船、杂货船、多用途船、散装水泥船等。

2014年3月发布了《财政部　发展改革委　工业和信息化部　海关总署　税务总局　能源局关于调整重大技术装备进口税收政策的通知》，在通知中规定对国内企业为生产国家支持发展的重大技术装备或产品而确有必要进口部分关键零部件及原材料免征关税和进口环节增值税。大型船舶和海洋工程装备是国家支持发展的重大技术装备和产品种类之一，包括自升式和半潜式钻井平台、海上浮式生产储卸油装置和深海铺管船（平台）等9项海洋工程装备；以及船舶主推进、控制、操纵、通道、安全、热力、通信7个船舶设备系统；还有船舶航行设备和挖泥设备等123项产品。此次国家调整重大技术装备进口税收政策，对船舶行业更好落实产业结构调整、淘汰落后产能、产品创新升级等均具有重大意义。

在船舶折旧政策上，我国税法规定的船舶折旧年限不得少于10年，只允许采用直线折旧法。而信贷政策方面，当前我国国际海运企业进行船舶投资所需贷款由企业向商业银行自行筹借，信贷条件与一般固定资产贷款条件相同，国家不给予政策性贷款的优惠。

可以看出，对于国际海运船舶投融资，当前国家没有给予任何倾斜政策，这对我国国际海运企业参与国际竞争十分不利。

3. 船舶工业调整和振兴规划

2003年以来，我国船舶工业进入了快速发展轨道。产业规模不断扩大，造船产量快速增长，造船完工量、新接订单量、手持订单量已连续多年居世界前列。综合实力稳步提升，已经具备散货船、油船、集装箱船（以下称三大主流船型）自主开发能力，在高技术高附加值船舶、海洋工程装备领域也实现了突破，大型船舶企业造船周期和质量管理达到国际先进水平。我国已经成为世界造船大国。但是，船舶工业在高速发展的同时，自主创新能力不强、增长方式粗放、低水平重复投资、产能严重过剩、船用配套设备发展滞后、海洋工程装备开发进展缓慢等矛盾日益显现。2008年下半年以来，受国际金融危机影响，国际航运市场急剧下滑，造船市场受到很大冲击，新船订单大幅减少、企业融资出现困难、履约交船风险加大，我国船舶工业发展面临严峻形势。为了进行船舶工业结构调整，增强自主开发能力，推动产业升级，促进我国船舶工业持续、健康、稳定发展，国务院出台了《船舶工业调整和振兴规划》，作为船舶工业综合性应对措施的行动方案，规划期为2009—2011年。

《船舶工业调整和振兴规划》以稳定船舶企业生产、扩大船舶市场需求、发展海洋工程装备、支持企业兼并重组、提高自主创新能力、加强企业技术改造、积极发展修船业务、努力开拓国际市场、加强船舶企业管理为主要任务，提出了加大生产经营信贷融资支持、增加船舶出口买方信贷投放、鼓励购买弃船、努力扩大国内船舶市场需求、加快淘汰老旧船舶和单壳油船、严格控制新增产能、完善企业兼并重组政策措施、加大科研开发和技术改造投入等政策措施。

4. 船舶产业基金

船舶产业基金是产业投资基金的一种，通过向投资者募集资金，交由专业的基金管理人管理，将资金专项用于投资船舶产业，并将船舶租赁收入等收益作为对投资者投资回报的一种私募基金。船舶产业基金可以吸收国内富余资金有效投入航运市场，并通过基金管理的结构设计，真正实现船舶所有人和经营人的分离，依托资本市场巨大的财富效应满足航运市场的成长性需求，同时增强我国在国际航运业的竞争力。

在2008年国际金融危机冲击下，出现了船东融资困难的局面，为了支持造船业的发展，国家发展改革委先后于2009年和2010年批准组建了天津船舶产业基金和上海航运船舶产业基金。船舶产业基金主要对市场需求量大、回报率高以及国家经济战略发展急需的船舶进行股权投资，如大型油船、散货船，以及液化天然气船（LNG船）、液化石油气船（LPG船）、滚装船、半潜船等科技含量高的特种船舶。船舶产业基金还将在船舶制造的上下游产业和相关领域进行股权投资，包括但不限于船舶主机制造、船舶通导设备制造、船舶曲轴设备制造等船用设备制造领域以及海洋石油设备制造领域。而且船舶产业基金鼓励投资高技术、高适航性、低碳环保的船舶，以促进船舶制造业进行技术革新，淘汰落后产能，调整产业结构，做大做强船舶工业。船舶产业基金的出现改变了原有的较为单一的融资结构，提供了市场化的金融创新平台。

5. 船舶融资租赁法规

航运企业购置船舶需要大量资金，而融资渠道不畅一直是困扰航运企业的难题。融资租赁是船舶融资的新途径，它是国际上重要的船舶融资方式之一，也是我们国家倡导和鼓励的解决航运企业融资渠道的重要方式。交通运输部在2008年3月颁布《关于规范国内船舶融资租赁管理的通知》，该通知将融资租赁的新造船纳入新增运力进行了规定，并抬高了船公司进行融资租赁的门槛，即船公司须取得交通主管部门批准的国内水路运输经营资格后，才能签订船舶融资租赁合同。

2012年8月交通运输部进一步规定“允许将融资租赁船舶视作认定企业资质的自有运力，并在上海先行试点”，紧接着又在10月发布公告，明确规定“航运企业申请将融资租赁船舶作为自有运力，已付租金应不低于融资租赁应付款项的51%，并经融资租赁双方共同书面确认”。根据该政策，对融资租赁的船舶，当船公司已付租金达到应付款项的一定比例，并经融资租赁双方共同书面确认，及航运管理部门备案后，该融资租赁船舶可认定为船公司的自有运力。这项政策改变了我国交通主管部门对航运企业资质认定的监管，改变了航运运力资质审批的门槛。从微观角度看，新政有利于航运企业船队规模扩建，促进航运企业调整运力结构，盘活资金加快资金周转，进而促进船厂新的造船计划、订单产生以及金融租赁公司相关船舶融资业务的发展。这项政策在当前严峻的航运形势下，有利于缓解航运企业资金压力，帮助航运企业盘活现有资产。

6. 促进船舶的绿色化和智能化发展

2021年11月，工业和信息化部印发了《“十四五”工业绿色发展规划》，其中提出要促进工业全面绿色低碳转型，在船舶制造行业方面提出要加快发展绿色智能船舶。我国现有船舶制造重点省份大部分分布在东南沿海地区。船舶制造业相关政策发布也以东南沿海船舶制造大省为主,“十四五”期间各省发布的政策也多聚焦于船舶制造的绿色化、智能化。

2023 年 12 月,工业和信息化部、国家发展改革委、财政部、生态环境部和交通运输部印发了《船舶制造业绿色发展行动纲要(2024—2030 年)》,提出将推动船舶工业产品体系、制造体系、供应链体系绿色转型,加快新一代信息技术与船舶工业的深度融合。

《船舶制造业绿色发展行动纲要(2024—2030 年)》提出,到 2025 年,船舶制造业绿色发展体系初步构建,绿色船舶产品供应能力进一步提升,船用替代燃料和新能源技术应用与国际同步,液化天然气(LNG)、甲醇等绿色动力船舶的国际市场份额超过 50%。

2024 年 5 月,交通运输部、国家发展改革委、工业和信息化部等 13 部门印发了《交通运输大规模设备更新行动方案》,其中指出:内河客船 10 年、货船 15 年以及沿海客船 15 年、货船 20 年船龄以上的老旧船舶要加快报废更新;要加快液化天然气、醇、氢、氨等燃料动力船型研发,强化高性能液化天然气、大功率醇燃料发动机、高能量密度高安全性能动力电池等关键共性、前沿引领核心技术攻关,提升新能源船舶装备供给能力;要加强岸线资源集约高效利用,支持液化天然气、生物柴油、绿醇等加注及充(换)电供应服务保障能力建设,支持有条件的加油(气)网点、水上服务区更新提升配套设施综合服务水平,探索建设绿色航运综合服务区,加快构建便捷、完善的配套基础设施网络。

第二节　海运业的市场准入与国民待遇

市场准入与国民待遇,既是改革开放以来中国国际航运政策的重要组成部分,又是我国产业政策的重要体现之一。我国在航运业方面的市场准入情况如下:

一、国际海上运输业务市场的准入

1. 国际无船承运业务市场的准入

无船承运业务是指无船承运业务经营者以承运人身份接收托运人的货载,签发自己的提单或其他运输凭证,向托运人收取运费,通过国际船舶运输经营者完成国际海上货物运输,承担承运人责任的国际海上运输经营活动。

根据《中华人民共和国国际海运条例》(简称《国际海运条例》)第 7 条和第 8 条,经营无船承运业务应当具备下列条件:①在中国境内依法设立的企业法人;②向国务院交通主管部门办理提单登记;③交纳保证金。

上述条件①表明,自然人不得经营无船承运业务。不允许自然人经营,通常是基于以下考虑:①与企业法人相比较,自然人缺乏经营无船承运业务所需要的组织机构,提供服务的能力和条件受到很大的限制,从而无法保证服务质量和保障市场交易信用,也不利于政府主管机关对市场的监管;②现实无船承运业务市场的主体数量以及提供的服务已基本满足需求;③传统上,相应服务的提供者不是自然人。根据这些因素,禁止自然人进入无船承运业务市场是适当的。

上述条件②中,“提单”是指提单格式,“登记”是指报备。将办理提单格式报备作为市场准入的一个条件,是为了规范经营者准入市场后的经营行为。根据 2001 年颁布的《国际海运条例》第7条，签发自己的提单或者其他运输单证，是构成无船承运业务经营者（即无船承运人）的一个条件。提单既是重要的国际海上货物运输单证，又是重要的国际货物贸易单证，其签发具有重要的私法上的意义。国际航运实践中，存在着很多提单或者其他运输单证的格式和签发不规范的情况，并导致了大量民事纠纷的产生。因此，通过提单格式的报备，规范提单的格式，有助于保障市场交易信用，提高交易的效率。

上述条件③中的保证金，根据2021年颁布的《国际海运条例》第8条和《中华人民共和国国际海运条例实施细则》（简称《国际海运条例实施细则》）第18条，是指为担保无船承运业务经营者清偿因其不履行承运人义务或者履行义务不当所产生的债务以及支付罚款，而由无船承运业务的申请者在交通运输部指定的商业银行开设的无船承运业务经营者专门账户上交存的一定款项。根据《国际海运条例》第8条，保证金金额为80万元人民币，每设立一个分支机构，增加保证金20万元人民币；保证金及其利息归无船承运业务经营者所有。《国际海运条例实施细则》第19条还对保证金做了保护性规定。

交通运输部于2010年9月出台了《关于试行无船承运业务经营者保证金责任保险的通知》，规定在现有无船承运业务保证金方式之外，试行无船承运业务经营者保证金责任保险制度，供无船承运人选择。即自2010年11月1日起，无船承运人可选择投保无船承运业务经营者保证金责任保险方式申请取得无船承运业务经营资格。中国人保是首先获得承保保证金责任险的保险机构，为了引入竞争机制，给无船承运人更多选择空间，2013年2月，太平洋保险和平安保险正式加入。规定的无船承运保证金责任险的保费统一为每年3万元，如果一次签订3年的协议，可享受九折的折扣价，即8.1万元。此前以保证金方式进入行业的无船承运业务经营者，可以在办理了保证金责任险之后，申请退还保证金。

2019年国务院颁布了《国务院关于取消和下放一批行政许可事项的决定》，其中指出无船承运业务只进行备案业务办理，取消保证金或保证金保险制度。申请方必须为企业，且经营范围需要有"无船承运业务"项目（部分地区除外），对企业的注册年限、注册资本及经营期限没有要求。

2. 国际班轮运输业务市场的准入

（1）申请条件

根据《国际海运条例》第14条，经营国际班轮运输业务的申请者，应当向交通运输部提出申请，并附送下列材料：①国际船舶运输经营者的名称、注册地、营业执照副本、主要出资人；②经营者的主要管理人员的姓名及其身份证明；③运营船舶资料；④拟开航的航线、班期及沿途停泊的港口；⑤运价本；⑥提单、客票或者多式联运单证。结合《国际海运条例实施细则》关于国际班轮运输业务的规定，经营国际班轮运输业务应具备以下条件：①取得国际船舶运输业务经营资格；②具有经营人员；③具有与开设的航线相适应的船舶；④具有运价本；⑤具有提单、客票或者多式联运单证。

上述条件①中，由于国际班轮运输业务是国际船舶运输的一种形式，而不是独立于国际船舶运输业务的一种业务，因而，中国的企业法人经营国际班轮运输业务，应首先或者同时满足《国际海运条例》第5条规定的经营国际船舶运输业务的条件。

上述条件②中，经营人员的要求应理解为经营者的主要管理人员与前述《国际海运条例》第5条规定的高级业务管理人员同义。

上述条件③中的船舶，是指拟从事班轮运输的船舶，既可以是申请人自有的船舶，也可以是其租用或者经营的船舶。

上述条件④中，运价本又称费率本，是指申请人拟在申请的航线上使用运价本的样本。如果申请人是某一班轮公会的成员，申请人可以提供该班轮公会的运价本。

（2）外资进入

① 中外合资国际海运公司。交通部1985年4月公布实施的《关于从事国际海运船舶公司的暂行管理办法》中首次正式规定，经批准允许外商以合资形式在华设立国际船舶运输企业，其审核标准为根据国家的方针、政策和公司的货源、运力、资金、经济效益等条件，其审核程序为：合营双方就合营企业达成协议后，中方合营者报经交通部核转外经贸部批准。在国民待遇方面，无歧视性规定、无优惠。

② 外商独资船务公司与办事处。1990年2月，交通部发布《外国水路、公路运输企业在中国设立常驻代表机构管理办法》（现已废止），对外国航运公司在华设立常驻代表机构实行行业管理。1997年10月，交通部发布了新的《外国水路、公路运输企业在中国设立常驻代表机构管理办法》，同时废止了旧的管理办法中有关水路运输企业部分的规定。

1992年7月25日，交通部印发了《关于深化改革、扩大开放、加快交通发展的若干意见》的通知，规定按照对等原则，经批准，允许外国船公司开办独资或合资船务企业，而在国民待遇方面，则是从事自有船舶的揽货、签单、结汇和签订海运业务合同。1995年12月22日，对外贸易经济合作部、交通部联合发布了《关于外国船公司在华设立独资船务公司有关问题的通知》（现已废止），进一步明确了外国航运公司在华设立独资船务公司的资格条件、审批手续和经营范围。2000年，外贸易经济合作部、交通部又联合发布了《外商独资船务公司审批管理暂行办法》，规定了外商设立独资船公司的具体条件、申请程序、中国籍员工的比例等。2011年，交通运输部颁布了《关于加强外商独资船务公司审批管理工作的通知》，此规定适当放宽了独资船务公司的市场准入条件：允许外国航运公司根据需要直接在我国境内投资设立独资船务公司，不必先行设立常驻代表机构；允许外国航运公司在其具有稳定货源或客源的对外开放口岸城市设立独资船务公司；独资船务公司的注册资本全部缴付、开业满1年后，可在外国航运公司具有稳定货源或客源的其他对外开放口岸城市设立独资船务公司分公司；允许经批准的独资船务公司或其分公司，为该独资船务公司的母公司拥有或经营的船舶提供揽货、揽客、签发提单、出具客票、结算运费和签订服务合同等服务。

2016年国务院印发了《国务院关于在市场体系建设中建立公平竞争审查制度的意见》（国发〔2016〕34号），要求逐步清理废除妨碍公平竞争的规定和做法，建立公平竞争审查制度。经审查，《外商独资船务公司审批管理办法》（交通运输部、商务部令2015年第16号）第10条规定“独资船务公司员工中，中国雇员应当占85%以上”，有违公平竞争原则，应当予以修订。经征求商务部意见，并结合对外资准入管理的相关要求，交通运输部、商务部于2018年11月14日发布了《关于修改〈外商独资船务公司审批管理办法〉的决定》（交通运输部、商务部令2018年第29号），删除了不符合公平竞争原则等的相关内容。

二、国内水路运输业务市场的准入

1. 国内水路运输业务市场准入的范围

我国国内水路运输业务市场的特殊准入制度仅规制国内船舶运输业务的市场准入，而没有无船承运业务市场和班轮运输市场准入的规制。

2. 国内船舶运输业务市场的准入

根据交通运输部2008年颁布的《国内水路运输经营资质管理规定》，除经营单船600总吨以下的内河普通货船运输外，经营国内水路运输应当取得企业法人资格；自然人经营单船600总吨以下的内河普通货船运输应当办理个体工商户登记。

同时还规定，从事国内水路运输的企业应当具备下列经营资质条件：①有与经营区域范围、经营业务相适应的自有并经营的适航船舶，且上述船舶总运力规模满足第8条的要求；②有满足经营需要和安全管理要求的经营、海务、机务、船员管理等组织机构、固定办公场所和国家规定的注册资本；③有健全的安全生产责任制度、安全生产规章制度和操作规程以及生产安全事故应急救援预案等安全管理与生产经营管理制度，并且按照《中华人民共和国航运公司安全与防污染管理规定》的要求建立安全管理体系；④有与经营船舶种类、经营规模相适应的经营、海务、机务专职管理人员，相关专职管理人员应当满足本规定第9条的要求；⑤经营客船运输的，应当落实船舶靠泊、旅客上下船所必需的服务设施和安全设施。

三、水运辅助业务市场的准入

1. 国际船舶代理业务市场的准入

船舶代理是指根据船舶经营人的委托办理船舶有关营运业务和进出港口手续的工作，分为国内水运船舶代理和国际海运船舶代理。

《国际海运条例》第9条规定："经营国际船舶代理业务，应当具备下列条件：①高级业务管理人员中至少2人具有3年以上从事国际海上运输经营活动的经历；②有固定的营业场所和必要的营业设施。"此外，根据《国际海运条例实施细则》第7条，在我国境内经营国际船舶代理业务，必须是中国企业法人，自然人不得经营此项业务。根据2004年交通部、商务部颁布的《外商投资国际海运业管理规定》，"以中外合资或中外合作企业形式设立，外商的出资比例不得超过49%"。

上述条件①中，高级业务管理人员是指公司业务部门经理以上主管业务的人员。国际海上运输经营活动包括国际船舶运输、国际无船承运、国际船舶代理和国际船舶管理业务。

上述条件②中，必要的营业设施是指与经营国际船舶代理业务相适应的设施或者设备，如VHF通信设备、电子数据交换（Electronic Data Interchange：EDI）设备。

2001年国务院颁布的《国际海运条例》规定，国际船舶代理行业不允许外商独资经营，中外合资或合作企业中外资比例不超过49%；最低注册资金为100万美元；3年以上经营历史，有稳定货源和一定数量的网点。

2019年3月国务院发布第709号令，删除了《国际海运条例》中对外商投资国际海运业及其辅助业相关股比限制的规定，至此，中国国际船舶代理业务市场全面放开。

2. 国际货物运输代理业务市场的准入

货物运输代理是指接受货主委托，代办租船、订舱、配载、缮制有关证件、报关、报验、保险、集装箱运输、拆装箱、签发提单、结算运杂费，乃至交单议付和结汇等业务。

（1）国际货物运输代理业务市场的准入条件。《关于国际货物运输行业管理的若干规定》中规定，国际货物运输代理必须具有独立的法人资格，具有民事行为能力，能够独立承担民事责任；有企业章程；有固定的营业场所和健全的组织机构、设施以及与承办业务相适应的经营管理和专业技术人员；有与承办业务相适应的资金。

(2)国际货物运输代理业务市场的准入程序。商务部于2005年颁布了修订后的《外商投资国际货物运输代理企业管理办法》,其中规定外商投资设立经营国际快递业务的国际货运代理企业由商务部负责审批和管理;外商投资设立经营其他业务的国际货运代理企业由各省、自治区、直辖市、计划单列市及新疆生产建设兵团商务主管部门(以下简称省级商务主管部门)负责审批和管理。

(3)外资进入方面。2001年颁布的《外商投资国际货物运输代理企业管理规定》(现已失效)中规定,外商投资设立中外合资、中外合作的国际货运代理企业中国合营者的出资比例不应低于50%;注册资本最低限额为100万美元;需要具有至少5名从事国际货运代理业务3年以上的业务人员;要有固定的营业场所;有必要的通信、运输、装卸、包装等营业设施。商务部于2005年修订后的《外商投资国际货物运输代理企业管理办法》中规定:自2005年12月11日起,允许设立外商独资国际货运代理企业;外国投资者可以收购股权方式收购已经设立的国际货运代理企业,但股权比例以及投资者资质须符合本规定的要求,涉及国有资产的需按有关法律、法规的规定办理。

3. 国际船舶管理业务市场的准入

船舶管理是指为船舶办理机务、海务、装备、船员配备、维修保养以及其他保证船舶正常运行事宜的活动。

2001年颁布的《国际海运条例》第11条规定:“经营国际船舶管理业务,应当具备下列条件:①高级业务管理人员中至少2人具有3年以上从事国际海上运输经营活动的经历;②有持有与所管理船舶种类和航区相适应的船长、轮机长适任证书的人员;③有与国际船舶管理业务相适应的设备、设施。”此外,根据《国际海运条例实施细则》第8条,在我国境内经营国际船舶管理业务,必须是中国企业法人,自然人不得经营此项业务。根据2004年交通运输部颁布的《外商投资国际海运业管理规定》,外商可以设立中外合资或中外合作企业经营国际船舶管理业务。

上述条件①与前述《国际海运条例》第9条规定的经营国际船舶代理业务应当具备的条件①相同。

上述条件②具有两层含义:第一,申请人的经营管理人员中,必须有持有船长、轮机长适任证书的人员;第二,所持有的船长、轮机长适任证书,必须与所管理的船舶的种类和航区相适应。

2019年3月2日《国务院关于修改部分行政法规的决定》(国务院令第709号,下简称《决定》)对《国际海运条例》进行了修订,取消了“经营国际船舶管理业务许可”“外商投资国际海上运输及其辅助性业务审批”等事项,对涉及审批事项的相关条款进行了修改。为落实《决定》的要求,交通运输部于6月21日发布2019年第21号部令,对《国际海运条例实施细则》进行了相应修订。修改的主要内容包括:一是针对取消“经营国际船舶管理业务审批”,删除了申请材料、许可程序等相关条款。二是针对取消“外商投资国际海上运输及其辅助性业务审批”,删除了许可条件、许可程序等相关条款,外商投资经营国际海上运输及其辅助性业务的相关管理要求与内资企业保持一致,同时对“与现行开放政策不符”的条款进行了修订。三是加强信用管理,对国际海上运输及其辅助性业务经营者违反《国际海运条例》和本实施细则有关规定的违法行为记入信用记录,并依照有关法律、行政法规的规定予以公示。

4. 国内船舶管理业务市场准入

（1）国内船舶管理业务市场准入条件。根据《国内船舶管理业规定》第 5 条，经营国内船舶管理业务，应当具备下列条件：①有符合国家规定的注册资本；②有符合规定的管理人员；③有与经营业务相适应的设备、设施；④有符合国家规定的船舶安全管理和防止污染管理体系；⑤法律、行政法规和交通部规章规定的其他条件。上述条件②所要求的管理人员，《国内船舶管理业规定》第 6 条和第 7 条对经营国内沿海船舶管理业和经营内河船舶管理业，分别做了具体规定。

根据《国内船舶管理业规定》第 12 条，自然人不得从事国内船舶管理业务。

（2）国内船舶管理业务市场准入程序。根据《国内船舶管理业规定》第 8 条、第 9 条和第 12 条，国内船舶管理业务市场的准入程序包括申请、审核与决定、发证、企业登记。

5. 国内船舶代理业务市场准入

（1）国内船舶代理业务市场准入条件。根据《中华人民共和国水路运输服务业管理规定》（以下简称《水路运输服务业管理规定》）（现已废止）第 4 条和第 9 条，经营国内船舶代理业务，应具备以下条件：①依法取得中华人民共和国企业法人资格；②有稳定的船舶代理业务来源；③有与经营相适应的组织机构和专业人员；④有固定经营场所和必要的营业设施；⑤最低限额注册资本为 20 万元人民币。

（2）国内船舶代理业务市场准入程序。根据《水路运输服务业管理规定》第 10 条至第 13 条，国内船舶代理业务市场的准入程序包括申请、审核与决定、发证、企业登记。

6. 国内运输代理业务市场准入

（1）国内客货运输代理业务市场准入条件。根据《水路运输服务业管理规定》第 4 条和第 9 条，经营国内旅客或者货物运输代理业务，应具备以下条件：①依法取得中华人民共和国企业法人资格；②有稳定的客源或者货源；③有与经营相适应的组织机构和专业人员；④有固定经营场所和必要的营业设施；⑤最低限额注册资本为 30 万元人民币。

（2）国内客货运输代理业务市场准入程序。国内客货运输代理业务市场准入程序，与前述《水路运输服务业管理规定》规定的国内船舶代理业务市场准入条件相同。

第三节 船舶登记制度与沿海运输权

一、中国的船舶登记制度

按照船舶登记条件的宽严，船舶登记制度可以分为开放登记和严格登记。两种制度的差别表现为：①船舶所有人的国籍或本国资本所占的比例；②使用船员的国籍。国际上根据各国对这两个方面限制的宽严程度，将登记国划分为“开放登记国”与“正常登记国”。前者是指对上述两个方面不做任何限制规定的国家；后者是指对上述两个方面的规定有一定限制条件的国家。同时，后者又被划分为“严格限制国”与“一般限制国”。“严格限制国”一般要求本国资本、本国船员须占 50%以上，船舶所有人的主要营业处所须在本国，大多数管理人员须为本国人。此外，“严格限制国”还有一些其他方面的要求，主要表现在所须提交的船舶技术证书比较全面和严格。“一般限制国”相对“严格限制国”来说，要求没有那么严。

从中国最早（1995年）颁布的《中华人民共和国船舶登记条例》来看，中国属“严格限制国”。条例规定：“只有中国人（包括法人和自然人）的船舶才能根据该条例的规定进行登记并取得中国国籍；如系中外合资的中国企业法人，中方投资人的出资额不得低于50%；而且，中国籍船舶上的船员均须由中国公民担任。”

近年来，我国航运产业发展迅猛，但自有船队不断萎缩。据统计，目前我国船公司经营的远洋船队中有一半以上悬挂外旗，而且大多是平均船龄在12年以下的新船。原因在于我国港口的入籍环境不够吸引人。相比之下，国外港口有着品种繁多的购船金融产品、优质的服务及灵活的税收政策，吸引着国内船东纷纷走出去注册。对此，国务院于2009年7月正式批准在上海、天津、大连三地开展船舶特案免税登记制度。该项政策的一大突破就在于，今后凡在境外购买或建造的船舶只要符合条件，自愿回国登记就可以免缴9%的关税和17%的进口环节增值税。

2013年开始，中国分别在天津和上海自由贸易区进行国际船舶登记制度的试点。2014年，国务院对原有的《中华人民共和国船舶登记条例》进行了修订，将“中国籍船舶上的船员必须由中国公民担任”的条件修改为“中国籍船舶上应持适任证书的船员，必须持有相应的中华人民共和国船员适任证书”，从登记条件上看有所放松。2016年，交通运输部颁布了《中华人民共和国船舶登记办法》，提出了在自由贸易区进行国际船舶登记的规定，“依据中华人民共和国法律在自由贸易试验区设立的中资企业、中外合资企业、中外合作企业，以及依据国务院自由贸易试验区相关方案设立的外商独资企业和港澳台独资企业的船舶，可以依照本章有关规定申请办理国际船舶登记”；“国际船舶登记是指船舶登记机关为在自由贸易试验区内注册的企业仅航行国际航线及港澳台航线的船舶进行的登记”。国际船舶登记条款的出台，进一步降低了船舶在中国进行登记注册的门槛，有利于吸引更多的船舶在中国登记。2021—2022年，上海、海南和深圳分别颁布了各自的地方性国际船舶登记条例，即《中国（上海）自由贸易试验区临港新片区国际船舶登记管理规定》《海南自由贸易港国际船舶条例》《深圳经济特区国际船舶条例（征求意见稿）》，力图从船舶登记流程、船舶登记条件及税收优惠政策上增强船舶在国内注册登记的吸引力。

二、沿海运输权的法律规定

在沿海运输权方面，我国与目前世界上大多数航运国家的实际情况基本相同，将国内沿海运输经营权保留给本国承运人。我国在参加《服务贸易总协定》（GATS）海运服务谈判提交的“承诺表”中，没有对此作出承诺，但在国内规章和航运政策中，已经允许外国资本可以通过与中国合营者建立合资公司，从事沿海和内河运输，外国出资者的出资比例不得超过49%。同其他国家比较，这一开放已经属于较高水平。

1. 一般规定

早在1953年我国颁布的《暂行海关法》中已明确规定，只有悬挂中国国旗的船舶才可进行沿海运输，但1987年7月正式实施的《中华人民共和国海关法》删去了这一条款。为此，1992年11月公布的《中华人民共和国海商法》（以下简称《海商法》）专门在第4条中明确规定：“中华人民共和国港口之间的海上运输和拖航，由悬挂中华人民共和国国旗的船舶经营。但是，法律、行政法规另有规定的除外。”“非经国务院交通主管部门批准，外国籍船舶不得经营中华人民共和国港口之间的海上运输和拖航。”进一步，对于悬挂中国国旗船舶的资格条件，国务院1994年6月发布的《中华人民共和国船舶登记条例》再加以明确规定：在中国境内有住所或者主要营业所的中国公民的船舶；依中国法律设立的主要营业所在中国境内的企业法人的船舶，但在该法人的注册资本中有外商出资，则中方投资人的出资额不得低于50%。另外，中国籍船舶上的船员还应当由中国公民担任。

2. 特殊规定

（1）中国籍船舶

《海商法》第4条规定：“中华人民共和国港口之间的海上运输和拖航，由悬挂中华人民共和国国旗的船舶经营，但是，法律、行政法规另有规定的除外。”这里的但是部分，是指对某些悬挂中国国旗的船舶从事我国沿海运输和拖航，仍可做出限制性规定。如1987年国务院以〔1987〕46号文发布的《水路运输管理条例》第7条规定：未经我国交通部准许，外资企业、中外合资企业和中外合作企业不得经营中华人民共和国沿海、江河、湖泊及其他通航水域的水路运输。同年发布实施的该条例实施细则第3条规定：中国沿海、江河、湖泊及其他通航水域中的旅客、货物运输必须由中国企业、其他单位或个人使用悬挂中国国旗的船舶经营，未经我国交通部批准，在中国注册登记的三资企业的船舶不得经营上述水域的旅客运输和货物运输；中国企业、其他单位和个人运输船舶租赁给三资企业的船舶经营上述水域的旅客运输和货物运输的，亦应经交通部批准。可见三资企业要进行沿海运输必须经交通部批准，否则即使悬挂中国国旗仍不能从事沿海运输。后来，随着我国对外开放的不断深入，中外合资企业的中国籍船舶，经交通部批准从事我国沿海运输的也越来越多。1992年7月，交通部在《关于印发〈关于深化改革、扩大开放、加快交通发展的若干意见〉的通知》中专门规定，允许适度发展中外合资水路运输企业，从事我国境内沿海和内河运输。

（2）外国籍船舶

《海商法》第4条规定：“非经国务院交通主管部门批准，外国籍船舶不得经营中华人民共和国港口之间的海上运输和拖航。”这个规定一方面规定外国籍船舶非经交通部批准，不得从事沿海运输，但也从另一方面规定外国籍船舶在交通主管部门特别批准的情况下，可以从事沿海运输。这反映出我国《海商法》在肯定沿海运输权基本原则基础上的一些灵活规定。当然交通运输部对外国籍船舶从事沿海运输的批准需要出现特殊情况。譬如，在我国从事沿海运输的国轮的运力不能满足货物运量需要的情况下，交通运输部可特批使用外国籍船舶从事我国港口之间的海上运输，以弥补海上运输能力之不足。

3. 发展趋势

为了促进航运管理模式创新，近年来我国在沿海航行权的政策上做出了许多探索。2013年9月27日，国务院印发了《中国（上海）自由贸易试验区总体方案》，允许中资公司拥有或控股拥有的非五星红旗船，无行先试外贸进出口集装箱在国内沿海港口和上海港之间开展沿海捎带业务，本质上是航运政策沿海运输权的适度开放。根据以往相关规定，外国籍船舶经营者不得经营中国港口之间的船舶运输业务，也不得利用租用的中国籍船舶或者舱位，或者以互换舱位等方式变相经营中国港口之间的船舶运输业务。

2015年6月1日，交通运输部印发了《交通运输部关于在国家自由贸易试验区试点若干海运政策的公告》，将该政策试点范围从上海港扩大为全国自贸港。2018年12月24日国家发展改革委、商务部印发的《市场准入负面清单（2018年版本）》，明确了包括交通领域在内的

12 项市场准入事项,禁止使用外国籍船舶经营国内水路运输业务,但该清单将中资方便旗船在国内其他港口与自贸区港口之间的沿海捎带业务排除在外。

2021 年 11 月,国务院发布《国务院关于同意在中国(上海)自由贸易试验区临港新片区暂时调整实施有关行政法规的批复》,允许符合条件的境外国际集装箱班轮公司的非五星红旗国际航行船舶开展大连港、天津港、青岛港与上海港洋山港区之间,以上海港洋山港区为国际中转港的外贸集装箱沿海捎带试点业务,试点期限至 2024 年 12 月 31 日。新公告规定国际航行船舶开展国际航行船舶沿海捎带业务时,应当在符合交通运输部限定的关于航线、货物、可开展业务的时限等范围内,根据海关转关业务的规定办理相关手续,航运公司不得将备案船舶转租他人。后来该试点政策期限延长至 2027 年 12 月 31 日,并将连云港纳入试点范围。

为了促进邮轮行业的发展,我国也做了一些政策上的创新。以"多点挂靠"为例,邮轮从国内的母港出发,中途停靠国内港口用于游客登乘,形式上与沿海航行十分相似。为此政府采取一事一议的审批流程,并限制邮轮在挂靠时用于登船而不允许游客下船,以此区分"国内运输",在不突破现有法律体系的前提下,充分体现了政府为企业运营提供服务的便利性,也维护了法律的尊严和严肃性。2019 年 5 月 7 日交通运输部发布了《关于推进海南三亚等邮轮港口海上游航线试点的意见》,明确在五星红旗邮轮投入运营前,先期在海南三亚、海口邮轮港开展中资方便旗邮轮无目的地航线试点。2021 年 4 月 21 日商务部印发了《上海市服务业扩大开放综合试点总体方案》,将中资非五星红旗邮轮海上游试点推广至上海。通过这些政策举措,可以更好地鼓励中资邮轮开发海上航线。

第四节 船员管理

一、任职资格与适任证书

船员是完成海上运输任务的决定因素,在船员管理方面,我国在相关法律、行政法规和规章中均有规定。

1992 年 11 月公布的《海商法》规定:船员是指包括船长在内的船上一切任职人员;船长、驾驶员、轮机长、轮机员、电机员、报务员,必须由持有相应适任证书的人员担任。1983 年公布的《中华人民共和国海上交通安全法》(简称《海上交通安全法》)规定:船舶应当按照标准定额配备足以保证船舶安全的合格船员;船员必须经过相应的专业技术训练;设施应当按照国家的规定,配备掌握避碰、信号、通信、消防、救生等专业技能的人员。

《海商法》还规定:从事国际航行船舶的中国籍船员,必须持有中国港务监督机构颁发的海员证和有关证书。对于船员任职资格和适任证书的取得条件,可以参照国务院 2007 年 3 月颁布的《中华人民共和国船员条例》和交通运输部 2020 年 7 月颁布的《中华人民共和国海船船员适任考试和发证规则》的相关规定。

1. 船员注册和任职资格

(1)船员是指依照规定经船员注册取得船员服务簿的人员,包括船长、高级船员、普通船员;①船长是指依照规定取得船长任职资格,负责管理和指挥船舶的人员;②高级船员是指依照规定取得相应任职资格的大副、二副、三副、轮机长、大管轮、二管轮、三管轮、通信人员以及其他在船舶上任职的高级技术或者管理人员；③普通船员是指除船长、高级船员外的其他船员。

(2)中国籍船舶的船长和高级船员应当由中国籍船员担任；确需外国籍船员担任高级船员的，应当报国家海事管理机构批准。

(3)申请船员注册，应当具备下列条件：①年满18周岁（在船实习、见习人员年满16周岁）但不超过60周岁；②符合船员的健康要求；经过船员基本安全培训，并经海事管理机构考试合格；③申请注册国际航行船舶船员的，还应当通过船员专业外语考试。

(4)参加航行和轮机值班的船员，应当依照本条例的规定取得相应的船员适任证书。申请船员适任证书，应当具备下列条件：①已经取得船员服务簿；②符合船员任职岗位的健康要求；③经过相应的船员适任培训、特殊培训；④具备相应的船员任职资历，并且任职表现和安全记录良好。

(5)船员适任证书应当注明船员适任的航区（线）、船舶类别和等级、职务以及有效期限等事项。船员适任证书的有效期不超过5年。

(6)以海员身份出入国境和在国外船舶上从事工作的中国籍船员，应当向国家海事管理机构指定的海事管理机构申请中华人民共和国海员证。申请中华人民共和国海员证，应当符合下列条件：①是中华人民共和国公民；②持有国际航行船舶船员适任证书或者有确定的船员出境任务；③无法律、行政法规规定禁止出境的情形。

(7)中华人民共和国海员证是中国籍船员在境外执行任务时表明其中华人民共和国公民身份的证件。中华人民共和国海员证遗失、被盗或者损毁的，应当向海事管理机构申请补发。船员在境外的，应当向中华人民共和国驻外使馆、领馆申请补发。中华人民共和国海员证的有效期不超过5年。

2. 适任证书

(1)船员职务根据服务部门分为：参加航行和轮机值班的船员，以及不参加航行和轮机值班的船员两类。其中参加航行和轮机值班的船员包括：①船长；②甲板部船员：大副、二副、三副、高级值班水手、值班水手，其中大副、二副、三副统称为驾驶员；③轮机部船员：轮机长、大管轮、二管轮、三管轮、电子电气员、高级值班机工、值班机工、电子技工，其中大管轮、二管轮、三管轮统称为轮机员；④无线电操作人员：一级无线电电子员、二级无线电电子员、通用操作员、限用操作员。

(2)适任证书等级划分：

①船长、大副、轮机长、大管轮无限航区适任证书分为两个等级：一等适任证书适用于3 000总吨及以上或者主推进动力装置3 000千瓦及以上的船舶；二等适任证书适用于500总吨及以上至3 000总吨或者主推进动力装置750千瓦及以上至3 000千瓦的船舶。

②二副、三副、二管轮、三管轮无限航区适任证书适用于500总吨及以上或者主推进动力装置750千瓦及以上的船舶。

③船长、大副、轮机长、大管轮沿海航区适任证书分为三个等级：一等适任证书适用于3 000总吨及以上或者主推进动力装置3 000千瓦及以上的船舶；二等适任证书适用于500总吨及以上至3 000总吨或者主推进动力装置750千瓦及以上至3 000千瓦的船舶；三等适任证书适用于未满500总吨或者主推进动力装置未满750千瓦的船舶。

④二副、三副、二管轮、三管轮沿海航区适任证书分为两个等级：一等适任证书适用于500总吨及以上或者主推进动力装置750千瓦及以上的船舶；二等适任证书适用于未满500总吨或者主推进动力装置未满750千瓦的船舶。

⑤高级值班水手、高级值班机工适任证书适用于500总吨及以上或者主推进动力装置750千瓦及以上的船舶。

⑥值班水手、值班机工适任证书等级分为：无限航区适任证书适用于500总吨及以上或者主推进动力装置750千瓦及以上的船舶；沿海航区适任证书分为两个等级：一等适任证书适用于500总吨及以上或者主推进动力装置750千瓦及以上的船舶；二等适任证书适用于未满500总吨或者主推进动力装置未满750千瓦的船舶。

⑦电子电气员和电子技工适任证书适用于主推进动力装置750千瓦及以上的船舶。

⑧在拖船上任职的船长和甲板部船员所持适任证书等级与该拖船的主推进动力装置功率的等级相对应。

⑨不参加航行和轮机值班的船员适任证书不分等级。

(3)适任证书有效期不超过5年，有效期截止日期不超过持证人65周岁生日。

(4)持有船长和高级船员适任证书者，满足下列条件之一，可以在适任证书有效期届满前12个月内或者届满后3个月内向有相应管理权限的海事管理机构申请适任证书再有效：①从申请之日起向前计算5年内具有与其适任证书所记载范围相应的不少于12个月的海上服务资历，且任职表现和安全记录良好。其中，无限航区的船员不少于6个月是在无限航区的船舶上任职；船长、轮机长担任大副、大管轮或者二副、二管轮担任三副、三管轮的，可以作为原职务适任证书再有效的海上任职资历。②从申请之日起向前计算6个月内具有与其适任证书所记载范围相应的不少于3个月的海上服务资历，且任职表现和安全记录良好。

二、船员权益保障

在2021年新修订的《海上交通安全法》(以下简称新《海安法》)中首次将船员权益保障纳入立法，相关内容包括：(1)新增国际航行船舶海事劳工证书的许可制度。新《海安法》第14条规定“中国籍船舶的所有人、经营人或者管理人应当为其国际航行船舶向海事管理机构申请取得海事劳工证书”，这是我国履行《2006年海事劳工公约》对国际航行船舶取得海事劳工证书的制度性安排，新增了许可事项，满足了公约要求成员国以法律形式规定国际航行船舶需持有海事劳工证书的规定。(2)新增两项涉及船员权益的财务担保制度。新《海安法》第14条规定国际航行船舶的“所有人、经营人或者管理人已就船员遣返费用以及在船就业期间发生伤害、疾病或者死亡依法应当支付的费用提供相应的财务担保或者投保相应的保险”，这是《2006年海事劳工公约》2014年修正案的要求，这一规定填补了我国法律对于船员遣返费用以及在船就业期间发生伤害、疾病或者死亡应当支付的费用由船舶所有人、经营人或者管理人提供相应的财务担保的空白，是我国批准《2006年海事劳工公约》2014年修正案的法律基础，极大地保障了船员权益。(3)新增船员境外突发事件预警和应急处置制度。新《海安法》第16条规定“国务院交通运输主管部门和其他有关部门、有关县级以上地方人民政府应当建立健全船员境外突发事件预警和应急处置机制，制定船员境外突发事件应急预案”，这是本法的一个突破，第一次将本法的适用范围扩大到船员在境外发生突发事件的处置，充分考虑到了我国作为全球最大的船员国，有超过60万的国际航行船员在境外可能面临发生突发事件难以处置的困境，明确了交通主管部门和相关部门以及地方人民政府全力解决这一问题的处置机制。同时规定“船员境外突发事件应急处置由船员派出单位所在地的省、自治区、直辖市人民政府负责，船员户籍所在地的省、自治区、直辖市人民政府予以配合。中华人民共和国驻外国使馆、领馆和相关海事管理机构应当协助处置船员境外突发事件”。这进一步明确了派出单位所在地人民政府对于船员境外突发事件的应急处置第一责任，同时规定了船员户籍所在地人民政府配合、驻外使馆、领馆和海事管理机构协助处置的协调协同机制，解决了新《海安法》出台前，由于涉外事件复杂且国际影响大等原因，当“谁派出谁负责”的派出单位的责任无法履行时，由政府部门牵头处置确保境外中国船员的合法权益得到保护。（4）船员健康保障有了法律依据。船员取得健康证明是经修订的《1978 年海员培训、发证和值班标准国际公约》《2006 年海事劳工公约》的共同要求，也是国际通行的一种做法，一直以来我国仅以规范性文件加以约束，没有上位法的支撑，此次修订明确了这一要求，为船员健康保障制定了法律依据。

第五节 绿色航运政策

一、沿海排放控制区

为减少船舶大气污染物的排放，有效改善船舶活动区域环境的空气质量，国际海事组织（IMO）2008 年 10 月通过《国际防止船舶造成污染公约》（简称 MARPOL 公约）附则Ⅵ，对于船舶废气中的 SO_x 排放含量做了限制，规定了燃油中硫含量的全球上限，并规定了硫排放控制区。目前，全球共有 4 个通过国际海事组织批准设立的船舶排放控制区（ECA），分别是 2006 年 5 月 19 日正式启动的波罗的海硫氧化物排放控制区（SECA）、2007 年 11 月 22 日正式启动的北海硫氧化物排放控制区（SECA）、2012 年 8 月 1 日正式启动的北美氮氧化物排放控制区（NECA），以及 2014 年 1 月 1 日正式启用的美国加勒比海氮氧化物排放控制区（NECA）。除了 ECA 之外，还有一些国家参照 MARPOL 公约附则Ⅵ实施了强制性的区域性船舶排放控制政策。比如：欧盟要求在欧盟港口靠港超过 2 小时的船舶不得使用硫含量超过 0.1%*m/m* 的燃油；美国加州要求远洋船舶近海航行使用低硫馏分燃料油；美国加州要求靠港船舶使用岸电等。

我国对于船舶大气污染控制的监管也在逐步加强，交通运输部于 2016 年 1 月 1 日印发了《珠三角、长三角、环渤海（京津冀）水域船舶排放控制区实施方案》，设立了珠三角、长三角以及环渤海三个船舶排放控制区，并对控制区内船舶提出了使用硫含量上限为 0.5%*m/m* 的船用燃油的强制要求。

2018 年 11 月 30 日交通运输部又发布了《船舶大气污染物排放控制区实施方案》（以下简称实施方案），与 2016 年的排放控制区实施方案相比，此次实施方案的变化主要体现为：

1. 在现行三个排放控制区的基础上进一步扩大地理范围

为创造相对公平公正的航运环境，实施方案将沿海排放控制区扩展至全国沿海范围，要求自 2019 年 1 月 1 日起船舶进入沿海排放控制区均应使用硫含量不超过 0.5%*m/m* 的船用燃油。同时，实施方案在沿海排放控制区中专门划出了海南水域，并对海南水域提出了相对于其他沿海水域更为严格的控制要求:即自2022年1月1日起,进入海南水域的船舶,一是要使用硫含量不超过0.1%m/m的超低硫油;二是新改建船舶要执行MARPOL公约第三阶段氮氧化物排放限值要求。

2.提高了海船进江的标准

在内河排放控制区领域,实施方案将长江干线的云南水富至江苏浏河口段通航水域和西江干线的广西南宁至广东肇庆段通航水域划定为内河排放控制区。此外,考虑到内河水域船舶大气污染防治的需求,以及船舶航行的安全性,实施方案提高了海船进江标准,要求自2020年1月1日起进入内河排放控制区的海船应使用硫含量不超过0.1%m/m的船用燃料油。

3.提出了对船舶靠港使用岸电的要求

实施方案要求,2019年1月1日及以后建造的中国籍公务船、内河船舶(液货船除外)和特定航线江海直达船舶,应具备船舶岸电系统船载装置。2020年1月1日及以后建造的一定类型和尺度的中国籍沿海航行船舶应具备船舶岸电系统船载装置。2019年7月1日起,要求具备船舶岸电系统船载装置的船舶在沿海排放控制区内具备岸电供应能力的码头泊位停泊超过3小时,或者在内河排放控制区内具备岸电供应能力的码头泊位停泊超过2小时,且不使用其他等效措施的,应强制使用岸电。

对于已具备船舶岸电系统船载装置的现有船舶(液货船除外),实施方案提出了强制使用岸电的要求。对于不具备船舶岸电系统船载装置的现有船舶,实施方案采用了选择性追溯的方式,即现有船舶必须满足船舶发动机氮氧化物控制要求或者具备船舶岸电系统船载装置,要求自2022年1月1日起,船上最大单台发动机输出功率大于130千瓦,且不满足MARPOL公约第二阶段氮氧化物排放限值要求的一定类型和尺度的中国籍船舶,应具备船舶岸电系统船载装置,并按照有关规定使用岸电。

二、LNG的使用

大部分的船舶在海上运输时使用重质燃油(HFO)作为动力,会产生大量的大气污染物,面对日益严重的环境污染问题,船公司开始考虑采用其他燃料替代传统燃料。其中,液化天然气(LNG)被看作一种有发展前景的替代性燃料。使用LNG作为船用燃料,可在船舶的整个生命周期内实现高达21%的温室气体减排;此外,使用LNG作为船用燃料还可将其他污染物排放降低至近乎为零,如硫氧化物(SO_x)、氮氧化物(NO_x)和颗粒物(PM)。

为深入推进水运行业应用LNG清洁能源,我国交通运输部于2013年印发了《交通运输部关于推进水运行业应用液化天然气的指导意见》,提出到2015年,水运行业应用LNG的标准体系基本形成;到2020年,水运行业应用LNG的标准体系基本完善。在科技研发方面,我国交通运输部在交通运输科技“十三五”发展规划中,已将节能减排关键技术及装备列为节能环保领域重点研发方向,其中包括内河船舶应用LNG优化、远洋LNG混合动力船舶、船舶能效提升与绿色新型动力系统应用等。还将新建内河纯LNG动力船舶应用技术列入交通运输行业重点节能低碳技术推广目录(2016年度)、将船舶清洁能源和新能源应用技术、船舶脱硫脱硝技术等列入《交通运输行业节能低碳技术推广目录征集指南(2018年度)》。2017年8月,交通运输部发布《长江干线京杭运河西江航运干线液化天然气加注码头布局方案》,提出到2025年前,基本建成长江干线、京杭运河、西江航运干线LNG加注码头体系,分别在这三大内河水域建设45处、19处、10处LNG加注码头。2018年交通运输部发布《关于深入推进水运行业应用液化天然气的指导意见(征求意见稿)》,提出到2025年要形成覆盖全面的LNG清洁能源应用体系,新建公务船舶LNG应用比例达15%,长三角、长江干线等水域新建内河船舶LNG应用比例达10%。在财政方面,2018年财政部将纯天然气发动机为主推进动力装置的船舶作为新能源船,对其免征车船税,符合条件的新能源船舶可按要求享受该项税收优惠。

三、其他

2017年8月,交通运输部颁布了《关于推进长江经济带绿色航运发展的指导意见》,该意见主要强调了生态优先和绿色发展的原则,明确了长江经济带绿色航运发展的目标和任务。该指导意见旨在推动长江经济带的航运基础设施建设、运输服务能力提升,并解决发展方式粗放、绿色发展水平不高等问题。具体内容包括优化港口和航道规划布局,加快绿色航运发展专项规划的制定与实施,如港口岸电布局方案和液化天然气加注码头布局方案,以及推动绿色航道建设和绿色港口创建。此外,意见还提出了加强法规标准制定修订工作,提升绿色航运治理能力,包括加强节能环保监管和推动绿色航运发展专项行动等措施,以实现航运业的绿色循环低碳发展,并发挥长江黄金水道的综合效益。

2022年9月,工业和信息化部、国家发展改革委、财政部、生态环境部、交通运输部等联合颁布了《关于加快内河船舶绿色智能发展的实施意见》。该意见是一项全面的政策文件,旨在推动我国内河船舶行业向绿色化、智能化方向转型。该实施意见明确了到2025年和2030年的两个阶段性发展目标,涵盖了技术创新、产业升级、基础设施建设、商业模式创新、运营管理改进以及安全质量管理等多个方面。具体措施包括加快LNG、电池、甲醇、氢燃料等绿色动力关键技术的研发应用,推动智能船舶技术发展,加强绿色智能船舶标准化设计,构建绿色智能船舶新型产业链,完善运营配套设施,创新商业模式,并强化安全质量管理。此外,还提出了鼓励先行先试、加强政策支持、建立评估机制和协同推进实施等保障措施,以确保目标的顺利实现。

2023年12月,工业和信息化部、国家发展改革委、财政部、生态环境部、交通运输部等五部委联合颁布了《船舶制造业绿色发展行动纲要(2024—2030年)》。该纲要旨在推动船舶工业高质量发展,实现碳达峰碳中和目标,加快船舶制造业绿色转型,聚焦于绿色船舶产品供应能力的提升、船用替代燃料和新能源技术的应用,以及绿色低碳标准体系的完善。发展目标指出,到2025年,绿色发展体系初步构建,绿色船舶产品供应能力显著提升,国际市场份额超过50%,万元产值综合能耗较2020年下降13.5%;到2030年,绿色发展体系基本建成,绿色船舶技术达到国际先进水平,国际市场份额保持领先,形成一批绿色示范企业,全面建成绿色供应链管理体系。纲要还提出了构建绿色船舶产品体系、推动制造体系绿色转型、绿色供应链体系建设、区域协同和国际合作以及保障措施等具体行动方案,以确保目标的实现。

第六节 海运安全管理政策

一、船舶载运危险品安全管理

船舶载运危险货物安全管理是水路运输领域安全管理的重要环节，也是重要的安全风险防控点。为此，2003年交通部颁布实施了《船舶载运危险货物安全监督管理规定》，该规定于2012年进行了部分修订。近年来，船舶载运危险货物的数量和种类持续增长，特别是液化天然气等液化气体的运输量大幅攀升，安全形势日益严峻，亟须进一步强化船舶载运危险货物安全监管要求。因此，2018年交通运输部对该规定进行了全面修订，主要内容如下：

1. 进一步统一危险货物国内运输和国际运输的适运要求

长期以来，我国危险货物国际运输和国内运输在船舶技术条件、货物适运条件等方面有差异化要求，国际运输适用相关国际公约和规则，国内运输则适用国内法规和技术规范。但国际和国内运输的货物适运条件不一致，导致危险货物国内运输转国际运输时需按照国际公约规定重新包装、积载、隔离，给货主与船东造成了很大不便，也增加了安全监管与执法难度。因此，在规定中进一步统一了危险货物国内运输和国际运输货物适运要求，主要体现在船舶和人员的一般要求、危险货物技术条件和安全适运要求、申报和作业管理、安全监管手段等方面。

2. 统一船舶载运危险货物与港口危险货物的范围

历史原因以及船舶和港口危险货物管理所依据的国际公约有所不同、船载危险货物与港口作业危险货物的范围不一致，导致实践中在船舶监管和港口作业环节对危险货物的认定不一致，给企业生产经营和行业监管造成不利影响。为此，经反复沟通论证，将船舶载运危险货物范围与《港口危险货物安全管理规定》（交通运输部令2017年第27号）中港口危险货物的范围进行了衔接，基本保持一致。

3. 建立危险货物申报人员和集装箱装箱现场检查员诚信管理制度

建立了"两员"诚信管理制度，进一步加强对"两员"日常从业情况的监管，具体诚信管理制度由交通运输部海事局制定。

4. 改革船舶载运危险货物安全适运申报和过驳作业行政许可制度

对船舶载运危险货物所涉及的行政许可事项进行了必要的调整。一是将船舶载运危险货物进出港口许可中的危险货物安全适运申报，由许可制调整为报告制；二是按照上位法的规定，将船舶载运危险货物过驳作业许可的适用范围，调整为船舶在港口水域外从事内河危险货物过驳作业或者海上散装液体污染危害性货物过驳作业。同时，进一步明确了负有安全生产主体责任的托运人和承运人的安全责任，对海事管理机构事中、事后监督管理做出了规定。

5. 明确了船舶载运散装液化气体安全监管要求

针对载运液化气船的特殊危险性，对船舶载运散装液化气体进行了系统规范，明确了液化气船作业前会商和试气实验安全风险论证两项制度。

还针对LNG沿海运输和内河运输分别做出特别规定，主要有：载运LNG进出沿海港口、停泊、作业，由船舶通过专题论证确定并落实安全保障措施；载运LNG船舶在内河航行、停泊、作业，由海事管理机构根据当地实际情况评估论证明确护航等安全保障措施，经征求港航管理部门意见后向社会公布。对船舶吨位、货种、航线相同且通航安全条件没有重大变化的，可不再重新评估论证，以便利相对人。这样规定，主要是考虑到沿海与内河，以及不同港口在通航条件、敏感资源等方面存在较大差异，按照“一船一议”“一港一议”方式明确安全保障措施，可以避免“一刀切”，也可以灵活兼顾不同船舶、不同地方、不同情况的需求，最大限度地保障 LNG 运输安全，尤其是满足 LNG 内河运输需求。

6. 明确内河危险货物船舶强制洗舱相关要求

考虑到不相容的散装液体危险货物相互接触可能引发安全事故，以及洗舱作业本身具有较高的安全风险，借鉴载运散装液体化学品海船强制预洗的成功做法，规定要求载运散装液体危险货物的内河船舶应当在具备条件的码头、专用锚地、洗舱站点进行洗舱，并明确了免予洗舱的情形，通过强制排岸接收要求，有效防止船舶离港后故意向水体排放化学品洗舱水。

二、船舶安全监督管理

2017 年 5 月 23 日，交通运输部颁布了《中华人民共和国船舶安全监督规则》（2020 年 3 月进行了第一次修正，2022 年 9 月进行了第二次修正）。

《中华人民共和国船舶安全监督规则》是一项全面规范船舶安全监督工作的法规，旨在保障水上人命和财产安全，同时防止船舶对水域造成污染。该规则涵盖了对中国籍船舶和水上设施以及外籍船舶在中国管辖水域内的安全监督。规则的主要内容包括船舶进出港报告、船舶综合质量管理、船舶安全检查、船舶安全责任、船舶现场监督等方面。其中，对于船舶安全检查的内容主要包括：（1）船舶配员情况：检查船舶是否按照规定配备了足够的船员，并持有相应的适任证书；（2）船舶、船员配备和持有有关法定证书文书及相关资料情况：核查船舶是否配备了所需的法定证书、文书以及相关记录；（3）船舶结构、设施和设备情况：检查船舶的结构、设施和设备是否符合安全要求；（4）客货载运及货物系固绑扎情况：确保船舶在载运乘客或货物时，货物的系固绑扎符合安全规范；（5）船舶保安相关情况：检查船舶的保安措施是否到位；（6）船员履行其岗位职责情况：船员是否能够履行其岗位职责，包括对相关设施、设备的维护保养和实际操作能力；（7）海事劳工条件：检查船舶是否符合海事劳工条件的要求；（8）船舶安全管理体系运行情况：检查船舶安全管理体系是否有效运行；（9）法律、法规、规章以及我国缔结、加入的有关国际公约要求的其他检查内容：船舶是否遵守了相关法律、法规和我国缔结、加入的有关国际公约的其他检查内容。

此外，规则还规定了船舶在接受安全监督时应减少对正常生产作业的影响，并要求海事管理机构制定相应的工作程序来规范船舶安全监督活动。完成监督后，海事管理机构应签发相应的监督报告，并由船长或履行船长职责的船员签名。如果监督中发现船舶存在危及航行安全、船员健康、水域环境的缺陷或违法行为，将按规定进行处置。

三、海上交通安全管理

1983 年颁布的《海上交通安全法》是我国海运领域的基础性法律，是规范海上交通秩序、保护人民生命财产安全、维护国家海洋权益的基本制度保障。2021 年新修订的《海上交通安全法》（以下简称新《海安法》）作为海运领域基础性的法律文件，是 1983 年颁布以来进行的首次全面修订。

新《海安法》在原有“加强海上交通管理,保障船舶、设施和人命财产的安全,维护国家权益”的基础上,明确规定“国家依法保障船员的劳动安全和职业健康,维护船员的合法权益”,这是首次将船员权益保障写入国家法律,增加了维护船员合法权益的内容。

新《海安法》在总则中明确将“支持海上交通安全工作,加强海上交通安全的宣传教育,提高全社会的海上交通安全意识”纳入各级人民政府及有关部门职责,这一规定为开启全社会齐抓共管的船员管理新格局奠定了法律基础。

新《海安法》总则第 8 条提出“国家鼓励和支持先进科学技术在海上交通安全工作中的应用,促进海上交通安全现代化建设,提高海上交通安全科学技术水平”,这一方向性的法律规定对于船员教育培训提出了更高和更前沿的要求,对于我国航海教育培训适应先进科学技术的应用和海上交通安全现代化建设指明了方向。从法律上提出了提升船员职业素养对于促进海上交通安全现代化建设的新要求,有利于提升船员的综合素质、更加注重船员培训的实效、优化培养模式。

新《海安法》第 121 条规定“中华人民共和国缔结或者参加的国际条约同本法有不同规定的,适用国际条约的规定,但中华人民共和国声明保留的条款除外”,这一规定对海事部门来说是充分体现海事领域国际化的特殊法律条款,有利于在国际海事公约修订产生新的变化后国内法未能覆盖的情况下做到有法可依。

新《海安法》通过两项条款赋予了船长的绝对权利:一是第 38 条规定“船长负责管理和指挥船舶。在保障海上生命安全、船舶保安和防治船舶污染方面,船长有权独立作出决定”,这是首次在国家法律层面明确了船长管理和指挥船舶的权利,赋予了船长最大的决定权。二是第 39 条规定“为了保障船舶和在船人员的安全,船长有权在职责范围内对涉嫌在船上进行违法犯罪活动的人员采取禁闭或者其他必要的限制措施”,这一条款很好地衔接了《中华人民共和国治安管理处罚法》第 4 条对于在中华人民共和国船舶内发生的违反治安管理行为的法律适用问题。

同时,针对全球性的疫情防控对航运业的影响,新《海安法》第 40 条规定“发现在船人员患有或者疑似患有严重威胁他人健康的传染病的,船长应当立即启动相应的应急预案,在职责范围内对相关人员采取必要的隔离措施,并及时报告有关主管部门”,这一新的法律条款,规定了船长在处置海上突发疫情方面的责任,更有利于充分保障海上人命安全。

第四章 中国港口市场法规与政策

第一节 船舶进出港口管理与引航管理

一、口岸及其检查机构

1. 我国对外开放口岸

口岸是供人员、货物和交通工具出入国境的港口、机场、车站、通道等。我国口岸分为一类口岸和二类口岸。一类口岸是经国务院批准开放的口岸，具体分类为：对外国籍船舶、飞机、车辆等交通工具开放的海、陆、空客货口岸；只允许我国船舶、飞机、车辆出入国境的海、陆、空客货口岸；允许外国籍船舶进入我国领海内的海面交货点。二类口岸是经我国省级人民政府批准开放并管理的口岸，具体可分为：依靠其他口岸派人前往办理出入境检查检验手续的国轮外贸运输装卸点、起运点、交货点；同毗邻国家地方政府之间进行边境小额贸易和人员往来的口岸；只限边境居民通行的出入境口岸。自1985年国务院发布《国务院关于口岸开放的若干规定》以来，截至2024年9月30日，中国经国务院批准的对外开放口岸共有311个。

2. 国际航行船舶的口岸检查机构

负责对国际航行船舶（指进出中国口岸的外国籍船舶和航行国际航线的中国籍船舶）进出我国口岸实施检查的机关是：海事局、海关、边防检查站、检验检疫局。一般而言，海事局负责查验船舶的有关文书及了解船舶航行安全事项；海关负责对船舶、货物、船员和旅客行李物品实施检查和对有关报表的审核；边防检查站负责对船员、旅客的护照证件、行李物品等实施边防检查；检验检疫局检查船舶卫生及询问船员、旅客健康情况，查验有关检疫证件。其中海事局负责召集有其他检查机构参加的船舶进出口岸检查联席会议，研究、解决船舶进出口岸检查的有关问题。

二、水上安全监督管理体制

1998年，根据国务院办公厅批准的《交通部职能配置、内设机构和人员编制规定》，中华人民共和国船舶检验局（交通部船舶检验局）与中华人民共和国港务监督局（交通部安全监督局）合并组建中华人民共和国海事局（交通部海事局），为交通部直属机构，实行“一水一监，一港一监”的管理体制。交通运输部海事局的职能具体包括：

（1）拟定和组织实施国家水上安全监督管理和防止船舶污染、船舶及海上设施检验、航海保障以及交通行业安全生产的方针、政策、法规和技术规范、标准。

（2）统一管理水上安全和防止船舶污染。监督管理船舶所有人安全生产条件和水运企业安全管理体系；调查、处理水上交通事故、船舶污染事故及水上交通违法案件；指导船舶污染损害赔偿工作。

（3）负责船舶、海上设施检验行业管理以及船舶适航和船舶技术管理；管理船舶及海上设施法定检验、发证工作；审定船舶检验机构和验船师资质、负责对外国验船组织在华设立代表机构并进行监督管理；负责中国籍船舶登记、发证、检查和进出港（境）签证；负责外国籍船舶入出境及在我国港口、水域的监督管理；负责船舶保安和防抗海盗管理工作；负责船舶载运危险货物及其他货物的安全监督。

（4）负责船员、引航员、磁罗经校正员适任资格培训、考试、发证管理。审核和监督管理船员、引航员、磁罗经校正员培训机构资质及其质量体系；负责海员证件的管理工作。

（5）管理通航秩序、通航环境。负责禁航区、航道（路）、交通管制区、锚地和安全作业区等水域的划定；负责禁航区、航道（路）、交通管制区、锚地和安全作业区等水域的监督管理，维护水上交通秩序；核定船舶靠泊安全条件；核准与通航安全有关的岸线使用和水上水下施工、作业；管理沉船沉物打捞和碍航物清除；管理和发布全国航行警（通）告，办理国际航行警告系统中国国家协调人的工作；审批外国籍船舶临时进入我国非开放水域；负责港口对外开放的有关审批工作和中国便利运输委员会的日常工作。

（6）负责航海保障工作。管理沿海航标、无线电导航和水上安全通信；管理海区港口航道测绘并组织编印相关航海图书资料；归口管理交通行业测绘工作；组织、协调和指导水上搜寻救助，负责中国海上搜救中心的日常工作。

（7）组织实施国际海事条约；履行“船旗国”“港口国”“沿岸国”监督管理义务，依法维护国家主权；负责有关海事业务国际组织事务和有关国际合作、交流事宜。

（8）组织编制全国海事系统中长期发展规划和有关计划；管理所属单位基本建设、财务、教育、科技、人事、劳动工资、精神文明建设工作；负责船舶港务费、船舶吨税、船舶油污损害赔偿基金等有关管理工作；受交通运输部委托，承担港口建设费征收的管理和指导工作；负责全国海事系统统计和行风建设工作。

（9）承办交通运输部交办的其他事项。

我国沿海海域（包括岛屿）和港口、对外开放水域和重要跨省通航内河干线和港口，为中央管理水域，由交通部设置直属海事管理机构实施垂直管理；在中央管理水域以外的内河、湖泊和水库等水域，为地方管理水域，由省、自治区、直辖市人民政府设立地方海事管理机构实施管理。

具体而言，由国务院交通主管机关，也就是交通运输部海事局统一领导和管理（中央管理）的水域主要有：

（1）沿海（包括岛屿）海域和港口，具体说，指北起辽宁鸭绿江口，南至广西北仑河口的我国沿海（包括岛屿），国家管辖的一切海域和沿海港口的所有码头、装卸区、作业站点的所在水域（包括入海河流河口第一港水域及其下游水域）。

（2）对外开放水域，具体说，包括按照国家有关规定批准的对外开放的沿海、内河港口以及允许国际航行船舶通达开放港口的内河通航水域。

（3）主要跨省、区、市内河（长江、珠江、黑龙江）干线及港口，具体说，指由四川宜宾至上海的长江干线及与其交汇的干支流河口水域和港口；由广西南宁及其以下西江干线、柳州及其以下柳江干线至广东各主要入海口的珠江（西江）主要干线及其交汇的干支流河口水域和港口，内蒙古黑山头、吉林大安及其以下黑龙江干支流水域和港口。

（4）干支流河口水域，是指在干支流交汇处已设港口的所有码头、装卸区、作业站点的水域，未设港口的是指干支流交汇处与干流通航秩序密切相关的水域。

除了上述水域之外的内河、湖泊和水库等其他水域的水上安全监督工作，由省、区（直辖市）政府，也就是地方海事局负责。

三、引航管理

1. 引航制度

引航行为是在一定的港口、运河、江河入海口、难航海峡或内河水运内，专门性的从业人员登上某船舶（他并不属于该船船员），并就该船驶抵目的地的有关安全航行问题，为船长提供建议和忠告，或者在不解除船长对于全船驾驶责任的情况下，代替船长实际操纵该船舶。

我国的船舶引航制度分为强制性引航和服务性引航两类，其中强制性引航是一国主权的象征，同时还可保证船舶安全，因而具有重要意义。

（1）强制性引航，是指对某些船舶进出港口，必须实施引航制度，航方不能拒绝引航。1983 年颁布的《海上交通安全法》规定："外国籍船舶进出中华人民共和国港口或者在港内航行、移泊以及靠离港外系泊点、装卸站等，必须由主管机关指派引航员引航。"这是我国强制引航制度的法律依据。关于强制性引航，2001 年颁布的《船舶引航管理规定》（后于 2021 年进行了修订）对《海上交通安全法》做了补充，规定了在海上航区和内河需要进行强制引航的情形。其中，下列船舶在交通运输部划定的海上引航区内航行、停泊或者移泊的，应当向引航机构申请引航：①外国籍船舶，但交通运输部经报国务院批准后规定可以免除的除外；②核动力船舶、载运放射性物质的船舶、10 万总吨及以上油船；③可能危及港口安全的散装液化气船、散装危险化学品船；④长、宽以及吃水或者水面以上高度接近相应航道通航条件限值的船舶。下列船舶在内河航行，应当向引航机构申请引航：①外国籍船舶。②1 000 总吨以上的海上机动船舶，但船长驾驶同一类型的海上机动船舶在同一内河通航水域航行与上一航次间隔 2 个月以内的除外。③长、宽以及吃水或者水面以上高度接近相应航道通航条件限值的船舶。④在长江干线航行的下列船舶：客位 500 人及以上且载客航行的客船，但旅客班轮、渡船除外；2. 1 万总吨及以上且载运闪点小于 23 ℃的散装液体化学品船；载运《国际散装运输危险化学品船舶构造和设备规则》中 X 类的散装液体化学品船。

（2）服务性引航，是指定不实施强制性引航的船舶向港务监督提出申请，请求派引航员或引航船舶提供引航帮助，以安全进出港口和在港内航行，《船舶引航管理规定》对此有所规定：

"其他船舶在引航区内外航行或者靠泊、离泊、移泊,可根据需要申请引航。"

2. 引航管理体制

伴随我国港口管理体制的几次重大变革,引航管理体制又大致历经了三个历史时期:1954—1984年的港务局管理时期(当时的港务局属政企合一性质,统一管理港口行政管理工作和各项业务,引航管理工作由各个港务局负责,具体由港务局所属的港口监督部门领导和实施);1984—1990年年初的港务局管理时期(1984年我国进行了港口管理体制改革,将港务局所属的港务监督部门划出组建海上安全监督局,引航工作仍留在港务局,由具有政企合一性质的港务局负责管理);1991—2007年是引航管理体制多种并存时期(各地港口引航权的归属是不同的:沿海原中央直属和双重领导的港口引航由大型港口集团公司负责,山东省、辽宁省原地方所属港口由港口内某一个企业负责,其他沿海港口由港口行政管理部门负责,长江港口由长江引航中心负责)。

2005年和2006年交通部分别下发了《关于我国港口引航管理体制改革实施意见的通知》和《关于加强港口引航管理工作的若干意见》的规定。改革的主要内容是:将沿海港口的引航机构从港口企业中分离出来,按照"一个港口一个引航机构"的原则,成立具有独立法人资格的事业单位;鉴于引航职业的特殊性,为保持引航队伍的稳定,引航机构从港口企业分离后,保持引航员待遇的相对稳定;建立引航机构的监督管理机制,加强社会对引航工作的监督;筹建引航协会,加强行业自律工作。

2006年下半年到2007年上半年,全国各地脱离港口企业回归政府的引航站纷纷宣告成立。长江各港口的引航工作仍由长江引航中心统一负责。到2007年年底,引航管理体制改革已经全部完成。

港口体制改革以后,引航机构从港口企业分离,成为独立的事业单位。引航机构与港口企业的关系由原来的上下级转变为服务与被服务的关系。引航公共服务功能的一大体现就是中国各港口的引航站不以营利为目的,按净吨位计费,收费相对低廉,对船东基本不构成负担。

3. 引航员的任务与资格

(1)《船舶引航管理规定》中对引航员做了等级划分:引航员分为助理引航员、三级引航员、二级引航员、一级引航员和高级引航员。处于各等级见习期的,为见习引航员。助理引航员不能独立引领船舶,见习引航员不能独立引领见习等级或者该见习等级以上等级的船舶。

(2)2008年颁布的《中华人民共和国引航员注册和任职资格管理办法》建立了引航员注册制度,其中规定:引航员注册是进入引航员队伍的必备程序,通过注册的申请人成为法律意义上的引航员,可以登船以引航员的名义开展工作,同时海事管理机构可以通过注册加强对引航员的工作资历和安全记录进行管理。但通过注册后的引航员是助理引航员,只能在一级或者二级引航员的指导下开展工作,并不具备独立引航的能力,其工作的本质是学习引航。符合下列条件的人可以申请引航员注册:①具备中华人民共和国国籍;②年满18周岁但不超过60周岁;③符合船舶驾驶员的体检要求;④经过引航员基本安全培训,并经海事管理机构考试合格。

而对于引航员任职资格的规定是:按海港和内河两个系列,引航员任职资格分为一级引航员、二级引航员和三级引航员。引航员应当经过规定的培训、考试,取得培训合格证和引航员适任证书。符合下列条件的人员,可申领引航员适任证书:①持有引航员服务簿;②符合船舶驾驶员的体检要求;③经过相应的适任培训,并通过相应的考试和评估;④具有本办法规定的水上服务资历和良好的安全记录。

4. 引航员与船方的关系

引航员与船方的关系是管理和被管理的关系。根据我国《海商法》的规定，船长管理船舶和驾驶船舶的责任，不因引航员引领船舶而解除。《船舶引航管理规定》也指出，船舶接受引航服务，不解除被引船舶的船长驾驶和管理船舶的责任。船长发现引航员的引航指令可能对船舶安全构成威胁时，可以要求引航员更改引航指令，必要时还可以要求引航机构更换引航员，并及时向海事管理机构报告。同时也规定引航员应当尊重被引船舶的船长和船员，按规定着装和佩戴标志。

5. 引航机构的管理

(1) 根据《船舶引航管理规定》，交通运输部主管全国引航工作。市（设区的市，下同）级以上地方人民政府港口主管部门负责本行政辖区引航行政管理工作。交通运输部设置的长江航务管理部门负责长江干线引航行政管理工作。海事管理机构负责引航安全监督管理工作。

(2)《船舶引航管理规定》还指出，引航机构的设置方案和引航具体范围，由市级地方人民政府港口主管部门根据引航业务发展需要向海事管理机构提出申请，经省级地方人民政府港口主管部门（直辖市除外）审核后，报交通运输部批准。

截至 2024 年年底，我国现有引航机构 46 家，主要承担我国沿海、长江、珠江和黑龙江界河等外贸船舶和部分内贸船舶的引航工作。沿海各港口是按照“一港一航”的原则建立了引航站，长江流域各港口的引航工作则统归长江引航中心负责。

第二节 港口管理体制

一、港口管理体制的基本概念

1. 港口管理体制的定义

港口管理体制是港口运行的上层建筑，是影响港口吞吐能力的重要因素。具体来说，港口管理体制是针对港口及其相关附属设施（锚地、水上服务区等）的运行、维护与管理过程实施而构建的管理体系及其所遵循的管理制度。港口管理体制的功能包括针对港口及其相关附属设施运行过程的决策、运行、监管并承担因此形成的相关责任权利关系。

2. 港口管理体制的主要内容

港口管理体制通过对各种关系的合理定位，解决管理过程中的内外部关系问题。对内，促使管理范围明晰、职责明确、资金到位及时；对外，协调好与相关主体的关系，最终达到从理顺关系的角度，提升港口管理水平，达到科学有序发展的目的。港口管理体制的主要内容有三个方面：

(1) 明确港口的管理主体，即港口的管理方，并以此构成管理体制框架的核心内容，解决管理主体地位问题；其次，明晰港口的客体，确定港口的管理对象和管理的范围。

(2) 细化和明确港口的管理职责，对管理权限和相关责任予以清晰界定。

(3) 明确港口管理产生的经费需求与结构，理顺经费来源和给付方式，强化监管与核查，以保障管理体制的正常运行。

二、我国港口管理体制的沿革

中华人民共和国成立以来，我国港口管理体制的管理模式随着经济体制改革而不断发展变化。中华人民共和国成立以来，中国港口的管理体制经历了由中央交通主管部门管理时期，到中央政府交通主管部门与地方（所在城市）政府共同管理时期；由中央交通主管部门为主，到以地方管理为主的变化过程，具体来说主要分为以下三个阶段：

1. 中央交通主管部门管理时期

由中央交通主管部门管理港口的模式主要存在于我国实行计划经济、对经济实行高度的集权化管理的时期。在港口管理上，基本实行“高度集中，统一管理，一家独办，全国垄断”的管理模式。可以这样说，当时，整个交通运输部就如同一个大型企业，统筹安排全国的港口生产。

2. 中央政府交通主管部门与地方（所在城市）政府共同管理时期

在中央政府交通主管部门管理港口的时期，这种政企合一的港口体制曾经起到过积极作用，但从改革开放以来的国民经济发展趋势看，原有体制已不适于港口行政管理和企业经营发展的需要，既不利于港口的行政管理和规划建设，又不利于按经济规律管理企业。为满足国民经济和对外贸易发展对于交通运输提出的新要求，我国对港口的管理模式进行了改变。

（1）内河港口管理体制改革

1983 年 3 月，国务院 50 号文件正式批准《交通部关于长江航运体制的改革方案》。

为调动各方面建设和利用长江的积极性，促进长江水系航运事业的发展，1987 年 11 月国务院批准了国家经委、交通部《关于长江管理体制改革的请示》，确定除张家港以外，将长江干线重庆、武汉等 23 个主要港口全部移交给所在城市，实行交通部与地方政府双重领导，以地方为主的管理体制，但长江干线航政、航道、通信的行政管理仍由交通部统一管理。1989 年，交通部直属的长江干线 26 个重点港口形成以地方为主的管理体制。与此同时，珠江水系和黑龙江水系的港口管理体制也进行了相应调整。

（2）沿海港口管理体制改革

1981 年年底，国务院原则同意《大连港口体制改革试行方案》。从 1982 年 1 月起大连港实行政企分开，将大连港务管理局拆分，分别成立大连港口管理局和大连港装卸联合公司，均为交通部直属一级单位。大连港由交通部和大连市双重领导，以交通部为主。大连港的体制改革试点工作拉开了我国港口体制改革的序幕；1984 年 6 月，经国务院批准，交通部采取“先扩权，后下放”的原则，在天津港实行“双重领导，地方为主”的管理体制改革试点；在天津港试点成功的基础上，1984—1989 年，交通部逐步将 15 个直属沿海港口中的 14 个（因秦皇岛港煤炭运输关系全局，国务院决定仍由交通部管理。秦皇岛港务局于 1999 年与交通部脱钩，成为中央直属管理的大型国有企业。2002 年，下放给河北省管理），共分四批下放地方政府，实行“双重领导，地方为主”的港口管理体制，并实行“以港养港，以收抵支”的财政政策。1994 年，海南港下放给海南省管理。

在这一时期，港口主要是由交通部与城市地方政府共同管理，并在港口管理上做以下分工：港口业务管理方面，以交通部为主，地方政府为辅；基本建设方面，大中型项目由中央下达（以贷款形式），自筹的建设基金由地方政府管理，港口采用“以港养港”的政策；人事组织方面，以地方政府为主，交通部为辅；港航监督从港务局中分离，直接归交通部统一管理。但是，港务局政企合一的身份并未改变。

3. 港口下放和政企分开时期

第一轮沿海港口体制改革的开展，使沿海港口的发展有了良好的开端，呈现出良好的发展势头，但仍存在一些问题。主要是："双重领导"，实为仍以交通部为主，未能真正调动地方政府管理和建设港口的积极性；"以港养港，以收抵支"的政策有悖于国家新的税法，同时由于一些港口微利经营或多年亏损，其"定额上缴"难以完成。为此，我国开展了以进一步调动地方建设港口的积极性、实现政企分开为主要目标的港口体制改革。

2001 年 11 月，国务院办公厅下发《国务院办公厅转发交通部等部门关于深化中央直属和双重领导港口管理体制改革意见的通知》（国办发〔2001〕91 号），将沿海和长江沿线的 37 个港口全部下放给地方管理，决定对港口实行属地化管理和政企分开，港口企业成为法人实体，建立"一港一政"统一管理的行政体制。2003 年 6 月通过的《港口法》对此进一步给予了明确。可以说，政企分开有利于港口经营市场的多元化，规范港口经营行为，维护港口经营秩序，加强港口安全管理。

港口下放地方以后，交通运输部主管全国港口经营行政管理工作；省、自治区、直辖市人民政府交通运输（港口）主管部门负责本行政区域内的港口经营行政管理工作；省、自治区、直辖市人民政府、港口所在地设区的市（地）、县人民政府确定的具体实施港口行政管理的部门负责该港口的港口经营行政管理工作。国家鼓励港口经营性业务实行多家经营、公平竞争，港口经营人不得实施垄断行为，任何组织和部门不得以任何形式实施地区保护和部门保护。

港口下放使港口与城市更紧密、更好地协调发展，发挥地方政府特别是港口所在城市政府建设和管理港口的积极性，也有利于形成公平竞争的环境，有利于港口的建设和管理。

第三节 港口经营管理

一、港口市场准入法规

1. 港口经营市场准入实行许可制度

按照《中华人民共和国港口法》（以下简称《港口法》）的规定，"从事港口经营，应当向港口行政管理部门书面申请取得港口经营许可"。即从事港口经营业务的申请人只要符合相关规定所确定的条件，港口行政部门就会颁发经营许可证书，不存在对经营人数量进行限制的问题。

2. 市场准入的条件

按照《港口法》的规定，港口经营人应具有与经营业务相适应的措施、设备、专业人员。其中审查的内容（尤其是个体化内容）较少，取消了对具备稳定货源的要求，相比其他水运市场准入条件明显宽松。

3. 港口准入企业的性质

20 世纪 80 年代以来，我国在港口市场领域迅速开放。先是允许地方尤其是港口腹地与沿海地区合资建港，如河北省京唐港；1985 年又开始鼓励外资投资港口码头，并给予优惠措施；同时，还允许鼓励货主码头提供公共服务，形成了港口投融资和经营主体的多元化。按照《港口法》的规定，只要符合市场准入条件，申请人一般都会获得经营许可证书，并无任何限定和分类。值得注意的是，2011 年国家发展改革委发布的《外商投资产业指导目录》中，将“港口公用码头的建设、经营”列入鼓励外商投资部分，并无投资形式、比例等限制。目前，在港口市场已形成国有企业为主，民营资本、外资共同发展的局面，并且外资可以独资或控股，与民航、铁路等其他运输领域相比，港口行业是一个比较开放的市场。

二、“港口经营管理”和“港口经营人”的界定

1. 港口经营管理

根据交通运输部 2009 年颁布的《港口经营管理规定》（根据 2014 年 12 月第一次修正、2016 年 4 月第二次修正、2018 年 7 月第三次修正、2019 年 4 月第四次修正、2019 年 11 月第五次修正、2020 年 12 月第六次修正），港口经营是指港口经营人在港口区域内为船舶、旅客和货物提供港口设施或者服务的活动，主要包括下列各项：

（1）为船舶提供码头、过驳锚地、浮筒等设施；

（2）为旅客提供候船和上下船舶设施和服务；

（3）从事货物装卸（含过驳）、仓储、港区内驳运；

（4）为船舶进出港、靠离码头、移泊提供顶推、拖带等服务；

（5）为委托人提供货物交接过程中的点数和检查货物表面状况的理货服务。

2. 港口经营人

港口经营人，是指依法取得经营资格从事港口经营活动的组织和个人。

三、港口资质管理

《港口法》和《港口经营管理规定》对从事港口经营、港口理货的条件、港口拖船的条件、船舶为港口供应等方面做出了规定：

1. 从事港口经营方面

（1）从事港口经营，应当申请港口经营许可证，港口经营许可证的有效期为 3 年；港口经营人应当在港口经营许可证有效期届满之日 30 日以前，向港口经营许可证发证机关申请办理延续手续。

港口经营人应当按照港口行政管理部门许可的经营范围从事港口经营活动。港口经营人变更经营范围的，应当就变更事项到工商部门办理相应的变更登记手续。

（2）从事港口经营应当具备的条件：

①有固定的经营场所。

②有与经营范围、规模相适应的港口设施、设备，其中：码头、客运站、库场、储罐、污水处理设施等固定设施应当符合港口总体规划和法律、法规及有关技术标准的要求；为旅客提供上、下船服务的，应当具备至少能遮蔽风、雨、雪的候船和上、下船设施；为国际航线船舶服务的码头（包括过驳锚地、浮筒），应当具备对外开放资格；为船舶提供码头、过驳锚地、浮筒等设施的，应当有相应的船舶污染物、废弃物接收能力和相应的污染应急处理能力，包括必要的设施、设备和器材。

③有与经营规模、范围相适应的专业技术人员、管理人员。

④有健全的经营管理制度和安全管理制度以及生产安全事故应急预案。

此外，港口经营人应当落实船舶污染物接收设施配置责任，按照国家有关规定加强港口接收设施与城市公共转运、处置设施的衔接，不得拒绝接收船舶送交的垃圾、生活污水、含油污水。港口经营人应该优先使用清洁能源或者新能源的设施设备，并采取有效措施，防止港口作业过程造成污染。

2. 从事港口理货的条件

(1)申请人是依法在国内登记注册的企业法人；

(2)港口理货经营地域为申请人所在地的行政区域；

(3)有与经营范围、规模相适应的组织机构和管理人员、理货人员，有固定的办公场所和经营设施，有业务章程、理货规程和管理制度；

(4)具有符合相关通用要求的质量管理体系；

(5)具备与港口理货业务相适应的，能与港航电子数据交换中心和电子口岸顺利进行数据传输的理货信息系统和技术装备。

3. 从事港口拖船的条件

(1)在申请经营的港口所在地注册并具备企业法人资格；

(2)有满足拖船停靠的自有泊位或者租用泊位；

(3)在沿海港口从事拖船经营的，应当至少自有并经营 2 艘沿海拖船；在内河港口从事拖船经营的，应当至少自有并经营 1 艘内河拖船；

(4)海务、机务管理人员数量满足附件的要求，海务、机务管理人员具有不低于大副、大管轮的从业资历且在申请经营的港口从事拖船服务满 1 年以上；

(5)有健全的经营管理制度和符合有关规定的安全与防污染管理制度。

4. 船舶的港口供应

国际航行船舶港口供应工作，是港口服务业的组成部分，对港口繁荣和航运发展起着重要作用。我国的港口供应分为两部分：物料伙食供应和船用燃料油供应。

(1)物料伙食供应

为规范国际航行船舶港口供应工作，提升我国港口对外形象，国务院办公厅于 1992 年和 1995 年分别下发了《国务院办公厅关于做好外轮和远洋国轮港口供应工作的通知》(国办发〔1992〕2 号)和《国务院办公厅关于进一步做好国际航行船舶港口供应工作的补充通知》(国办发〔1995〕7 号)，其中规定，商业系统的外轮供应公司(以下简称外供公司)是从事国际航行船舶港口供应工作的主渠道；中国远洋运输(集团)有限公司的供应站(公司)(以下简称中远公司)主要负责对在八大港口(广州港、上海港、青岛港、天津港、大连港、连云港港、湛江港、秦皇岛港)的本系统国际航行国轮的供应工作。其他任何单位和个人均不得从事国际航行船舶的物料和伙食供应工作。

但随着改革开放的不断深化和对外贸易的快速发展，国际航行船舶港口供应需求快速增长，原来的管理方式已难以适应形势发展的需要。为此，国务院办公厅 2009 年颁布了《关于完善国际航行船舶港口供应市场管理工作的通知》，同时废除了国办发〔1992〕2 号和国办发〔1995〕7 号文件。在这个通知中，一是明确了放开国际航行船舶港口供应市场。今后凡按照相关规定取得相应资质的企业，均可从事国际航行船舶港口供应业务。二是要求完善配套政策。交通运输部、商务部、海关总署等部门要根据各自职责，进一步完善有关监管制度和具体办法。三是要求提高监管工作效率。港口所在地人民政府要加大对国际航行船舶港口供应市场管理的协调力度，各口岸监管部门要进一步建立健全相互配合、相互衔接、合作监管的管理模式和工作机制。四是要求进一步规范市场经营秩序。取缔非法从事国际航行船舶港口供应单位，禁止违法进港、登轮、供货。五是要求积极探索促进港口服务业健康发展的新途径和新模式。要充分发挥中国港口协会、中国友谊外供商业协会等中介组织的作用，引导国际航行船舶港口供应企业做大做强。

(2)船用燃料油供应

我国对面向国际航行船舶供应的船用燃料油免征关税、进口环节增值税和进口环节消费税(及保税油供应)，由经营公司直接进口，存入保税油专用油库并由海关监管供应。

保税油供应业务参照免税品管理，由国家指定经营，市场并未放开。截至目前，国务院先后批准中国船舶燃料有限责任公司、中石化中海船舶燃料供应有限公司、中石化长江燃料有限公司、深圳光汇石油集团股份有限公司、中石化浙江舟山石油有限公司等5家企业从事国际航行船舶保税油供应，其他企业和个人不能申请开展此项业务。

为加强港口保税油供应市场管理，根据《国务院办公厅关于完善国际航行船舶港口供应市场管理工作的通知》(国办发〔2009〕57号)，交通运输部2011年制定了《国际航行船舶保税油港口供应服务标准》，国际航行船舶保税油港口供应服务参照该标准执行。在这个文件中，规定了供油单位应该在供油港口拥有与供应服务能力相符合的船舶，并配备符合要求的船员和技术人员，相应的供油船舶应持有海事机构颁发的船舶有关证书，并取得公安边防部门签发的搭靠外轮许可证。

四、港口经营管理

《港口经营管理规定》指出：

(1)港口理货业务经营人不得兼营港口货物装卸经营业务和仓储经营业务。

(2)港口行政管理部门及相关部门应当保证港口公用基础设施的完好、畅通。

(3)港口经营人应当落实船舶污染物接收设施配置责任，按照国家有关规定加强港口接收设施与城市公共转运、处置设施的衔接，不得拒绝接收船舶送交的垃圾、生活污水、含油污水。鼓励港口经营人优先使用清洁能源或者新能源的设施设备，并采取有效措施，防止港口作业过程造成污染。

(4)港口经营人变更或者改造码头、客运站、堆场、仓库、储罐、岸电和污水预处理设施等固定经营设施，应当依照有关法律、法规和规章的规定履行相应手续。依照有关规定无须经港口行政管理部门审批的，港口经营人应当向港口行政管理部门备案。

(5)港口经营人、港口理货业务经营人应当建立健全安全生产责任制和安全生产规章制度，推进安全生产标准化建设，依法提取和使用安全生产费用，完善安全生产条件，建立实施安全风险分级管控和隐患排查治理制度，并严格落实治理措施；对从业人员进行安全生产教育、培训并如实记录相关情况，确保安全生产。

港口经营人应当按照国家有关规定落实港口大型机械防阵风防台风措施。

(6)港口经营人应当按照码头竣工验收确定的泊位性质和功能接靠船舶，不得超过码头靠泊等级接靠船舶，但按照交通运输部的规定接靠满足相关条件的减载船舶除外。

(7)港口经营人不得安排超过船舶载(乘)客定额数量的旅客上船。港口经营人不得装载超过最大营运总质量的集装箱,不得超出船舶、车辆载货定额装载货物。沿海港口经营人不得为超出航区的内河船舶提供货物装卸服务。港口经营人应当配合海事管理机构做好恶劣天气条件下船舶靠离泊管理。

(8)港口作业委托人应当向港口经营人如实提供其身份信息以及货物和集装箱信息,不得在委托作业的普通货物中夹带危险货物和禁止运输的物品,不得匿报、谎报危险货物和禁止运输的物品。未提供上述信息的,港口经营人不得接受港口作业委托。

危险货物装卸作业前,船舶应当向危险货物港口经营人提供船舶适装证书;对于不符合船舶适装证书所明确的危险货物范围的,港口经营人不得安排装卸作业。

(9)从事港口旅客运输服务的经营人,应当按照国家有关规定设置安全、消防、救生以及反恐防范设施设备,配备安全检查人员和必要的安全检查设施设备,对登船旅客及其携带或者托运的行李、物品以及滚装车辆进行安全检查,落实旅客实名制相关要求,保证旅客基本生活用品的供应,保持安全、快捷、良好的候船条件和环境。

旅客或者滚装车辆拒绝接受安全检查或者携带国家规定禁止上船物品的,不得上船。

(10)港口行政管理部门应当依法制定可能危及社会公共利益的港口危险货物事故应急预案、重大生产安全事故的旅客紧急疏散和救援预案以及预防自然灾害预案,建立健全港口重大生产安全事故的应急救援体系。

(11)港口经营人、港口理货业务经营人应当依法制定本单位的危险货物事故应急预案、重大生产安全事故的旅客紧急疏散和救援预案以及预防自然灾害预案,按照国家有关规定落实配备应急物资、定期开展应急培训和演练、修订相关预案等组织保障措施。

(12)港口经营人、港口理货业务经营人以及从事船舶港口服务、港口设施设备和机械租赁维修的经营人不得采取不正当手段,排挤竞争对手,限制或者妨碍公平竞争;不得歧视具有同等条件的服务对象;不得以任何手段强迫他人接受其提供的港口服务。

五、港口使费

港口使费(port disbursements),又称港口费用,是指因船舶使用港口及其设施用以停靠船舶和进行货物装卸作业,以及因港口向船舶提供各种服务,而向有关部门缴纳和支付的各种费用。而主管部门为港口规定的港务费的计费标准和计费办法,被称为港口收费规则。

交通运输部于2015年颁布了《港口收费计费办法》(已废止),其中指出政府定价的港口收费包括货物港务费、港口设施保安费;实行政府指导价的港口收费包括引航(移泊)费、拖船费、停泊费、驳船取送费、特殊平舱费和围油栏使用费;实行市场调节价的港口收费包括港口作业包干费、堆存保管费、库场使用费,以及提供船舶服务的供水(物料)服务费、供油(气)服务费、供电服务费、垃圾接收处理服务费、污油水接收处理服务费、理货服务费。

2019年3月15日,交通运输部、国家发展改革委联合印发了《关于修订印发〈港口收费计费办法〉的通知》,自2019年4月1日起施行,有效期为5年。修订内容为:一是降低部分政府定价收费标准。将政府定价、政府指导价的4项收费,货物港务费、港口设施保安费、引航(移泊)费、航行国内航线船舶拖船费的收费标准分别降低15%、20%、10%和5%。二是合并收费项目。将堆存保管费、库场使用费合并名称为库场使用费;将供水(物料)服务费、供油(气)服务费、供电服务费合并名称为船舶供应服务费;将垃圾接收处理服务费、污油水接收处理服务费合并名称为船舶污染物接收处理服务费。调整后港口经营服务性收费项目从 15 项减至 11 项。三是取消对小型船舶靠离泊使用拖船的配置要求。考虑实际情况和各地现有做法,明确了进出沿海港口 80 米及以下内贸船舶(化学品船、液化气体船除外)、长江干线港口 150 米及以下内贸船舶由船方根据需要确定是否使用拖船,管理部门不再统一要求。

经 2019 年调整以后,我国港口收费项目分为实行政府定价、政府指导价和市场调节价的经营服务性收费,其中实行政府定价的港口收费包括货物港务费、港口设施保安费;实行政府指导价的港口收费包括引航(移泊)费、拖船费、停泊费和围油栏使用费;实行市场调节价的港口收费包括港口作业包干费、库场使用费、船舶供应服务费、船舶污染物接收处理服务费、理货服务费。上述收费项目均应单独设项计收,港口经营人和引航机构不得超出以上范围另行设立港口收费项目。

2022 年 2 月交通运输部和国家发展改革委颁布了《关于减并港口收费等有关事项的通知》,其中规定:(1)取消港口设施保安费的政府定价,将其纳入港口作业包干费作为子项,该子项收费标准不得高于原收费标准;(2)调整引航(移泊)费计费结构,降低相关港口国际航线船舶的引航(移泊)费基准费率至原来的 85%或 90%。

六、港口安全管理

1.《港口法》的相关规定

(1)港口经营人应当依法制定本单位的危险货物事故应急预案、重大生产安全事故的旅客紧急疏散和救援预案以及预防自然灾害预案,保障组织实施。

(2)船舶载运危险货物进出港口,应当按照国务院交通主管部门的规定将危险货物的名称、特性、包装和进出港口的时间报告海事管理机构。海事管理机构接到报告后,应当在国务院交通主管部门规定的时间内做出是否同意的决定,通知报告人,并通报港口行政管理部门。但是,定船舶、定航线、定货种的船舶可以定期报告。

(3)在港口内进行危险货物的装卸、过驳作业,应当按照国务院交通主管部门的规定将危险货物的名称、特性、包装和作业的时间、地点报告港口行政管理部门。港口行政管理部门接到报告后,应当在国务院交通主管部门规定的时间内做出是否同意的决定,通知报告人,并通报海事管理机构。

(4)港口行政管理部门应当依法对港口安全生产情况实施监督检查,对旅客上下集中、货物装卸量较大或者有特殊用途的码头进行重点巡查;检查中发现安全隐患的,应当责令被检查人立即排除或者限期排除。

2. 港口设施保安规则

根据 SOLAS 公约和《国际船舶和港口设施保安规则》(International Ship and Port Facility Security Code, ISPS 规则)的要求,2007 年交通部颁布了《中华人民共和国港口设施保安规则》(以下简称《港口设施保安规则》)。《港口设施保安规则》分层级明确了主管机关的职权,规定交通部主管全国港口设施的保安工作,港口所在地港口行政管理部门是本行政区域内港口设施保安工作的监管主体。

《港口设施保安规则》将港口设施保安等级从低到高分为三级,分别是保安等级 1、保安等级 2 和保安等级 3:

(1)保安等级 1,应当始终保持的最低防范性保安措施的等级;

(2)保安等级 2,由于保安事件危险性升高而应在一段时间内保持适当的附加保护性保安措施的等级;

(3)保安等级 3,当保安事件可能或者即将发生(尽管可能尚无法确定具体目标)时应当在一段有限时间内保持进一步的特殊保护性保安措施的等级。

交通部应当根据相关情报信息,国内外形势以及影响社会政治稳定的因素,威胁信息的可信程度、威胁信息得到佐证的程度、威胁信息的具体或者紧迫程度和保安事件的潜在后果确定港口设施的保安等级。港口设施保安等级由交通部发布。交通部确定实施 3 级保安时,在必要的情况下应当发出适当的保安指令,并向可能受到影响的港口设施提供与保安有关的信息。

2016 年交通运输部对《港口设施保安规则》相关条款做了修订,修订的主要内容为:

(1)简化行政审批流程。一是取消交通运输部审查《港口设施保安评估报告》的环节,但保留由所在地港政部门负责港口设施保安评估。二是简化保安计划申报程序,由所在地港口行政管理部门对《港口设施保安计划》审核后报交通运输部。三是优化保安证书颁发程序。申请人一次性向交通运输部提交申请材料,一次性审查颁发证书。

(2)进一步强化企业主体责任。明确港口设施经营人或者管理人的主要负责人负责领导本单位的港口设施保安工作,规定保安主管要由单位或者部门负责人担任。同时,要求由港口设施经营人或管理人按照 ISPS 规则的有关要求,完成港口设施保安培训,确保具备履行其职责的知识和能力。

(3)修订有关保安组织的内容。原《港口设施保安规则》规定:《港口设施保安评估报告》的编制由当地港口行政管理部门负责,也可委托指定的保安组织完成;《港口设施保安计划》由港口设施经营人或管理人制定,也可委托指定的保安组织完成。本次修订删除了保安组织的相关内容,港口设施经营人或者管理人负责制定《港口设施保安计划》,当事人是否委托开展相关工作,委托谁,由当事人自主决定。

3. 关于调整超设计规范船型船舶靠泊管理的通知

为了加强对船舶靠泊的安全管理工作,交通运输部 2012 年 1 月 29 日发布了《关于调整超设计规范船型船舶靠泊管理的通知》,对超大型船舶的靠泊安全问题提出了相关规定:目前建设规范标准的散货船泊位最大为 35 万吨船,原油船泊位最大为 45 万吨船,大于 35 万吨的散货船、大于 45 万吨的油船均为超过现行标准规范的船舶,超过设计规范标准的船不得采取"一船一议"方式靠泊我国港口,码头靠泊管理需严格按照《关于加强港口码头靠泊能力核查管理工作的通知》的有关规定执行,也就是应对超过原设计船型靠泊能力的码头靠泊能力进行充分论证,且超过码头原设计船型靠泊能力论证必须经过港口所在地的港口行政主管部门的核准。凡未经核准的,当地港口行政管理部门和海事管理机构应依据各自的职责,禁止在限定条件下超过码头原设计船型的大吨位船舶减载靠泊作业。

4. 港口危险货物安全管理规定

港口危险货物管理是保障港口安全的关键,是交通运输领域安全管理的重要环节和重大风险防控的重点领域。交通运输部最早于 2012 年颁布了《港口危险货物安全管理规定》,此规定自 2013 年施行以来,对指导各地做好港口危险货物安全管理起到了重要作用。但随着港口的快速发展,港口危险货物的吞吐量和仓储量越来越大、品种越来越多,安全管理压力日益加大。特别是深刻吸取重特大事故教训,经全面梳理危险品管理法规,认真查找和分析安全管理、制度建设中存在的薄弱环节和突出问题,发现在安全管理制度、企业主体责任落实等方面还有不够完善的地方。因此交通运输部于 2017 年全面修正了《港口危险货物安全管理规定》，于 2019 年 11 月进行了第二次修正，于 2023 年 8 月进行了第三次修正。

修订过的《港口危险货物安全管理规定》共 8 章 93 条，分别为总则、建设项目安全审查、经营人资质、作业管理、应急管理、安全监督与管理、法律责任、附则。旨在进一步强化港口危险货物安全管理，确保人民生命、财产安全及环境保护。该规定对港口危险货物建设项目及作业活动进行了全面规范，明确了安全生产责任主体、安全条件审查、安全设施设计与验收、事故隐患排查治理、安全教育培训、应急管理等关键环节的具体要求。

修订后的规定强调，在中华人民共和国境内，所有新建、改建、扩建储存、装卸危险货物的港口建设项目，以及进行的相关危险货物港口作业，均需严格遵守本规定。这些作业活动包括在港区内的装卸、过驳、仓储等行为，均被纳入监管范围。规定要求港口危险货物安全管理必须坚持安全第一、预防为主、综合治理的方针，强化和落实危险货物港口建设项目的建设单位和港口经营人的安全生产主体责任。

具体而言，建设单位和港口经营人需建立健全全员安全生产责任制和安全生产规章制度，增加对安全生产资金、物资、技术、人员的投入保障，改善安全生产条件，加强标准化、信息化建设，构建安全风险分级管控和隐患排查治理双重预防机制，并投保安全生产责任保险，以全面提升安全生产水平。同时，规定还要求这些单位向从业人员如实告知作业场所和工作岗位的危险因素、防范措施及应急措施，提供符合标准的劳动防护用品，并加强心理疏导和精神慰藉，确保安全生产责任得到严格落实。

在安全条件审查方面，修订后的规定明确危险货物港口建设项目需由港口行政管理部门进行安全条件审查，未通过审查的项目不得开工建设。审查内容包括对建设项目内在的危险和有害因素、与周边设施或区域的相互影响、自然条件等因素的评估，确保项目符合安全生产法律、法规和标准。此外，涉及危险化学品的项目还需进行安全条件论证，并编制相关报告。

在安全设施设计与验收环节，规定要求建设单位在初步设计阶段委托有资质的设计单位对安全设施进行设计，并确保设计符合相关标准。安全设施需与主体工程同时建成，并由建设单位组织验收。验收前需委托有资质的安全评价机构进行安全验收评价，确保安全设施的有效性和可靠性。

针对事故隐患排查治理，修订后的规定要求港口经营人建立健全事故隐患排查治理制度，定期开展隐患排查，及时消除隐患，并如实记录排查治理情况，向从业人员通报。对于重大事故隐患，还需向港口行政管理部门报告，并接受其督办，确保隐患得到及时消除。

此外，修订后的规定还加强了对违法违规行为的监管和处罚力度。港口行政管理部门需建立举报制度，公开举报渠道，受理并核实各类违法违规行为的投诉和举报。对于查实的违法行为，将依法进行处罚，并纳入安全生产诚信管理制度，对违法企业和个人进行信用惩戒。

第四节 港口规划与建设

一、港口建设费的征收

为促进水运事业健康发展，规范港口建设费的征收、使用和管理，财政部和交通运输部于2011年颁布了《港口建设费征收使用管理办法》。

1. 港口建设费的征收与管理

(1)港口建设费的征收对象为经对外开放口岸港口辖区范围内所有码头、浮筒、锚地、水域装卸(含过驳)的货物；港口建设费的义务缴纳人(以下简称缴费人)是货物的托运人(或其代理人)或收货人(或其代理人)。

(2)交通运输部负责港口建设费的征收管理工作；港口所在地海事管理机构具体负责本港口辖区内港口建设费的征收工作。海事管理机构委托船舶代理公司或货物承运人等单位代收港口建设费，可按其代收港口建设费的1%支付代征手续费。代征手续费列入交通运输部预算，由中央财政通过基金预算统筹安排。海事管理机构及其委托的代收单位不得在代收收入中直接提留代征手续费。收取的港口建设费80%上缴中央国库，20%缴入所在城市对应级次国库。

2. 港口建设费征收标准

(1)国内出口货物每重量吨(或换算吨)4元；国外进出口货物每重量吨(或换算吨)5.6元。其中，水泥、粮食、化肥、农药、盐、沙土、石灰粉按照征收标准减半征收，黄沙、磷矿石、碎石等低值货物暂缓征收港口建设费。

(2)南京以上(不含南京)长江干线港口和其他内河港口在以上规定征收标准的基础上减半征收。

(3)国内出口集装箱和内支线集装箱20英尺每箱32元，40英尺每箱48元；国外进出口集装箱20英尺每箱64元，40英尺每箱96元。20英尺和40英尺以外的其他非标准集装箱按照相近箱型的收费标准征收。

(4)下列货物免征港口建设费：

①我国军用物品，使馆物品，联合国机构的物品；

②国际过境货物、国际中转货物、保税货物(办理完进口清关手续的除外)；

③邮件(不包括邮政包裹)和按客运手续办理的行李、包裹；

④船舶自用的燃油、物料，装货垫缚材料，随货物同行的包装备品；

⑤渔船捕获的鱼鲜以及同行的防腐用冰和盐，随活畜、活禽同行的必要饲料；

⑥空集装箱(商品箱除外)；

⑦国务院规定的其他货物。

二、港口建设的审批

为了保证国家有限的海岸线资源的有效利用，我国对港口建设投资制定了多个审批措施，早在 1986 年《关于内地省、区、市在沿海集资建设港口码头的试行办法》（现已失效）中就规定：建设港口码头，要按照国家基建程序办事，属于大中型项目的项目建议书和设计任务书，由省、市、区政府和交通部联合上报国家计委审批，小型项目由省、市、区政府和交通部联合审批；设计文件由省、市、区政府和交通部联合审批。1993 年交通部在发布的《关于外商投资建设、经营港口、公路项目有关问题的通知》中也提到，所有外商投资项目必须严格按照国家有关“三资”企业审批程序报批；凡外商投资建设经营港口项目，在与外商签订意向书前，各单位将会谈情况及拟议的意向书以书面形式向交通部通报；意向书签署后，将其副本抄送交通部；在工作各个阶段，特别是协议、合同等重要事项，将进展情况及重要变化和决策及时通报交通部。

1995 年，交通部又在《关于加强港口建设宏观管理意见的通知》中规定：凡是建设万吨级以上泊位的深水岸线规划，由交通部及国家计委审批；万吨级以上码头泊位的建设，在项目立项审批前，须经省级交通主管部门提出审查意见；新开港口万吨级以上码头泊位的，须经交通部审查同意后，方能办理立项审批手续；新增吞吐能力 100 万吨以上港口项目，由交通部提出意见后报国家计委，由国家计委或报国务院审批。

2007 年，交通部出台了《港口建设管理规定》，其中规定：港口建设应当符合港口布局规划和港口总体规划；政府投资的港口建设项目的项目建议书和可行性研究报告实行审批制，企业投资的港口建设项目的项目申请报告、备案文件分别实行核准制、备案制；港口岸线实行行政许可制度，港口深水岸线由交通部会同国家发展改革委批准，港口非深水岸线由港口行政管理部门批准，国家发展改革委批准建设的港口建设项目使用港口岸线，不再另行办理使用港口岸线的审批手续。

2007 年交通部还颁布了《航道建设管理规定》，对航道建设的审批做出了规定：航道建设实行统一领导，分级管理制度，交通部负责全国航道建设的行业管理，省级交通主管部门负责本行政区域内航道建设的监督管理；航道建设应当按照国家有关建设程序的规定进行。政府投资航道建设项目实行审批制，企业投资航道建设项目实行核准制和备案制。

2012 年，交通运输部颁布了《港口岸线使用审批管理办法》，该办法规定：港口岸线分为港口深水岸线和非深水岸线；港口岸线的开发利用应当符合港口规划，坚持深水深用、节约高效、合理利用、有序开发的原则；交通运输部主管全国的港口岸线工作，会同国家发展改革委具体实施对港口深水岸线的使用审批工作，县级以上地方人民政府港口行政管理部门按照本办法和省级人民政府规定的职责，具体实施港口岸线使用审批的相关工作；港口岸线使用证的有效期不超过 50 年，超过期限继续使用的，港口岸线使用人应当在期限届满 3 个月前向原批准机关提出申请。而对于深水岸线的标准，在 2004 年颁布的《关于发布港口深水岸线标准的公告》中有规定：沿海港口深水岸线是指适宜建设各类型万吨级及以上泊位的沿海港口岸线（含维持其正常运营所需的相关水域和陆域）；内河港口深水岸线是指适宜建设千吨级及以上泊位的内河港口岸线（含维持其正常运营所需的相关水域和陆域）。

2018 年，交通运输部、国家发展改革委修订发布了《港口岸线使用审批管理办法》，主要内容为从 2018 年 7 月 1 日起：第一，不再要求项目建设单位领取港口岸线使用证，目的是精简审批程序、减少申报材料；第二，取消原来必须在取得岸线使用批准文件之日起两年内开工建设，逾期批准文件失效的规定，改为明确需要延期开工的建设项目，应当在有效期届满 60 日前报原批准机关审批，延期申请只能申请一次，延期时间不超过 2 年；第三，强化事中事后监管、推进信用体系建设，要求港口行政管理部门加强港口岸线使用情况的事中事后监管，并按照规定将有关信用信息纳入相关信用信息共享平台。

三、港口规划

对于和港口规划相关的内容，国家也先后出台了多项法律、法规来进行规范，包括2003年的《港口法》、2006年的《全国沿海港口布局规划》、2007年的《港口规划管理规定》和《全国内河航道与港口布局规划》，以及2024年颁布的《交通运输部关于新时代加强沿海和内河港口航道规划建设的意见》。

1. 港口法

《港口法》的相关规定为：港口规划包括港口布局规划和港口总体规划；港口布局规划，是指港口的分布规划，包括全国港口布局规划和省、自治区、直辖市港口布局规划；港口总体规划，是指一个港口在一定时期的具体规划，包括港口的水域和陆域范围、港区划分、吞吐量和到港船型、港口的性质和功能、水域和陆域使用、港口设施建设岸线使用、建设用地配置以及分期建设序列等内容；港口总体规划应当符合港口布局规划；港口建设应当符合港口规划，不得违反港口规划建设任何港口设施。

2. 全国沿海港口布局规划

《全国沿海港口布局规划》将全国沿海港口划分为环渤海、长江三角洲、东南沿海、珠江三角洲和西南沿海5个港口群体，并布局了煤炭、石油、铁矿石、集装箱、粮食、商品汽车、陆岛滚装和旅客运输等8个运输系统。其主要目的在于突出大型港口的主体地位，并引导港口群内部和港口群之间港口形成分工合理、优势互补、相互协作、竞争有序的局面。

3. 港口规划管理规定

《港口规划管理规定》的相关规定为：

(1)港口布局规划主要确定港口的总体发展方向，明确各港口的地位、作用、主要功能与布局等，合理规划港口岸线资源，促进区域内港口健康、有序、协调发展，并指导区域内港口总体规划的编制。

港口总体规划主要确定港口性质、功能和港区划分，根据港口资源条件、吞吐量预测和到港船型分析，重点对港口岸线利用、水陆域布置、港界、港口建设用地配置等进行规划。

(2)港口布局规划的专项规划包括分层次港口布局规划、分运输系统港口布局规划、港口资源整合规划及其他专项规划。港口总体规划的专项规划包括港区总体规划、港口集疏运设施规划和港口仓储、保税、物流等园区规划及其他专项规划。专项规划是港口布局规划和港口总体规划的组成部分。

(3)建设港口设施使用港口岸线的，必须符合港口规划，并按国家有关规定办理港口岸线使用审批手续，取得港口岸线使用权。

4. 全国内河航道与港口布局

《全国内河航道与港口布局》为内河的航道与港口的发展指明了方向，其规定如下：

(1)全国内河航道划分为两个层次：包括高等级航道和其他等级航道。高等级航道是全国内河航道的核心和骨干，是国家综合运输体系的重要组成部分，有条件的还可与其他交通方式共同组成发展为综合运输大通道，主要指现有的和规划建设为可通航千吨级船舶的三级及以上航道，个别地区的航道受条件限制为可通航500吨级船舶的四级航道。

全国内河港口划分为三个层次：包括主要港口、地区重要港口和一般港口。内河主要港口是指地理位置重要、吞吐量较大、对经济发展影响较广的港口。

(2)在水资源较为丰富的长江水系、珠江水系、京杭运河与淮河水系、黑龙江和松辽水系及其他水系,形成长江干线、西江航运干线、京杭运河、长江三角洲高等级航道网、珠江三角洲高等级航道网、18 条主要干支流高等级航道(两横一纵两网十八线、简称 2-1-2-18)和 28 个主要港口布局。

5. 交通运输部关于新时代加强沿海和内河港口航道规划建设的意见

交通运输部 2024 年发布了《交通运输部关于新时代加强沿海和内河港口航道规划建设的意见》,该文件旨在推动实施全国港口航道布局规划,优化提升全国水运设施网络,推动水运行业实现高质量发展。文件中详细列出了加强港口规划建设的多项具体措施,如加强重大战略性问题研究、科学开展布局规划、深化港航基础设施中长期建设任务研究、加快打造世界级港口群等。

其中,加快打造世界级港口群具体是指要聚焦国家区域战略发展要求,优化港口功能布局、完善区域物流体系,支持港航企业延伸服务链条、拓展服务网络,协同推进区域港口集群化、一体化发展。环渤海地区,加强区域协同,推动津冀、山东、辽宁沿海港口群优化布局和共同发展,加强津冀锚地共建共管共用,打造世界级港口群。长三角地区,以上海港、宁波舟山港为龙头,统筹沿江沿海,完善重点货类运输系统布局,优化区域港口、航道、锚地建设管理,推动港航贸一体化发展,共建辐射全球的航运枢纽。粤港澳大湾区,巩固提升香港国际航运中心地位,增强广州、深圳国际航运服务功能,统筹联动西江、北江、东江等国家高等级航道,提升世界级港口群能级和辐射带动作用。积极发展东南沿海、环北部湾港口群,加快培育长江中游、长江上游港口群。

四、港口一体化建设

港口是国家重要的基础设施和综合交通运输体系中的重要枢纽，对保障国家进出口贸易运输发挥着重要支撑作用。随着各地建设港口的项目逐渐增多，港口行业在区域层面的结构性产能过剩问题突出，港口转型升级发展迫在眉睫。2014 年 6 月，交通运输部出台了《交通运输部关于推进港口转型升级的指导意见》，明确指出要强化港口的区域性作用，促进区域港口协调发展。随后，又于 2015 年 2 月出台了《区域港口发展一体化试点方案》，决定在江苏南京以下沿江区域港口、广西北部湾沿海港口开展区域港口发展一体化试点改革工作。2017 年 8 月，交通运输部有针对性地面向全国 18 个沿江沿海省市自治区印发了《关于学习借鉴浙江经验推进区域港口一体化改革的通知》，将我国现阶段的区域港口一体化改革推向高潮。2017 年交通运输部还印发了《深入推进水运供给侧结构性改革行动方案》,以全面推进我国港口资源整合工作。2019 年 11 月,交通运输部等 9 部门联合印发《关于建设世界一流港口的指导意见》,国家对港口群建设发展指明了方向:以高质量发展为导向,加快建设布局合理、功能完善、优势互补、协同高效的区域港口群;到 2050 年,全面建成世界一流港口,形成若干个世界级港口群,发展水平位居世界前列。

1. 浙江省港口一体化过程

2005 年 12 月,浙江省委、省政府便成立了宁波舟山港管委会,初步实现了“统一规划、同一品牌”。2015 年 8 月,浙江省委、省政府大力推进海洋港口实质性一体化。在行政管理体制方面,创新性组建了省海洋港口发展委员会,总体负责海洋港口发展的宏观管理和综合协调。

在企业市场层面，在原省海洋开发投资集团有限公司基础上，更名成立浙江省海港投资运营集团有限公司（以下简称浙江省海港集团），作为全省海洋港口资源开发建设投融资主平台。2015年，宁波港集团和舟山港集团跨市域重组成为宁波舟山港集团。2016年，宁波舟山港集团股权整体注入浙江省海港集团。2016年11月，浙江省海港集团与宁波舟山港集团继续深化管理整合，实现了宁波、舟山两市港口企业股权、管理、运营实质性一体化。在此之后，浙江省海港集团又相继完成了对嘉兴港、温州港、台州港和义乌港等相关港口资产的整合，实现了全省“五港合一”“一体两翼多联”的港口布局。

2020年，宁波舟山港股份有限公司完成定向增发，引进上海国际港务集团有限公司作为公司股东和战略投资者，实现了长三角区域港口资源的战略重组。

2022年9月，为进一步扩大对外合作，宁波舟山港股份有限公司完成二次定向增发证监会审批，引入招商局港口集团股份有限公司作为公司的战略合作股东，将长三角区域港口整合从股权层面延伸至央企合作。

2. 辽宁省港口一体化过程

2017年，辽宁省政府与招商局集团确定了港口整合的基本框架。2017年11月，作为辽宁省港口整合的平台——辽宁东北亚港航发展有限公司成立。2018年，辽宁东北亚港航发展有限公司成为大连港集团、营口港务集团的股东。2018年11月，招商局集团通过增资49.9%的方式入股辽宁东北亚港航发展有限公司。之后，辽宁东北亚港航发展有限公司更名为辽宁港口集团有限公司，同年完成股权交割。2019年1月，辽宁港口集团有限公司正式挂牌成立。2019年9月，招商局集团通过受让1.1%的股权，最终以51%的股权控股辽宁港口集团有限公司。

辽宁省港口一体化是以政府央企为主导、股权资本为纽带的市场化整合模式。由于涉及两个上市公司、央企整合进入、债转股处置等事项，其整合的难度大、复杂度高。辽宁省港口整合最大的特点在于在原省内港口开发格局的基础上，新引入了港口专业央企作为省内港口整合的控股股东，由专业央企对全省主要港口进行整合，最终实现全省港口股权、管理一体化。

3. 江苏省港口一体化过程

2017年5月，江苏省港口集团有限公司（以下简称江苏省港口集团）成立，江苏交通控股有限公司与沿江沿海8市国有港口企业整合并入江苏省港口集团。组建江苏省港口集团，是江苏省抢抓“一带一路”和长江经济带利好政策的必然之举，江苏省港口集团的成立有利于整合江苏港口资源、扩大自身优势、对接长江经济带、提高江苏各港口的整体实力。

4. 山东省港口一体化过程

2019年8月，山东省委、省政府完成顶层设计，组建省级港口整合平台，全省7市港口人、财、物彻底整合，山东省港口集团有限公司（以下简称山东省港口集团）应运而生。在实际操作过程中，山东省先将部分港口整合为山东渤海湾港口集团有限公司，然后以青岛港为平台合并威海港，初步形成青岛港、日照港、烟台港、山东渤海湾港四大集团的格局，最后整体注入山东省港口集团。

山东省港口集团整合完成后，虽其股东为青岛交通发展集团有限公司、烟台市轨道交通集团有限公司、日照交通能源发展集团有限公司、山东高速集团有限公司，但其统一委托山东省人民政府国有资产监督管理委员会代行股东管理权利，山东省人民政府国有资产监督管理委员会成为山东省港口集团的实际控制人。

五、智慧港口和自动化港口建设

智慧港口是利用新一代信息技术，将港口运输业务和管理创新深度融合，使港口更加集约、高效、便捷、安全、绿色，具有生产智能、管理智慧、服务柔性、保障有力等鲜明特征的现代港口运输新业态。智慧港口建设模式既包括新建和改扩建自动化码头，也包括对码头现有设备进行自动化升级改造。自从20世纪90年代自动化码头在欧洲开始兴起之后，自动化码头技术不断创新发展，逐渐覆盖了包括船舶靠港、装卸作业、水平运输、堆场管理以及集疏运等港口作业全环节。

2021年12月，国务院印发了《"十四五"现代综合交通运输体系发展规划》，提出推进大连港、天津港、青岛港等港口既有集装箱码头智能化改造，同时加快新一代自动化码头的建设。2023年12月交通运输部颁布《关于加快智慧港口和智慧航道建设的意见》，鼓励围绕智慧港口和智慧航道关键技术开展联合科技攻关，加快推进自动化港作机械等装备、自动化码头生产管理系统、内外集卡运输系统协同、航道智能化测绘、船岸协同等关键技术研发与应用。截至2024年，中国已建成自动化集装箱和干散货码头52座，在建44座，总规模位居世界第一。

第五节 绿色港口政策

一、绿色港口评级

为了统一绿色港口评价标准，规范评价范围，在借鉴北美的绿色海洋认证（Green Marine）和欧洲的港口生态认证（Eco Port）等认证项目的基础上，中国交通运输部于2013年4月9日制定发布了《绿色港口等级评价标准》，后来又于2020年5月7日发布了《绿色港口等级评价指南》，并同时废止了《绿色港口等级评价标准》。指南适用于正式投产使用2年后并具有较好的研究和实践基础的码头，评价对象主要为专业化集装箱码头、干散货码头、液体散货码头和邮轮码头。指标体系设置了"理念、行动、管理、效果"四类评价项目，分别对应建设绿色港口发展的思想、所采取的技术措施、所采取的管理措施、建设水平。具体评价指标体系见表4-1。

表4-1 绿色港口等级评价指标体系

项目	权重	内容	指标
理念	0.1	战略	战略规划
			专项资金
			工作计划
		文化	企业文化
			教育培训
			宣传活动

（续表）

项目	权重	内容	指标
行动	0.4	环境保护	污染防治
			资源利用与生态保护
		节能低碳	主要设备
			作业工艺
			辅助设施
			能源消费
管理	0.15	体系	管理机构
			审计认证
		制度	目标考核
			统计监测
			激励约束
效果	0.35	水平	环保生态
			节约低碳

数据来源:《绿色港口等级评价指南》(JTS/T 105—4—2020)。

港口企业以及相关政府部门可基于等级评价结果判断出港口的绿色发展水平,并可以明确自身绿色发展的差距。2016 年,对 10 个自愿申请参加绿色港口等级评价的码头进行评价工作,其中的 8 个码头已经达到了“四星级”的绿色港口标准。

二、港口岸电政策

我国是航运大国,港口货运吞吐量及集装箱吞吐量多年来居世界前列,2024 年在全球港口货物吞吐量、集装箱吞吐量前 10 名的港口中分别占据 8 席和 7 席。随着近几年运输需求的快速增长,航运产业能源消耗和碳排放也在逐步增多,已成为港口城市空气污染的重要来源。《“十四五”节能减排综合工作方案》要求“推动船舶岸电受电设施改造”;《绿色交通“十四五”发展规划》提出“促进岸电设施常态化使用”。在“双碳”新形势下推进靠港船舶常态化使用岸电,可有效助力港口城市减污降碳。

靠港船舶通常是靠其辅机燃油发电,来满足船舶上的基本电力需求。但船舶辅机燃油会排放出大量的 SO_x、NO_x、PM 等空气污染物,导致港区及其城市空气质量严重下降,危害港区工作人员及当地居民的身体健康。根据统计,船舶靠港停泊期间由其辅助发电机所产生的碳排量占港口总碳排量的 40%~70%,是影响港口及所在城市空气质量的重要因素。对于港口内最大的碳污排放源——船舶来说,靠港使用岸电,是降低靠港期间大气污染物和温室气体排放的有效手段,靠港使用岸电可以减少 70%~90%的碳排放量。为此,一些港口开始安装岸电系统,通过陆上电源对靠港船舶进行供电。船舶靠港使用岸电,可作为一个减少船舶污染物排放的有效手段。

2011 年 6 月我国颁布了《公路水路交通运输节能减排“十二五”规划》,其中将推广靠港船舶使用岸电作为十大重点工程之一。在我国 2015 年颁布的《交通运输节能环保“十三五”

发展规划》与2016年颁布的《船舶与港口污染防治专项行动实施方案(2015—2020年)》中都提到了靠港船舶应优先使用岸电。2017年7月交通运输部又颁布了《港口岸电布局方案》,为全国沿海和内河主要港口以及船舶排放控制区内港口50%以上已建的专业化泊位确定了岸电布局方案,并提出到2020年年底前，在全国主要港口和排放控制区共布局493个具备向船舶供应岸电能力的专业化泊位。2018年颁布的《中华人民共和国大气污染防治法》中第63条也提出了新建码头应当规划、设计和建设岸基供电设施,而已建成的码头应当逐步实施岸基供电设施改造。2019年2月,交通运输部、财政部、国家发展改革委、国家能源局、国家电网公司、南方电网公司联合发布《关于进一步共同推进船舶靠港使用岸电工作的通知》,旨在统一岸电标准、加快岸电设施建设、推动岸电可持续发展。2019年12月出台的《港口和船舶岸电管理办法》更重视对港口岸电的鼓励推行,提出地方各级交通运输(港口)主管部门应当积极争取地方人民政府出台政策,支持码头岸电设施改造和船舶受电设施安装,鼓励船舶靠港使用岸电。鼓励有关单位对使用岸电的船舶实施优先靠泊、减免岸电服务费、优先过闸或者优先通行等措施。

2023年9月交通运输部办公厅、国家电网有限公司办公室、中国南方电网有限公司办公室联合印发了《关于示范推进国际航线集装箱船舶和邮轮靠港使用岸电行动方案(2023—2025年)》。该行动方案指出,船舶受电设施安装率方面,到2024年年底,国际邮轮公司在具备岸电供应能力的邮轮港口靠泊的邮轮具备受电设施。到2025年年底,国际集装箱班轮公司挂靠具备岸电供应能力的港口的国际干线集装箱船舶(含自有及租赁船舶)的40%具备受电设施。港口码头岸电设施安装覆盖率方面,力争到2024年年底,邮轮港口企业停靠邮轮的码头实现高压岸电设施100%全覆盖;到2025年年底,国际枢纽海港相关集装箱港口企业停靠国际干线集装箱船舶的码头实现高压岸电设施90%覆盖。船港岸电常态化使用方面,到2023年年底,具备使用条件的船舶和港口企业实现岸电常态化使用。码头岸电用电量方面,到2025年,国际干线集装箱船舶、邮轮靠泊岸电用电量较2022年大幅上升。

总的来说,我国港口岸电建设已经具备一定基础,但要实现更广泛的应用和常态化使用,还需要政府、港口企业、航运公司等多方共同努力,通过政策引导、激励措施、技术创新和监管加强等多方面工作,推动岸电使用的普及和提高。

三、轮胎式集装箱门式起重机(RTG)“油改电”

港内作业机械和运输设备、集疏运设备大量消耗燃油,会排放大量的大气污染物。设法将使用常规燃油作为动力的港口设备、车辆改为使用电力,减少大气污染物的排放,可作为改善港区以及港口城市环境的有效措施之一。

我国的绝大多数集装箱码头选用轮胎式集装箱门式起重机(RTG)作为堆场作业设备。常规的RTG使用柴油作为动力,与传统的柴油动力RTG相比,以电力为动力的RTG可减少60%~80%的二氧化碳排放量。

为了推动将柴油动力RTG改造成电力RTG,我国颁布了一系列推行政策,又在技术创新和扩大使用规模上给予企业一定的经济补贴,如表4-2所示。截至2018年年底,我国大多数港口已完成了RTG“油改电”的工作,共计完成改造2 000多台。

表 4-2　RTG“油改电”相关政策文件

年份	政策	相关内容
2011	《国务院关于加快长江等内河水运发展的意见》	推进集装箱码头轮胎式集装箱门式起重机“油改电”技术改造，推广使用高能效港口装卸和传送设备，开展到港船舶接用岸电专项行动
2011	《公路水路交通运输节能减排“十二五”规划》	推广集装箱码头 RTG“油改电”，对具有改造价值的 1 600 台 RTG 实施“油改电”技术改造；积极推进件杂货码头轮胎式集装箱门式起重机“油改电”技术改造
2011	《“十二五”水运节能减排总体推进实施方案》	制定《集装箱堆场装卸设备供电设施技术规范》；规范集装箱堆场式或电动轮胎式集装箱门式起重机的供电设施设计和配置要求；开展重点技术和典型经验推广应用工作；推广应用轮胎式集装箱门式起重机（RTG）“油改电”技术
2012	《交通运输部关于港口节能减排工作的指导意见》	继续深化港口装卸机械“油改电”；完成现有轮胎式集装箱门式起重机（RTG）“油改电”和部分杂货码头轮胎式起重机的“油改电”工作；新建、改扩建集装箱码头使用电力 RTG（ERTG）；杂货码头鼓励使用电动轮胎式起重机；鼓励使用全电力驱动的装卸机械和水平运输工具
2014	《公路水路交通运输主要技术政策》	推广应用节能新技术，提高港口装卸节能和用能效率及管理水平；推广应用港口大型起重机的能量回馈技术及变频技术、港口装卸设备的动态无功补偿与动态谐波治理技术、轮胎式起重机的“油改电”技术
2018	《交通运输部办公厅关于进一步做好港口污染防治相关工作的通知》	鼓励通过“油改气”“油改电”、报废更新等措施，加快淘汰不满足我国第三阶段非道路移动机械用柴油机排气污染物排放限值（即发动机为国Ⅰ、国Ⅱ排放标准）的港作燃油机械

四、港口绿色发展的其他措施

2019 年 11 月交通运输部、国家发展改革委等部门颁布了《关于建设世界一流港口的指导意见》，其中指出要加快绿色港口的建设，主要表现为：

（1）着力强化污染防治。推进港口和船舶污染防治攻坚，开展既有码头环保设施升级改造及港口规范作业专项行动。推动市县人民政府依法统筹规划建设港口船舶污染物接收、转运、处置设施，加强分类管理、有效处置和利用。优化污染治理模式，新建港区同步推进环保设施的规划建设和综合利用，逐步推行内河船舶污染物集中接收转运、小型船舶“船上储存交岸处置”为主的排放治理模式。健全环保标准制度，强化散货作业防尘抑尘措施，推进原油、成品油装船码头油气回收。严格实施危险废物、船舶水污染物转移联合监管制度，加快单证电子化管理和多部门共享。2025 年年初步形成设施齐备、制度健全、运行有效的港口和船舶污染防治体系；到 2035 年港口和船舶污染防治水平居于世界前列。

(2)构建清洁低碳的港口用能体系。完善港口 LNG 加注、岸电标准规范和供应服务体系。完善船舶大气污染物排放控制区，协同推进、大力提升船舶靠港岸电使用率，加强岸电使用绩效考核。鼓励新增和更换港口作业机械、港内车辆和拖船等优先使用新能源和清洁能源，加快提升港口作业机械和车辆清洁化比例。

(3)加强资源节约循环利用和生态保护。严格落实围填海管控政策，严格管控和合理利用深水岸线，提倡建设公用码头，鼓励现有货主自用码头提供公共服务。实施既有设施设备改造，推广应用节能节水新技术、新工艺。综合利用航道疏浚土、施工材料、废旧材料。推进港区生产生活污水、雨污水循环利用。实施港区绿化工程，引导有条件的港口开展陆域、水域生态修复。到 2025 年，港口资源节约循环利用水平明显提升，到 2035 年主要港口绿色发展达到国际先进水平。

第五章 美国海运政策

第一节 美国的海运管理体制

在美国的国家机构中，海运管理署（Maritime Administration, MARAD）和美国海岸警卫队（United States Coast Guard）是主管海运事务的重要部门。此外，其国会下设的联邦海事委员会（Federal Maritime Commission, FMC）在美国国际航运行政管理中同样发挥着十分重要的作用；国防部下属的陆军工程兵也具有海事及内河管理的部分职责。

一、海运管理署

海运管理署（MARAD）隶属于运输部，是根据《1981 年海事法》（Maritime Act of 1981）设立的，但其前身是 1950 年的“海运署”（Maritime Administration），其创建旨在支持第二次世界大战后美国海洋运输能力的恢复与发展。该署的任务是确保美国在国际贸易中拥有强大的海运能力，以维护国家安全和经济利益。在 20 世纪 50 年代和 20 世纪 60 年代，随着全球贸易的增长，MARAD 的职能逐步扩大，包括船舶的注册、船员的培训以及对船舶建造和维修的资助。20 世纪 70 年代，MARAD 在应对油价危机和经济衰退的背景下，开始更加关注航运业经济的可持续性，推动海上运输的技术创新和效率提升。近年来，MARAD 的重点转向如何在全球化的背景下增强美国海运业的竞争力。

MARAD 的主要职责是建立并维持一支充足的、平衡的商船队，足以承运国内的水路货物和相当部分对外运输中的水路货物，在战争时期或者国家非常时期能够服务于海军。另外，MARAD 还负责修造船行业管理、港口管理、水陆多式联运系统建设等。

在造船和货载优先方面，MARAD 专门设立造船和海运技术办公室、船舶融资办公室、保险和航运分析办公室、特别货载办公室等。这些机构的职责是通过国家货载优先、船舶建造与船厂设备现代化资助等计划的实施，为政府货载确定公平合理的指导价格，对船舶建造基金及储备基金进行管理，对资助申请人进行业务评价和审批，并致力在政府与航运界间建立成本共担的伙伴关系。造船和海运技术办公室主要负责技术方面的事务，提供船舶设计、船舶工程、船舶建造设施与技术，以降低船舶建造成本。

MARAD 在保障国家安全职责方面，主要是在紧急状态（战争）时期为国家提供商船队和国有船队，以满足国防部海上运输的战略需求，其中包括建立国防储备力量。

在港口和多式联运环境方面，其设立多式联运发展、港口和国内航运与环境活动三方面相对应的管理机构。MARAD 在多式联运方面的作用是促进与海运相关联的多式联运系统的开发及利用率的提高，对开展多式联运的有关各方提供技术支持，包括改善进入港口的运输通道的条件等。港口和国内航运主管机构的主要职责是协调公共团体和私营企业在国内、国际港口有关的活动，开发和推广先进的技术和方法，以提高港口竞争力，并对美国国内贸易的货源及运输方式进行分析。

在政策和国际贸易方面，MARAD 的职责是制定战略规划与实施计划，对有关项目和计划进行研究和评估，为美国的双边和多边海运谈判以及签订协议提供支持，同时也为美国航运业提供统计和经济分析。

二、美国海岸警卫队

美国海岸警卫队是美国国土安全部下属的一支武装部队，也是美国主要的海事机构之一。海岸警卫队是海上综合执法机构，为航运保驾护航，其主要职责分为两大类：(1)国土安全任务：港口、水道和沿海安全；毒品拦截；移民拦截；国防准备；其他执法活动。(2)非国土安全任务：海上安全；搜救行动；航海辅助；海洋生物资源；海洋环境保护；破冰作业。

三、联邦海事委员会

美国联邦海事委员会（FMC）是直接隶属于国会的独立机构，主要负责航运法的实施。联邦海事委员会与运输部在职能上有所不同：运输部是促进性的，主要是促进充足、高效的美国商船队的发展，而联邦海事委员会是管制性的，主要负责实施航运法律中的管制性条款。

联邦海事委员会的主要职能有：

(1)审查和监控服务于美国海外海洋运输的海洋公共承运人和海事码头运营商（MTO）之间的协议，以确保这些协议不会导致运输成本大幅增加或运输服务减少。

(2)维护并审查保密存放的服务合同，以防止对航运产生不利影响。

(3)提供一个论坛，供出口商、进口商以及其他航运公众成员获得来自阻碍商业流动的海运做法或纠纷的救济。

(4)确保公共承运人的费率在自动化费率系统中公布，并向公众提供电子访问。

(5)监控政府所有或控制的承运人的费率、收费和规定，以确保它们公平合理。

(6)采取行动解决由外国政府或商业行为在美国与外国的海运贸易中造成的不利影响。

四、美国陆军工程兵团

美国陆军工程兵团（United States Army Corps of Engineers，USACE）是美国国防力量五大兵种之一，是一个特殊的军事组织。它隶属于国防部，是军队的组成部分，也具有许多民事方面的职能。美国陆军工程兵在海事管理方面承担了多项重要职责，主要集中在港口、航道、堤坝以及水资源管理等领域，他们的职责包括：

(1)维护和疏浚航道

USACE 负责确保美国内河、海港和沿海水道的通航能力。他们定期进行疏浚工作，保持航道的深度和宽度，确保商船和其他水上交通工具能够安全通行。

(2)港口和码头设施建设

USACE 在设计、建造和维护港口和码头设施方面发挥着重要作用。他们帮助美国各地的港口设施保持现代化，确保海上运输的效率和安全。

(3)防洪和海岸保护

在沿海地区，USACE 负责建设和维护防洪堤坝、海堤和其他海岸防护设施，以保护沿海城市免受海洋洪水和风暴潮的威胁。

(4)水资源管理

USACE 在管理全国的水库和水闸方面也扮演着重要角色，这些设施影响到水道的水流、洪水控制和水质管理。

(5)海事相关的环保措施

在完成海事基础设施建设任务的同时，USACE 也需要遵守美国环保法规，确保他们的项目不会对环境产生负面影响，包括保护湿地、海洋生态系统，以及改善水质。

(6)应急响应和灾后恢复

USACE 常常在自然灾害发生后参与应急响应，尤其是海啸、飓风等影响海岸线和水道的灾害。他们会评估损坏、修复受损的海事设施，并协助开展灾后重建工作。

第二节 航运市场准入制度

一、美国国内航运市场准入

美国地域宽广，拥有 2 万多千米的海岸线。按美国的惯例，其沿海贸易运输不仅包括美国本土大西洋和太平洋沿岸的贸易运输，还包括两洋彼岸之间，美国本土大陆与阿拉斯加、夏威夷、波多黎各之间，美国本土及属地之间的贸易运输。

不仅如此，美国还是一个拥有广阔的河流、湖泊和运河的国家。由于沿海运输和内河运输在美国经济中的重要性，美国政府一直把沿海运输、内河运输和国内水陆联运的权力保留给本国的商船队。这方面的法律主要包括《1920 年商船法》(因其第 27 条内容又被称为《琼斯法案》)和《1936 年商船法》。根据这些法律，外资企业在美国开展沿海和国内的航运业务时受到限制。

《1920 年商船法》第 27 条规定，所有在美国国内港口之间运输货物的船舶必须满足以下条件：(1)美国建造，船舶必须在美国造船厂建造；(2)美国船主，船舶所有权必须至少有 75% 由美国公民或企业拥有；(3)美国旗帜，船舶必须在美国注册，并悬挂美国国旗；(4)美国船员，船舶上的船长、所有高级船员以及至少 75%的船员必须是美国公民或持有美国合法工作许可的个人。

可见,《琼斯法案》对外国公司或外国建造的船舶进入美国国内市场(例如从一个美国港口到另一个美国港口的运输)设立了严格的限制。这种保护主义措施确保美国造船业和国内航运公司不受外国竞争的威胁,尤其是沿海航运市场。由于《琼斯法案》的限制,外国船公司无法直接参与美国国内航运市场,除非外国船公司能够在美国建立子公司并遵守所有相关的规定。要进入美国国内航运市场,外国船公司需要:(1)通过美国的船厂建造符合《琼斯法案》规定的船舶;(2)建立符合美国法律的公司结构,确保公司的控股股东和管理层大部分为美国公民。

《1936年商船法》还在沿海疏浚、拖航和救助方面做了以下准入规定:

(1)不准使用外国建造的船舶从事疏浚、疏浚船和疏浚物的运输,且应该符合《1920年商船法》的有关规定;

(2)除拖带遇难船舶外,美国水域中船舶的拖带,包括在美国专属经济区内的拖带、公海上的拖带,只能由有美国沿海运输权的美国籍船舶进行;

(3)除条约规定或者海关关长认为在特定地点无法获得美国籍船舶的救助服务外,不允许外国籍船舶进行救助。

多年来美国国会一直在不断修改沿海运输法,20世纪70至80年代对该法最突出的修改,就是增加了禁止外国捕鱼船舶在美国港口停泊;外国造捕捞船,除非入籍美国,否则,禁止在美国的海域作业。

美国严格的沿海运输权法规不仅体现在对船舶的限制上,还表现在覆盖范围上,例如美国东海岸和西海岸之间的航行,美国到夏威夷等地之间的运输均属于沿海航行,特别是从美国东海岸到阿拉斯加,即使途经巴拿马运河,仍旧被认为是沿海航行。而一些大型邮轮公司为了运营便利、降低经营成本,大多注册为离岸公司。如嘉年华、皇家加勒比和诺唯真三大邮轮公司的注册地分别为巴拿马、利比里亚和百慕大,且旗下邮轮大多悬挂巴哈马等方便旗,因此均不满足《琼斯法案》的要求,无法承担美国沿海的运输业务。为了实现在美国港口之间航行,大型邮轮公司采取航行于两个美国港口之间,挂靠另一国家港口的方式,即将运营美国国内航线变成运营国际航线,以满足美国法律的规定。以阿拉斯加航线为例,邮轮公司提供的经典航线为美国西雅图出发,中途停靠加拿大,最后抵达阿拉斯加。2021年5月美国政府签署通过《阿拉斯加旅游业复苏法案》(Alaska Tourism Recovery Act),允许国际邮轮公司直接从美国本土航行至阿拉斯加,而不必在中途绕行第三国。该法案的推出是美国对沿海运输权开放进行的一次尝试。

二、国际航运市场准入

总体上,进入美国国际船舶运输市场不存在准入问题,美国没有采取配额发放、垄断或独占服务提供者等形式来限制外国海运服务提供者的进入,也不限制海运服务交易或营业的总价值或总数量。美国的外贸货物运输市场是开放的,95%以上的美国外贸货物由外国籍船舶运输。但美国就远洋运输中介人的资格以及货载保留方面做出了规定。

1.远洋运输中介人的认定

根据美国《1998年航运改革法》,远洋货运代理人(Ocean Freight Forwarder)和无船承运人(Non-Vessel-Operating Common Carrier, NOVCC)统称为远洋运输中介人(Ocean Transportation Intermediary)。

在美国从事远洋货运代理业务和无船承运业务均需符合一定的条件：

(1)获得许可证。远洋货运代理人和无船承运人，包括外国的无船承运人应当取得联邦海事委员会颁发的许可证，否则任何人不得以远洋运输中介人的身份从事经营活动。

(2)缴纳保证金。远洋货运代理人、美国的无船承运人和外国的无船承运人都必须提交保证金或其他的财务担保，并纳税。对于远洋货运代理人、美国的无船承运人和外国的无船承运人，保证金或者其他的财务担保的数额分别为 50 000 美元、75 000 美元和 150 000 美元。

(3)远洋货运代理人是货主的代理，必须获得执照才能营业，但无须登记运价，对货损也不负责；无船承运人须像公共承运人那样登记其运价，并对运输负责，其责任表现在两方面：签发提单和公布其运价。

2. 货载保留制度

所谓货载保留，就是国家通过各种立法、法规及双边协议等种种手段为本国船舶保留承运一定比例的对外贸易货物或保留承运外贸货物的优先权。美国是最典型的货载保留国家，在通常情况下，美国政府对美国的各类外贸货物，均有一些相应的立法为美国籍船舶保留一定比例的货载或货载优先权。美国关于货载保留有诸多的立法或法令，但是最为重要的是以下几项法规：

(1)《1904 年货载保留法》。《1904 年货载保留法》是美国最早的货载保留法。该法案规定，美国国防部的所有军需物资与供给必须由美国籍船舶或由美国拥有的船舶运送，只有在美国籍船舶的运费率高昂或不合理时除外。尽管该法案实际上并没有准予使用外国船，但是有时国防部在无法获得美国船的时候，偶尔也使用外国船运送军需物资。据有关资料统计，在该法案下，美国国防部的运输货物至少 50%以上由美国籍船舶或美国拥有的船舶承运。

(2)《1934 年第 17 号政府决议案》。1934 年美国政府第 73 届国会通过了美国政府第 17 号决议案，该决议案的主要内容是：凡是为促进美国贸易而由政府的任何机构贷款所购买的货物，均由美国籍船舶承运。尽管该决议案从技术角度上讲尚未具有法律效力，但实际上作为一项法律来实施。

实际上，美国在 20 世纪三四十年代采取这一做法是有原因的。例如，在第二次世界大战结束时，美国进出口银行竭力帮助深受战争创伤的国家恢复经济，其中有些受援国家拥有自己的船队，他们极希望使用本国船队承运美国的外援货物。因此，美国进出口银行十分清楚，如果一味强调所有外援货物均由美国籍船舶或由美国拥有的船舶承运的话，那么就等于一手支援他国，一手收回援物，受援国得用极高的美元支付运费；同时，如果受援国拥有本国船队的话，很有可能在其本国的对外贸易中采取同样的做法。所以，该银行与美国海运总署协作，确定了只要受援国不对在美国对外贸易中的美国籍船舶采取歧视性政策的话，那么该受援国对外船队也可以参与由美国进出口银行资助的外援货物的运输。

(3)《1954 年货载保留法》。第二次世界大战后，美国国会制订了一系列向有些国家提供军事和经济援助的计划。这些计划中包含了货载保留的条款，即至少部分货物得由美国籍船舶承运。而后，这些货载保留立法条款被列入《1954 年货载保留法》，作为《1936 年商船法》的补充法案。

《1954 年货载保留法》规定了三类保留的货物：一是由政府支付购买的货物；二是由外国支付而由美国政府提供的货物；三是由美国政府通过预付资金，赠款与贷款或保证外币兑换而出口的货物。该法案规定，当这些货物由海运方式运输时按总吨数计算，美国籍船舶在费率公平合理的条件下，至少可承运50%的货物（1961年9月21日又对这一条款进行了修改，规定美国籍船舶必须在美国建造，或在外国建造入籍美国3年以上）。该法案还明确规定，当美国国会、美国总统或国防部宣布紧急状态时，可以取消这50%的规定，但实际上这类情况还从未发生过。

（4）1981年关于《1936年商船法》的修改。1981年，美国在《1936年商船法》中增加了第615条。该条规定：外国建造的船舶可以运输保留的民用美国政府货物，只要该船舶在美国登记。

（5）《1985年食品安全法》。《1985年食品安全法》对《1954年货载保留法》做了修改，规定美国农业部对外国援助计划下75%的农业货物由美国籍船舶运输。

（6）《1995年阿拉斯加北坡石油出口法案》。该法案指出，阿拉斯加北坡石油出口必须使用美国船员和船旗的油轮运输。

上述几项法规构成了美国货载保留政策的主体。从其内容来看，《1954年货载保留法》的内容最为广泛，是一项较为完整的货载保留立法，在这几项立法中地位最为重要。

美国的货载保留政策在美国的航运政策中占有重要的地位，这些货载优先的规定对于美国籍船舶来说至关重要，在美国籍船舶运输的货物中约有40%的货物属于货载优先的配额。迄今为止，每年仍有大量的货物在上述三项货载优先的法规下由美国籍船舶承运。据美国海运管理署（MARAD）统计，在货载保留政策下，所涉及的政府部门主要包括：

（1）美国能源部的战略石油储备项目中的进口石油运输。根据《1954年货载保留法》，美国能源部的进口石油至少50%要由美国籍船舶运输。

（2）军事运输项目。根据《1904年货载保留法》，美国国防部或军事部门的军事运输项目要100%由美国籍船舶来运送。这些项目主要包括陆军、空军、海军及军需部门所需要的运输物资。

（3）粮食运输项目。主要包括美国政府特许的贷款项目中为发展中国家提供的粮食商品；美国国际开发署为发展中国家提供的捐赠项目中的商品及为最不发达国家提供捐赠的食品和粮食商品。

（4）进出口银行贷款项目。根据1934年17号政府决议案，美国进出口银行贷款项目的货物运输可为美国籍船舶保留50%以上的货载，1992年该项目海运总收入为3 240万美元，其中美国籍船舶收入为2 540万美元左右，占总收入的78%左右。

三、船舶登记制度

美国的船舶登记制度旨在确保美国船舶在国际和国内航运中的合规性与安全性，同时保护国家利益和促进美国海运业的发展。

1. 船舶登记的基本要求

美国的船舶登记由海运管理局和美国海岸警卫队负责监督。所有符合条件的船舶必须在美国登记并悬挂美国国旗，具体要求如下：

（1）船舶所有权：只有由美国公民拥有的船舶才能在美国注册。这意味着美国公司或个人必须对船舶拥有完全的法律控制权。对于公司所有的船舶，公司必须有75%及以上的股份由美国公民持有，并且船舶的管理层也必须由美国公民组成。

（2）船舶建造要求：某些类型的船舶（尤其是从事沿海贸易和某些特定政府资助项目的船

舶)必须在美国境内建造,这也是《琼斯法案》的一项重要规定。

(3)美国船员要求:美国国旗船的船员必须由美国公民或美国合法居民组成,这确保了美国对船舶运营的控制。

2. 船舶登记的类型

根据船舶的用途和所有权,船舶登记主要分为以下几类:

(1)沿海贸易登记:这类登记通常适用于在美国国内港口之间运输货物或乘客的船舶。根据《琼斯法案》,这些船舶必须在美国建造、由美国公司拥有,并且悬挂美国国旗。

(2)国际贸易登记(Registry for International Trade):用于参与国际航运的美国国旗船。这些船舶的建造地可以不局限于美国,但它们必须符合美国的所有权要求,并且要注册为美国国旗船。

(3)渔船登记(Fishery Registration):这类登记适用于在美国水域捕捞鱼类或从事相关渔业活动的船舶。所有从事渔业的美国船舶必须在美国登记,并悬挂美国国旗。

(4)娱乐船舶登记(Recreational Vessel Registration):包括游艇和其他娱乐船舶。这些船舶虽然不从事商业活动,但如果船主希望其游艇享有美国国旗船的权利或进入某些美国水域,也必须进行登记。

3. 外籍船舶的登记

(1)对于希望在美国水域内运营的外籍船舶,也有严格的规定。外籍船舶不能在美国港口之间进行货物或乘客运输(除非获得豁免),但可以在国际航运或特定许可下进入美国港口。

(2)光船租赁登记(Bareboat Charter Registry):外国船舶可以通过光船租赁的方式,在一定时间内悬挂美国国旗,参与美国的国际航运业务。此类租赁协议通常需要特定的许可,并且在租赁期内,船舶的船员必须满足美国的要求。

美国的船舶登记制度通过严格的所有权要求、建造规定、船员管理,以及对沿海和国际贸易的区分,确保了美国航运业的持续发展和国家安全利益。通过在美国注册,船舶享有一定的国际认可和法律保护,同时也必须遵守美国航运和海事法中的各项规定,维持美国国旗船的运营标准。

4. 船东类型

美国按照登记条件将船东分为三种类型,并根据这些类型船东所拥有的船舶赋予不同的运营权限和待遇。这三类船东分别是:

(1)普通注册登记类公民。这一类船东包括由外国人全资控股的美国公司,符合相关登记条件的船舶可以由这类船东拥有。这类船东拥有的船舶可以在美国与外国之间进行国际运输,但不能从事美国国内的沿海运输。这类公司和船舶必须遵守美国船舶登记的法律要求,包括船舶在美国建造、拥有及运营的相关规定。

(2)具有控制利益的公民。这类船东必须是由美国公民控制的公司或个人,拥有船舶的多数(至少75%)股权。这些船东所拥有的船舶有权享有美国1996年《海运安全船队方案》(Maritime Security Fleet Program, MSP)所提供的优惠。MSP旨在通过财政补助,确保美国拥有一支能够支持国防和国家紧急需求的商船队。参与该项目的船舶必须符合美国国籍船的要求,并且船东必须拥有"控制性利益",即美国公民持有多数股份。

(3)有权从事沿海运输的公民(Coastwise or Jones Act Citizen)。根据《琼斯法案》的规定,只有由符合条件的美国公民或公司(至少75%的所有权必须由美国公民持有)拥有的船舶才可以从事美国沿海运输业务。这类船东拥有的船舶不仅必须满足美国国籍船的要求,还需满足额外的条件,如船舶必须在美国建造并由美国公司运营。只有这些船舶才能在美国沿海水域内运输货物或乘客,享有美国沿海贸易的独占权。

根据《1996年海岸警卫队授权法》(The Coast Guard Authorization Act of 1996),美国允许外国人拥有的公司在特定条件下拥有符合沿海运输条件的船舶,但需满足以下要求:

(1)船舶登记条件:该船舶必须符合美国船舶登记的相关条件。根据美国法律的规定,只有净吨位超过5吨并且满足美国国籍条件的船舶才有资格登记。尽管外国公司可以拥有船舶,但其租赁用途和运营权受到限制。

(2)沿海融资租赁条款:船舶的拥有者或其母公司、附属公司必须主要从事租赁或其他融资业务。此条款是为了确保外国公司仅限于通过租赁方式参与沿海运输,而不能直接从事运营,从而防止外国船东或经营者规避《琼斯法案》对沿海贸易的限制。

(3)租赁给美国船舶经营人:外国人拥有的船舶必须租赁给符合美国公民身份的船舶经营人,且该经营人符合《琼斯法案》规定的所有条件。通过这种方式,外国公司仍然能够进入美国市场,但只能通过租赁模式而不能直接经营沿海航运。

(4)租期要求:租赁租约的期限必须为3年以上,且租赁协议及相关船舶登记文件必须报送美国海岸警卫队备案。这样可以确保租赁安排透明,并防止外国公司利用短期租赁规避法律限制。

四、海运辅助服务与港口服务

1. 海运辅助服务

美国允许外国投资者在美设立海运公司、经营多式联运业务。对于其他海运辅助行业,除报关经纪人、船舶修理与挖泥船出租业务外,美国法律没有限制外资进入的专门规定。但不允许外国拖船在美国海域拖带美国船,外国救捞船也被禁止在美国海域从事救捞作业。根据美国《船舶抵押法令》《商船法》《航运法》的规定,只有美国公民和由美国人控制的公司才有资格从事这方面的业务。

2. 港口服务及税收

美国港口服务设施供一切使用者无歧视地开放使用,未给任何国家以优惠待遇,同时基于国家安全目的对某些国家的船舶加以限制,美国对于从北美或部分南美港口驶入美国的船舶征收差别船舶吨税,并按照互惠原则,免征某些国家船舶的灯塔费与特定吨税。同时,美国根据互惠原则或双边税收协定的规定,对40多个国家的船东免征船舶经营国际贸易运输所得税。

3. 船员雇佣

美国限制受雇于海运业的外国人数量,主要采取两项措施:其一,授权符合条件的船舶经营美国国内贸易运输或者获得享受美国政府某些形式的补贴;其二,规定雇用的外国船员不得超过船员总数的25%,并且有任职资格证书要求的船员岗位必须由美国公民来担任。

第三节 国际航运市场管理制度

一、班轮运输市场反垄断法规

美国班轮运输市场的反垄断法规均是通过多个航运法确立和转换，并通过联邦海事委员会实施的。目前，美国政府在《1998 年航运改革法》对班轮运输市场的垄断组织实行政府严格监管下的完全反垄断豁免。在 FMC 运价报备制度的框架下，班轮公会间以及公会与单个船公司之间的运价协议都同样享受反垄断豁免。在美国班轮反垄断法规的影响下，近几年美国班轮市场上的运价多为长期协议运价，运价基本上处于整体较稳定的状态。

1.《1916 年航运法》的规定

在 1916 年，美国出台了《1916 年航运法》，这部法律规定，从事国际运输的班轮公司作为班轮公会的成员，可以享受反托拉斯法的豁免。但是，这个豁免附带一定的条件，例如，禁止使用"战斗船"，所有班轮公会协议和费率都必须向海运理事会报备并经其批准，所有班轮公会对于任何希望加入班轮公会的班轮公司都必须开放。

《1916 年航运法》规定，所有海运公共承运人或者其他受该法制约的人都应当向海运理事会报备以下协议：(1)确定或者控制运价或者运输费用；(2)给予或者接受特殊的运价、舱位或者其他特权或者利益；(3)控制、限制、防止或者破坏竞争；(4)对于运输、收入以及亏损进行公摊或者按比例分配；(5)对港口进行分配、限制或者约束港口间运输的班次和类型；(6)以任何方式限制或者约束货物或者旅客运输的数量或者类型；(7)以任何方式提供独有的、优惠的或者合作性的运营安排。

《1916 年航运法》承认了上述形式的垄断协议及其组织的合法性，但这种协议必须经过海运理事会的公告和听证程序。在有不正当歧视、不公平或者有害于美国贸易或者有悖于美国公共利益的情况下，海运理事会可以驳回、修改或者取消该协议。协议一旦得到批准，就可以获得联邦的保护，并且获得反托拉斯法的豁免。

2.《1984 年航运法》的规定

在 1984 年，美国通过了《1984 年航运法》，该法的目的在于使美国的航运法规与国际航运管理协调一致。其主要的规定包括：

(1)班轮公会成员被赋予独立定价的权利，只要该成员给予班轮公会 24 小时的事先通知，并将价格的变化向联邦海事委员会报备即可。

(2)班轮公会成员允许使用服务合同。根据服务合同，托运人保证一段确定的时间内提供最低数量的货物给承运人运输，承运人则保证以特定的运价提供明确的运输服务。

(3)首次允许美国人加入外国籍船舶的联营。

(4)接受联邦海事委员会管辖的"禁止行为"清单，包括各种反竞争的行为：抵制、掠夺性行为、不合理地拒绝交易、报复、不公平或者不公正的歧视、在特定的承运人之间分配托运人、以低于应适用的运价或者合同费率获得或者提供远洋运输服务、给予回扣、按未经报备的协议运作、拒绝与托运人协会谈判等。

（5）扩大了承运人和公会所能享受的反垄断法的豁免。即班轮公会协议、班轮公会之间的协议、船舶互享协议，在报备并依法生效之后，都可以享有反垄断法豁免；同时，在非美国港口之间班轮运输，不论是否经由美国，都可以享有反垄断法豁免，除非其对美国商业具有直接重大并且可合理预见的结果；而且即使是进出美国港口的联合运输，外国内陆运输部分的协议或活动仍不受美国反垄断法管辖。

3.《1998 年航运改革法》的规定

美国于 1998 年对《1984 年航运法》进行了重大的修改，修改的内容被称为《1998 年航运改革法》。这次航运法改革的核心是，在维持国际运价协议组织反垄断豁免的前提下，进一步提高市场机制的资源配置作用，因此需要更大程度地限制班轮公会等国际运价协议组织在国际航运市场中的传统资源配置作用，发挥远洋公共承运人按照市场机制做出自主决定的作用。为此，《1998 年航运改革法》做出了许多重要调整。

（1）《1998 年航运改革法》第 2 条增加了一项新政策，针对班轮公会的监管为：个别承运人有权与托运人订立服务合同，班轮公会等组织不能限制船公司的这种权利；取消相似情况下其他托运人的跟进权利；提高服务合同的保密程度，取消服务合同备案制度中敏感性条款的公开。所有这些都为班轮公会规定了严格的监管条件。

（2）《1998 年航运改革法》肯定了公会成员独立行动的权利，引导公会讨论除运价以外的事项并确定自愿遵循服务合同的宗旨。

（3）联邦海事委员会享有对各种组织进行管理的权力。如果发现赋予某一协议、活动或某一类协议、活动反垄断法豁免不会在实质上削弱竞争或有损于商业活动，可根据协议、活动的申请或自己的决议发布命令或规则，使该特定的协议或活动享受豁免，免除其在今后履行《1998 年航运改革法》要求的任何义务。

4.《2022 年航运改革法》的规定

2022 年 6 月 13 日，美国通过了《2022 年航运改革法》（Ocean Shipping Reform Act of 2022, OSRA 2022），这是继 1998 年之后，美国航运法规 24 年来的首次重大改革。

OSRA 2022 的立法背景是 2021 年出现了供应链危机和运输成本急剧上升的问题，立法者开始采取行动以保护美国消费者和企业的利益。以总统及总统所在的民主党为代表的美国政治家认为，正是在国际集装箱班轮公司（海运公共承运人）的作用下，推高了运价水平，妨碍了供应链畅通，使得美国作为货主大国的利益受到严重损失，因而需要加强对其监管。其主要政策内容包括：（1）加强对市场的监管：继承并强化了 FMC 的作用，如增加了 FMC 设立航运交易所的权限，FMC 将负责监督和管理新设立的航运交易所，以确保其运营的公平性和透明度；进一步赋予和细化了 FMC 接受承运人定期报告制度，以及追加机构预算（将其资金水平从 2022 年的 3 290 万美元提高到 2025 年的 4 920 万美元），这一要求将使 FMC 能够更有效地监测航运公司在美国市场的运作，并确保其对美国货主负责。（2）加强对海运公共承运人的监管：OSRA 2022 要求承运人每季度向 FMC 报告每艘停靠美国港口的船舶的总进出口货量和标准箱（装载/空载），将有关滞期费合理性的举证责任转移到承运人身上并提高处理效率，禁止航运公司不合理地减少对美国的出口。（3）增加航运业透明度：授权 FMC 自发、主动启动相关调查并提高处罚力度，研究多式联运底盘池最佳实践以处理底盘供应和定位问题等；且 OSRA 2022 明确要求 FMC 主动进行调查，而不再只是响应投诉；FMC 还需定期发布关于航运公司收费行为的报告，增强公众对航运市场的了解。

与《1998年航运改革法》相比，OSRA 2022强调对市场的不公平行为进行更严格的审查，这标志着美国航运监管政策回归到更加严格的监管模式，以应对当前航运市场的挑战。

二、国际航运市场价格监管法规

美国是世界上对国际航运市场运价直接进行管理的少数几个国家之一。目前的运价管理制度由运价本公开制度和服务合同报备制度构成。主要相关的法律包括《1916年航运法》《1984年航运法》《1998年航运改革法》。

1.《1916年航运法》的规定

1916年9月6日，美国颁布了历史上第一部航运法，即《1916年航运法》，该法首创了美国的运价报备制度和服务合同报备制度。

该法规定，所有洲际和国际海运的承运人都必须向美国海运理事会报备运价本和服务合同，所有运价本中的运价都必须符合海运理事会的合理性标准；如果根据成本、服务的价值或者其他运输条件而无法被认为是正当的运价，海运理事会可以将其取消。但是，海运理事会不能确定对外贸易中的运价水平。海运理事会监督每一承运人严格按照报备的运价本中的条款和条件无歧视地承运所有货物。如有歧视，承运人每次将被处以25 000美元的罚款。该法允许双重运价合同，即除了运价本所表示的合同外，以托运人将其全部或者固定比例的货物交与承运人承运为条件，承运人可以与托运人特别订立较低运价的合同，即“忠诚合同”，只要该合同无损于美国贸易，不违背公共利益，并且没有不公正的歧视或者不公平即可。

2.《1984年航运法》的规定

《1984年航运法》对《1916年航运法》中的运价报备制度做了修改，要求承运人将其与托运人之间约定的运价向联邦海事委员会申报，且运价只有经过报备才能生效。联邦海事委员会根据《1984年航运法》的规定，管理运价报备的执行情况。

该法允许班轮运输的经营人制定“时间/货量费率”，“时间/货量费率”和订有“时间/货量费率”的合同必须符合联邦海事委员会的要求，包括运价必须公布，运价应适用于所有的托运人和收货人，运价不得以其他运价的百分数表示，生效日期至少为新的或者修订的合同开始生效后30天，每一“时间/货量费率”合同从期满起要保存5年。这种办法使得班轮公会能以低于已报备的运价本中的费率承揽货物。

运价报备义务要求每一公共承运人和班轮公会公开运价本，供公众查阅。除散货、林业产品、可回收的金属废料产品、废纸和纸类废品外，公开的运价本应包括在所经营航线的联运航线上各点或者各港之间的所有费率、附加费、分类、规则和做法。运价本中应当说明货物运输的地点、列举每一种现行货物的分类、说明由承运人或者班轮公会向远洋货运代理人支付的补偿费用水平，但无须说明每一项码头费或者其他费用、优惠或者由承运人或者班轮公会控制的设施，以及以任何方式改变、影响或者决定部分或者全部费率、费用的规则或者规定，包括任何忠诚合同、提单、运输合同或者证明运输合同的其他文件的样本。

该法禁止承运人收取与所适用的运价或者服务合同不同的费率，并禁止托运人获得或者试图获得低于应适用的费率或者附加费的远洋运输服务。

3.《1998年航运改革法》的规定

《1998年航运改革法》对《1984年航运法》中有关运价的规定做了较大改动。主要表现为：

（1）该法取消了向联邦海事委员会报备运价本的要求，代之以要求承运人发展自有的自动电子运价本系统，公众可以以合理的费用进入该系统。该法授权联邦海事委员会规定进入这些系统的条件和信息的准确性，并进行定期审查。联邦海事委员会通过这些措施，与运价本公开者一起建立一个高效率的运价本公开系统。联邦海事委员会有权对与该法不符的系统采取适当的强制行动。

（2）非受控承运人的新费率或者使托运人开支增加的对现行费率的修改，如无联邦海事委员会的特许，不得在早于公布之日起30天内生效，但使托运人开支减少的对现行费率的修改，则可在公布之日生效。

（3）由于该法规定服务合同条款秘密不公开，该法取消了“跟进”（METOO）待遇条款，允许船公司针对不同客户谈判不同的运输合同，且在服务合同方面给予单独承运人比班轮公会更多的自由。

（4）该法将“新组装的机动车”列为免受运价本上公布费率约束的商品。因而，加上《1984年航运法》规定的散货、林业产品、可回收的金属废料产品、废纸及纸类废品等的运价不受联邦海事委员会控制，班轮公司可以以优惠的运价争取货源。

三、受控承运人制度

受控承运人制度是美国航运法特有的制度。美国以维护进出口航运市场公平竞争为名义，对少数受政府直接或者间接控制的航运公司的定价等经营行为实施特别的管制措施。这项制度起源于冷战时期，是美国与苏联两大阵营斗争的产物。

1978年，美国国会通过《1978年受控承运人法》，授权联邦海事委员会对受控承运人的运价，特别是其降低运价的行为，进行严格限制和监管。这项法律的出台，当时是为了应对苏联和东欧社会主义国家的航运公司以低价竞争承揽美国航线货物。后来，这部法律的规定被《1984年航运法》所吸纳，且《1998年航运改革法》进一步修改了有关受控承运人的法律内容。

《1998年航运改革法》关于受控承运人的规定包括：

1. 受控承运人的认定

受控承运人是指自身或其营运的资本直接或者间接由某一政府控制的远洋公共承运人。其认定包含两条标准，一是承运人中的大部分利益由政府、政府所属机构、政府控制的任何公共机构或者个人以任何方式拥有或者控制；二是政府有权任命或者否决承运人中的大部分董事、首席运营官和首席执行官。

2. 受控承运人的费率

受控承运人不得在其运价本或者服务合同中保持低于公平和合理水平的费率或者收费项目、收取这种费用或者指定这种费率，也不得在其运价本或者服务合同中订立、保持或者实施不公平或者不合理的货物分类、规则或者规定。对于受控承运人不能证明是公平和合理的费率、收费项目、分类、规则或者规定，联邦海事委员会通过向受控承运人发出通知或者审理后，可随时禁止受控承运人公布或者使用这种费率、收费项目、分类、规则或者规定。这种公平和合理举证责任由受控承运人承担。这种费率、收费项目、分类、规则或者规定一旦被联邦海事委员会中止或者禁止，便失去法律效力。

3. 费率标准

联邦海事委员会在认定受控承运人的费率、收费项目、分类、规则或者规定是否公平和合理时,需考虑受控承运人公布或者指定的费率、收费项目或者从相关的分类、规则或者规定中产生的费率、收费项目,是否低于基于承运人的实际成本或者推算成本而能够补偿受控承运人的水平。该推算成本是指受控承运人以外,在相同或者近似的贸易运输中经营相似船舶或者设备的另一承运人的成本。

4. 费率的生效日

除服务合同外,未经联邦海事委员会特许,受控承运人的费率、收费项目、分类、规则或者规定在公布之日起30天后才能生效,由此,受控承运人不得在少于30天的公布期限内改变其运价本中的费率。联邦海事委员会可要求受控承运人提供有关现行或者提议的费率、收费项目、分类、规则或者规定的信息。每一受控承运人在收到上述要求起20天内,应向联邦海事委员会报备"正当性陈述",充分详细地说明其收费项目、分类、规则或者规定的需要和目的。联邦海事委员会可据此合理地确定这些内容是否合法。

5. 费率的禁止

《1998年航运改革法》规定,联邦海事委员会在收到前述信息之日起120天内,将确定受控承运人的费率、收费项目、分类、规则或者规定是否公平和合理。如果联邦海事委员会认为受控承运人公布或者指定的费率、收费项目、分类、规则或者规定可能不公平和不合理,则联邦海事委员会应向受控承运人签发命令,说明该费率、收费项目、分类、规则或者规定被禁止的原因。

6. 总统审核

《1998年航运改革法》规定,联邦海事委员会在做出中止或者最终禁止受控承运人公布的费率、收费项目、分类、规则或者规定的每一个命令的同时,应将中止令或者禁止令提交给美国总统。美国总统在收到上述命令或者上述命令生效之日起10天内,如果认为基于国防或者外交政策的理由而需要中止该命令,则可书面要求联邦海事委员会中止上述命令。联邦海事委员会应立即签发命令准许总统的要求,并在该命令中表明总统的要求。总统在任何可行的时候,应力求通过与相关外国政府的代表协商解决争议。

7. 服务合同仲裁机构管制

受控承运人与托运人签订服务合同,在约定争议处理条款时,所约定的仲裁机构或者司法机构不得受该受控承运人所在国政府控制或者与该国政府有任何关联。

四、航运补贴制度

长期以来,美国对其航运业和造船业实行国家补贴政策。为补贴美国的船舶经营人和船舶建造商承受的巨大成本,美国早在《1936年商船法》中就规定了两项主要的补贴政策,即营运差额补贴和建造差额补贴,适用于从事对外贸易班轮运输的船舶。建造差额补贴计划于1982年终止,营运差额补贴计划被《1996年海上安全法》所确立的海上安全计划所取代。

1. 建造差额补贴

建造差额补贴是美国政府对美国航运企业在美国国内建造的船舶造价与在外国建造的船舶造价差额,给予50%或35%的补贴。这项补贴依据的是《1936年商船法》,该法规定,任何一个希望获得建造补贴以便在美国船厂建造新船的经营人,首先必须向主管机构证明"需要一艘经济型的新船舶,以应对外国的竞争以及促进美国的对外贸易"。在建造新船时,美国海军可以查看船舶的结构,以便决定船舶是否需要增加功能,比如更加坚固的甲板或者更快的速度，使得船舶在国家紧急时期对军事更为有用。海军要求的任何带有国防目的的费用都可以由政府支付。一旦船舶的结构被最后确定，主管机构将组织美国船厂进行投标，并与“最低责任投标人”签订建造合同。同时，主管机构与船舶未来的所有人之间签订合同，约定未来的船舶所有人向主管机构支付建造船舶所需的金额。该法规定，船舶所有人支付的造船成本与主管机构决定的外国船厂建造同样一艘船舶的预估成本应当相符。该法还规定：主管机构支付的建造差额通常不超过船舶总成本的1/3；当有证据表明实际差额高于1/3时，补贴最高可以增加至50%。

美国政府为享受建造差额补贴的船舶所有人附加了很多限制条件。《1936年商船法》规定，通过建造差额补贴计划购买的船舶必须在美国登记，期限至少20年；美国政府有权购买被新船所替换的旧船，该旧船不能再次投入外贸运输。

尽管美国出台了建造差额补贴政策，但美国的许多船舶所有人仍然相当不满，因为美国的船舶造价要高出国外许多，尽管政府给予了补贴，船舶所有人仍需付出多于外国造船的资金。但这项建造差额补贴政策对美国海运业的发展还是起到了一定的推动作用，在一定程度上刺激了美国船东在国内造船的积极性，不过也耗费了美国政府的大量资金。另外，这一政策也助长了美国造船业对政府的依赖性。

由于财政困难，美国政府于1982年终止了建造差额补贴计划。20世纪80年代后期，美国政府没有支付过建造差额补贴。

2. 营运差额补贴

营运差额补贴是美国政府对美国航运业实行的一种重要的补贴形式。《1936年商船法》规定，美国政府在一定条件下，根据同样航线运营条件，对那些悬挂美国国旗、使用美国籍船员的航运公司，实行营运差额补贴，使得美国籍船舶同外国船舶的最低营运费用平衡。

美国政府对航运业实行营运差额补贴的条件是：航运公司必须为美国公民所有。1970年修正后，新增了为美国公民所租赁的船舶；接受补贴的船舶必须在美国建造；如经营人在非紧急情况下在国外维修船舶，将受到严厉的罚款处罚；所补贴的船舶必须经营政府所规定的主要班轮航线，且必须在美国海运总署所规定的29条“基本航线”上按照指定的靠港顺序运营，靠港次数也有最少和最多的限制。如营运人要改变航线，需要根据平均3年1次的海运总署听证会做出决定；接受补贴的经营人必须承担船舶更新的义务，及时将陈旧船舶淘汰。

营运差额补贴政策对美国航运业的发展确实起到了一定的推动作用，特别是对改善美国几大班轮公司的经营状况起到了重要的作用。但是在许多方面，营运差额补贴政策也显露出不足之处。加上20世纪80年代后里根政府财政预算紧张，曾一度决定不再增加营运差额补贴资金，到1997年，营运差额补贴政策终止。

3. 海上安全计划

1996年，美国国会颁布了《1996年海上安全法》，为美国籍船队建立为期10年的推广计划，即《海上安全计划》，以取代营运差额补贴。《海上安全计划》支持47艘私人拥有的、具有军事用途的美国籍船舶以及船舶上的美国籍船员。该计划每年支付给上述每艘船舶210万美元的海运安全补贴，为期10年。但是，必须保证在战时和紧急情况下国防部可以使用这些船舶及其船员。该计划在2005年9月30日终止。

五、海洋环境保护政策

1. 船舶污染防治法案

《船舶污染防治法案》(Act to Prevent Pollution from Ships, APPS)是美国的国内立法，于1980年颁布，其主要目的是将MARPOL公约的条款转化为美国国内法律，以加强船舶污染控制，保护美国水域的环境。APPS赋予了联邦政府相关部门对船舶污染行为的管控权力，确保所有在美国水域航行的船舶，包括外国船舶，遵守污染防治的规定。

APPS适用于所有在美国水域内航行的船舶(包括美国籍和外国籍船舶)，以及悬挂美国国旗在国际水域航行的船舶。该法案涵盖了MARPOL公约的所有附则，涉及石油、有害液体物质、垃圾、污水和空气污染物的排放管控。APPS要求船舶保存污染物排放的详细记录，包括油类、有害液体、污水和垃圾的排放情况。记录必须随时接受检查。

美国海岸警卫队是APPS的主要执法机构，负责在美国水域内对船舶进行合规检查。海岸警卫队可以登船检查污染物处理设备、记录日志和操作手册，以确保船舶符合MARPOL公约和APPS的要求。船舶需持有国际污染防治证书和各类排放许可证，证明其符合排放标准。APPS对违规排放、未持证航行或违反设备要求的船舶处以高额罚款。对石油和化学品泄漏等严重污染行为，可处以数万美元的罚款。对于故意违规、篡改记录、隐瞒污染事故的行为，APPS允许追究刑事责任，相关负责人可能面临刑事诉讼。

2. 油污法

《油污法》(Oil Pollution Act, OPA)于1990年由美国国会通过，其主要目的是加强对石油污染事故的预防、应对和责任追究。这项法律是在1989年"埃克森·瓦尔迪兹"号油船石油泄漏事件之后出台的，旨在防止类似灾难的再次发生。

OPA规定，石油泄漏的责任方(通常是船舶或设施的所有者)需承担清理费用以及相关的环境恢复费用，即使事故原因是意外或未必与操作失误直接相关。在某些情况下，责任方的赔偿责任有上限，但如果被证明存在疏忽、过失或违反法规的行为，则可能面临无限责任。

OPA设立了"石油泄漏责任信托基金"(Oil Spill Liability Trust Fund)，用于支付无法找到责任方或责任方无力支付的石油泄漏清理费用。该基金通过石油生产和进口的税收进行资助。除了环境恢复，OPA还规定受污染影响的个人和商业实体可以向责任方索赔，包括因污染导致的财产损失、收入损失、捕鱼损失等。

为了降低泄漏风险，OPA要求新建油船必须设计为双层船体，以减少撞击或搁浅时石油泄漏的可能性。双层船体的设计增加了船体厚度，使船体更能抵抗破损。

OPA要求所有携带石油的船舶和岸上设施(如石油存储设施和港口)必须制订详细的石油泄漏应急计划，包括泄漏预防措施、应急设备和事故发生时的响应步骤。法案要求船员和设施工作人员接受应急培训并定期进行溢油演练，以确保人员在事故发生时能迅速有效地应对。

OPA赋予美国海岸警卫队和环保署(EPA)在石油泄漏事件中的领导和协调权，能够迅速调动资源进行溢油应对和清理。OPA允许州政府制定和执行比联邦政府规定更严格的石油泄漏预防和应急响应法规，使得各州可以根据实际需求强化自身的环境保护措施。

OPA规定在泄漏事件后对受损的自然资源进行全面评估，并要求责任方支付自然资源损害赔偿，用于恢复受影响的生态系统。赔偿费用被用于恢复被破坏的生态环境，例如清理污染、修复栖息地、恢复鱼类和野生动物种群等。

3. 入境船舶压载水管理法

《入境船舶压载水管理法》(Ballast Water Management Act, BWMA)是美国2008年颁布的,旨在防止外来物种通过船舶压载水入侵当地水域。压载水是船舶在保持平衡和操控性时使用的水,由于船舶在港口装载和卸载货物时通常会吸入或排出压载水,因此可能将一种生态环境中的外来物种带入另一个生态系统,从而引发严重的生态、经济和公共健康问题。

BWMA要求船舶安装经过认证的压载水处理系统(Ballast Water Treatment System, BWTS),利用过滤、紫外线、化学处理等方法清除或灭杀压载水中的有害生物。对于未安装压载水处理系统的船舶,BWMA允许采取"压载水交换"措施,即船舶在离岸200海里、200米深的水域中排出并补充压载水,以降低本地水体受外来物种污染的风险。

该法规定了压载水中可以存活的生物数量限制(例如每立方米中不能含有超过一定数量的浮游生物),以确保排放的压载水中不会带入过多有害生物。如果采用化学方法处理压载水,该法案要求该化学剂无害于环境,并且在排放前需确保化学剂不会对当地水体造成污染。该法针对生物多样性敏感区域(如大湖区、沿海生态保护区)制定了更严格的压载水管理标准,船舶不得在这些区域排放未经处理的压载水,以防止外来物种入侵。

船舶必须记录每次压载水的采集、处理、交换和排放情况,详细记录管理和处理过程,日志须随时准备接受检查。船舶抵达美国港口前,需向海岸警卫队提交压载水管理申报表,报告压载水的处理和排放情况。

六、航运安全管理制度

1. 港口和水路安全法案

随着贸易的增长,美国港口区域的船舶量不断增加,船舶碰撞和溢油事故的风险也在上升。为了保护海洋环境、保障港口和航道的安全,美国政府于1972年通过了《港口和水路安全法案》(Ports and Waterways Safety Act, PWSA)。

该法案要求在重要港口和繁忙的水域建立船舶交通服务(Vessel Traffic Services, VTS)系统,用于实时监控和引导船舶安全通过关键水域。VTS系统通过雷达、无线电和通信技术,帮助减少船舶碰撞和航行事故。

该法针对船舶在港口和航道内的操作制定了详细的标准,确保操作符合安全规范,降低人为失误引发的事故,并要求特定船舶的船员必须接受必要的培训并持有合格证书,确保船员具备在紧急情况下操作和应对突发事件的能力。

法案规定船舶必须配备适当的安全设备和污染控制设备,包括消防设备、通信设备和紧急情况下的污染应急工具。该法案要求定期进行应急演练,确保船员在紧急情况下熟练使用设备,快速实施救援和污染防控措施。

PWSA在1984年、1990年以及之后被多次修订,以适应新的安全和环境需求。特别是在1989年"埃克森·瓦尔迪兹"号油船石油泄漏事件发生后,国会对PWSA进行了重大修订,加强了环境保护和污染控制条款。修订后的法案在石油泄漏防治、双层船体要求等方面做出了更严格的规定。

2. 集装箱安全预检

在全球货物运输中,大量件杂货通过集装箱进行运输,集装箱船穿梭于全球的港口之间。因此,集装箱运输构成了全球物流中最重要的组成部分。对美国而言,每年有几千万个集装箱在美国港口装卸船。如果对如此重要的全球贸易系统仍没有任何安全保证措施,恐怖分子很可能用此系统制造恐怖事件。一旦用来破坏一个港口,将给全球经济带来巨大损害,而且所有的国家都会因此而受到影响。正是为了防止这种恐怖事件的发生,美国海关决定实施集装箱安全预检(Container Security Inspection,CSI)系统。在集装箱安全预检系统下,美国将与其他国家一起鉴别装往美国的高度危险的集装箱,包括过境货物(Foreign Cargo on Board,FCOB),并在其装船前进行预扫描。

为了保护美国国内的安全和全球经济免受国际恐怖活动的威胁,对集装箱进行扫描应该在驶离港而不是到达港进行。美国要求所有运往美国的货物的舱单数据必须在货物装船之前提供,从而选择在装船前检测有怀疑的集装箱。

在大多数情况下,在集装箱安全预检港口对集装箱的扫描将在其待装期间进行。大多数集装箱在装船前都在码头停留一段时间,在这段时间内可以为了安全目的而对集装箱进行扫描。到达美国港口之后,所有经过集装箱安全预检扫描的集装箱将被美国海关即刻放行,从而可以缩短船舶在美国港口的周转时间。

3. 舱单 24 小时申报

基于集装箱安全预检的要求,美国《海关法》专门针对驶往美国卸货船舶的自动舱单系统(Automated Manifest System,AMS)做了规定。美国海关规定了船舶舱单中必须填写的内容、采用的格式以及船舶电子舱单的传送方式。任何驶往美国的船舶须在外国港口进行装货前 24 小时向美国海关报备所有相关货物的舱单。美国从 2002 年 12 月 2 日起开始执行 24 小时预申报规则,在 60 天的缓冲期后,从 2003 年 2 月 2 日开始,该规则在全球严格实施。

自动舱单系统适用于所有途经美国的货物,不论该货物是进口货物还是途经货物。船公司或者无船承运人都应在装港装货前 24 小时,而不是在最后装货港,将载货舱单在装船前用电子数据递交给美国海关,由其预先评价用海运集装箱走私武器的风险。

向美国海关进行自动舱单系统申报的主体主要是船公司。在实际操作中,无船承运人同样也签发提单,而船公司签发的提单记载内容相对简单,更翔实的信息主要出现在无船承运人签发的提单中。为了更准确地了解货物的信息,美国海关规定:已向联邦海事委员会登记或者已公布运价本并向联邦海事委员会提供担保的无船承运人,如果向海关缴纳了保证金,可以向美国海关直接传递舱单信息,而由无船承运人申报的货物,船公司无须重复申报。

自动舱单系统不允许任何一个非最初进行申报的当事人对舱单信息进行更改、增加或者删除。远洋货运代理人、无船承运人和舱位互租人需与有关人员进行联系并向其提供装船信息,以便尽量减少货物未正确申报已装船的情况发生。自动舱单系统要求提单的申报须是成批进行,而不是单独进行。承运人需要在抵达美国港口前 48 小时,按照海关第 3171 号格式及时向美国海关提交卸船许可证。如果远洋货运代理人、无船承运人和舱位互租人参加了船舶无纸化舱单测试,可免于提交舱单,但对于承运的空箱,上述当事人仍然要向海关提交舱单。

第四节 港口管理制度

一、港口管理机构

1. 管理机构设置

美国的港口管理机构设置分为联邦政府层面和地方政府层面。美国是一个土地私有化国家,但海岸线的土地资源属于联邦政府,联邦政府授权州政府开发港口。尽管美国联邦政府不直接管理港口,港口按属地原则由所在州(市)管理,但美国联邦政府设有多家与港口建设和管理相关的机构,并分别承担以下职能:(1)港口航道的建设与维护,由陆军工程兵负责;(2)港口保安,由运输部海运管理局、海岸警卫队和运输安全管理局负责;(3)港口作业安全,由职业安全与健康部及海岸警卫队负责;(4)港口管理相关法规的制定,由海岸警卫队、陆军工程兵、运输安全管理局和运输部海运管理局负责;(5)环境保护,由国家环境保护局、国家海洋和大气管理局及其他相关部门负责。

美国一般在州或市政府设置港务管理委员会和港务局两级管理机构,代表政府行使港口建设和管理职权,并管理港口资产,但不直接经营码头装卸业务,码头装卸业务由专业公司向港务局租用码头等设施进行经营。港务管理委员会是港口的最高决策机构,行使制定法令权、任命权、财务预算权,负责定期审议港口的发展和经营管理方针政策,对港口的发展与经营有最终决定权。委员会成员都是兼职人员,由政府官员、港务局领导及地方有关人士担任,分管港口的副市长是市政委员会分管港口的特派代表。港务管理委员会对市政府或州政府负责,每年向市政府或州政府报告一次工作。还有一些港口,可以根据自身的发展要求,采取联合经营和管理的方式,如原纽约港和新泽西港,分别位于哈得孙河两岸,在合并前,由纽约州和新泽西州两州政府分别管理。为解决长期以来两州争夺港口和航道管理权的矛盾,1921 年,经美国国会批准,纽约港和新泽西港合并成立了纽约与新泽西港口事务管理局,统一负责纽约和新泽西州的港政管理工作。

港务管理委员会下设港务局,设局长、副局长若干人,负责港务局的日常行政管理工作。局长、副局长对港务管理委员会负责。港务局是政府授权管理港口的机构,代表政府行使港口建设和管理职权,并管理港口资产,主要职责是规划、建设、管理和维护港口公用设施,港内安全(含海监、海事、公安、引航)保障,装卸质量及环境保护等。有的港务局还设有警察、消防机构等,如纽约港务局、新奥尔良港务局等。港务局的所有职员都是公务人员,实行固定薪金制。

2. 管理层级

(1)联邦政府

美国的联邦政府对港口的主要管理职能集中在安全、环境保护、货物检查等方面。其中国土安全部(DHS)和海关与边境保护局(CBP)负责港口的安全监管与货物通关。联邦政府也提供一些基础设施建设资金,但港口的日常管理和运营并不由联邦政府直接控制。

(2)州政府

一些州政府对港口的管理也有一定的影响,尤其是一些大型的港口可能需要州政府的批准或监管。这些州政府有时会提供资金支持或政策帮助,以支持港口的扩建或改善。

(3)地方政府

一些小型港口或区域性港口可能直接由地方政府管理,或者地方政府与港口当局密切合作,确保港口运营符合地方经济的发展需求。

(4)港口当局(Port Authorities)

大部分港口由地方政府或独立的港口当局管理,这些当局通常是政府设立的独立实体,负责港口的基础设施建设、日常运营以及与港口相关的经济发展。港口当局可以制定港口的管理政策、租赁港口设施、管理码头和泊位等。

二、港口管理模式

美国的港口管理模式呈现出多样化的特点,具体管理方式通常由各港口当局自行决定,具有较大的灵活性。

1. 地主港模式

在典型的地主港模式(Landlord Port Model)中,港务局拥有港口土地和基础设施(如码头和仓储设施),但不直接参与港口的日常运营。港务局通常将港口设施长期租赁给私营企业,企业负责具体的装卸、仓储和运输业务。这种模式下,港务局充当"地主"角色,而私营企业作为"租户"负责运营。地主港模式在美国是最常见的,因为它能有效地结合公共机构的管理能力和私营企业的运营效率,尤其适用于处理大量货物的集装箱港口。执行此模式的港口包括洛杉矶港、长滩港、纽约-新泽西港、萨凡纳港、弗吉尼亚港等。

2. 操作港模式

在操作港模式(Operating Port Model)下,港口由政府或港务局直接拥有和管理,包括港口的所有设施和服务,港务局负责日常的操作和商业运作。这种模式下,政府不仅控制了港口的基础设施,还直接参与到日常的港口运营中。执行此模式的港口有波士顿港、巴尔的摩港等。

3. 混合模式

混合模式(Mixed Model)是地主港模式和操作港模式的结合。港务局拥有并管理基础设施,同时也参与一部分业务操作。部分运营服务可以交给私营企业,但港务局也会直接提供某些服务。这种模式灵活性较高,允许公共和私营部门根据实际情况合作管理港口的不同部分。执行此模式的港口包括休斯敦港、新奥尔良港等。

因为港口在国家的经济、贸易和安全中具有战略意义,政府希望对其保持一定的控制和监管,所以美国港口一般不采用完全私营的模式。绝大多数港口的土地和基础设施是由政府或公共机构拥有和管理的,尤其是重要的深水港和主要集装箱港口。私营公司则通过租赁、特许经营或公私合营(Public-Private Partnership,PPP)模式参与港口的运营和服务。这样既能利用私营部门的资金和管理能力,又能保证政府对港口的控制力,以确保公共利益和国家安全。只有一些小型码头或专用码头可能会完全由私营公司拥有和运营,尤其是服务于特定工业(如石油、化工、矿石等)的码头。这些码头主要处理特定企业的进出口需求,对公共的贸易流通影响较小,因此存在完全私营的情况。

此外,美国虽然存在完全由政府控制的港口,但这些港口大多具有特定的战略性或公共服务性功能,例如为偏远地区提供基本物资,或服务于军事(如为海军提供支持或军事基地)和国家安全(应急物资供应或灾难响应)。完全由政府控制的模式虽然能够确保公共服务和安全保障,但存在效率低和财政负担重的局限性。

三、组合港

1. 主要的组合港

在美国,组合港指的是相邻或地理位置相近的多个港口组成的港口集群,通常在货物运输、物流服务、港口设施上形成一定的协作和竞争关系。以下是美国主要的组合港:

(1)洛杉矶-长滩港(Los Angeles-Long Beach Port):位于加利福尼亚州,是美国最大的组合港,也是全球最繁忙的集装箱港之一。这个组合港是美国西海岸的重要门户,负责与亚洲港口国的大量货物的进出口。

(2)纽约-新泽西港(Port of New York and New Jersey):美国东海岸最大的组合港,由纽约与新泽西港口事务管局管理,主要港口设施位于纽约湾区。这个港口群是通往大西洋和欧洲的关键节点,同时也是美国东部的重要物流和分销中心。

(3)旧金山湾区组合港(San Francisco Bay Area Ports):包括奥克兰港(Port of Oakland)、里士满港(Port of Richmond)、旧金山港(Port of San Francisco)等。奥克兰港是主要的集装箱港,而里士满港和旧金山港主要处理石油、散货等货物。

(4)休斯敦组合港(Houston Port Complex):位于得克萨斯州的墨西哥湾沿岸,以休斯顿港(Port of Houston)为核心,包括加尔维斯顿港(Port of Galveston)、得克萨斯城港(Port of Texas City)和自由港(Port Freeport)。它是美国能源工业的重要港口集群,处理大量石油和天然气相关产品,也是美国最大的散装货物港之一。

(5)萨凡纳-查尔斯顿港群(Savannah and Charleston Ports):萨凡纳港(Port of Savannah)位于乔治亚州,查尔斯顿港(Port of Charleston)位于南卡罗来纳州,这两个港口在美国东南部形成了重要的组合港。它们主要负责处理集装箱和滚装货物,为东南部的制造和分销行业提供支持。

(6)西雅图-塔科马港(Seattle-Tacoma Port):位于华盛顿州,共同构成"西北海港联盟"(Northwest Seaport Alliance),主要服务于美国西北部和加拿大的部分地区,也是亚太贸易的重要枢纽。

(7)德尔马瓦组合港(Delmarva Ports):包括巴尔的摩港(Port of Baltimore)、费城港(Port of Philadelphia)和威明顿港(Port of Wilmington),分布在特拉华湾地区,为中大西洋地区的货物(尤其是汽车、钢铁和农产品)运输提供支持。

2. 合作方式

组合港通过协作和竞争,不仅提高了港口服务的效率,也增强了各自的竞争力。组合港的合作方式多样化,通常基于地理邻近性和共同的经济利益,通过共享资源、协调运营、联合管理等方式来提高效率、降低成本。以下是美国组合港的主要合作方式:

(1)联合管理和港口联盟:一些组合港建立了联合管理的港口联盟,例如西雅图-塔科马港组成的"西北海港联盟"。在这种模式下,两个港口在行政管理、运营和市场推广上形成一个联合实体,共同决策和分配资源。通过这种方式,组合港能够优化码头利用率,避免内部竞争带来的资源浪费。

(2)共享基础设施和物流资源:组合港常常共享一些重要的基础设施,比如铁路、道路、桥梁和隧道,以便更高效地运输货物。例如,纽约-新泽西港共享了大量的交通基础设施,以方便货物从港口快速运往内陆。同样,洛杉矶-长滩港的港口设施和仓储区也是共享的,从而简化了进出港口的货物流转流程。

(3)统一的海关和安检流程:组合港通常会在海关和安检流程上协调合作,以便加快货物通关。例如,洛杉矶-长滩港共享安检和海关检查设施,使货物可以在一个港口完成检查,然后无缝转运到另一个港口,这种方式提升了通关效率并降低了物流成本。

(4)联合市场推广:组合港在国际市场推广方面通常会形成合作,共同提升港口群的品牌和影响力。例如,西雅图-塔科马港联合推广他们的“西北海港联盟”,吸引更多的国际航运公司和货主选择该地区作为北美货物的转运枢纽。通过合作推广,组合港可以在激烈的国际竞争中吸引更多的业务和投资。

(5)协调环境保护措施:很多组合港也会在环境保护方面展开合作。例如,洛杉矶-长滩港共同实施了“清洁空气行动计划”,采取联合的措施减少港口污染物和温室气体排放量。这样组合港可以统一标准,在环保上有更强的影响力,同时也提升了组合港在当地社区和公众中的形象。

(6)信息共享和数据整合:组合港通常会共享航运信息、物流数据和码头使用情况,以便更好地协调船舶停泊、货物装卸等流程。通过共享数据,组合港可以平衡港口之间的负载,减少拥堵并提高效率,还可以帮助港口更好地预测和应对物流高峰期需求。

(7)联合应对突发事件和危机管理:组合港在应对自然灾害、疫情等突发事件时,也会联合采取措施。例如,组合港会联合制订应急计划,进行联合演练,以便在危急时刻迅速协调资源,确保港口的持续运营。这种联合应对机制提高了港口群的抗风险能力。

通过这些合作方式,组合港不仅优化了资源配置和运营效率,还增强了在全球航运市场的竞争力,同时也为地方经济发展、环境保护和安全管理提供了更好的支持。

四、港口安全管理

自2001年“9·11”事件以来,美国港口立法重心明显从港口的建设和经营向安全防御转移。港口安全事务被单列为航运法律汇编的一个部分,内容主要包括乘客名单、港口安全加强、港口安全经费、港口安全计划编制指南、港口安全研究与发展、安全和恐怖主义报告、海运学校海事安全专业培训等。

1. *立法方面*

美国于2001年通过了《反恐法》(Patriot Act),旨在增强国家安全和反恐能力,包括加强对港口及周边区域的监控,促进信息共享,以增强对潜在威胁的响应能力。2002年颁布的《国土安全法》(Homeland Security Act)强调保护国家的关键基础设施,包括港口和运输系统,要求各州和地方政府配合联邦政府进行安全评估,并促进信息共享,以增强对潜在安全威胁的应对能力。

2001年12月美国通过了《2001年港口和海上安全法》(Port and Maritime Security Act 2001),该法要求对港口及设施进行全面的安全评估,以识别关键的安全薄弱点,并要求每个港口制订和实施详尽的安全计划。这些安全措施包括加强对船舶和人员的身份验证、控制敏感区域的出入、定期进行安全检查和演练。该法还设立了政府和私营部门的合作机制,鼓励共享安全情报,促进联邦、州及地方执法部门的协作。此外,该法还提供了财政支持,以确保港口设施能满足高标准的安全要求。

2002年6月美国通过了《海上运输安全法》(Maritime Transportation Security Act, MTSA)。MTSA的相关规定为：要求所有港口及相关设施(如货物装卸、仓储等)必须制订并实施港口安全计划(Port Security Plan)，包括潜在威胁的评估、安全措施的具体实施、应急响应程序、定期的安全演习和培训等；海岸警卫队负责对港口进行定期巡逻和检查，确保安全计划的执行情况；根据不同的威胁水平，港口被分为不同的安全等级(通常分为1、2、3等级)，每个等级对应不同的安全措施和响应策略；港口管理机构必须与私营部门(如货运公司、装卸公司)合作，确保所有参与方都理解并遵守安全计划。

2006年10月美国通过了《港口安全法》(Security and Accountability for Every Port Act, SAFE Port Act)，旨在加强港口和海运安全，防止恐怖主义威胁的入侵，确保海上运输的安全。该法的主要内容包括：要求对进入美国港口的货物实施辐射和核检测，以防止放射性物质进入美国；通过集装箱安全倡议(Container Security Initiative, CSI)，在高风险国际港口设立预检站，要求货物在离开原港之前接受安全检查；为在港口、船舶等运输领域工作的人员创建一套身份认证系统，每位从业人员需获得由美国运输安全管理局(TSA)发放的证书，证明其不构成安全威胁；在全国范围内进行港口安全风险评估，在评估中纳入恐怖袭击可能性分析和防范计划；和其他国家建立安全合作协议，确保高风险货物在起运国即接受筛查和检测，降低不安全货物进入美国的风险；创建信息共享机制，联邦、州和地方执法部门实时获得安全威胁信息，加强对潜在威胁的快速反应。

2010年美国国会通过了《2010年邮轮安全法案》(Cruise Vessel Security and Safety Act)，旨在全面提升邮轮乘客的安全保障。该法案要求邮轮公司在公共区域安装监控摄像头，记录船上活动以留存证据，并要求公司在船上犯罪发生后，及时向FBI和海岸警卫队报告，并公开犯罪记录，增强透明度。此外，邮轮必须配备经过专业训练的医疗人员和必要的紧急设备，为遭遇性侵犯或其他严重伤害的乘客提供紧急处理和心理支持，同时加强船上的安全设施，如配备门禁系统、识别安检人员、在房间内安装可视孔和手持报警装置，确保乘客能及时获得帮助。邮轮公司还需提供详细的安全信息，包括紧急联系方式和安全注意事项，使乘客了解安全措施和应急方法。

此外，《国防授权法》(National Defense Authorization Act, NDAA)每年通过，涵盖国防和国家安全的多项内容，包括为港口安全措施提供联邦资金支持，鼓励对港口安全基础设施的投资，确保港口在面对安全威胁时的响应能力等内容。

2. 港口保安经费

为切实保障港口保安工作的开展，美国通过了《2002年国防部拨款法》，该法授权向关键港口拨款9 330万美元，用于提高设施安全和营运安全。后又通过《2003年联合经费决议》《2003年紧急战时补充拨款法》《2004年国土安全部拨款法》给予港口保安方面不同程度的财政支持。

3. 其他规定

运输部部长在每年的《安全和恐怖主义报告》中，阐述在港口安全方面针对恐怖主义采取的行动并分析效果；美国将其恐怖主义管辖权从离岸3海里延伸到离岸12海里，并对每一违法行为设定25 000美元的民事处罚；在港口和水道安全方面，允许派遣海岸警卫队中训练有素的武装人员操纵设施或者船舶，侦查、应对恐怖主义活动；在6所州海运学院制定标准和开设课程，以培养海上保安方面的专业人才；规定“恐怖主义保险计划”，旨在建立一个临时联邦计划,为因恐怖主义行为导致的公共和私人利益受损提供一个透明的分担系统;《2002 年国土安全法》将美国海关和海岸警卫队组成国土安全部,美国海关和海岸警卫队的人员、资产、职能和责任,包括财政部部长和运输部部长相应的职权都并入国土安全部。

第六章
欧盟（欧共体）海运政策

第一节 欧盟的立法及执法机构

一、欧盟的主要机构

欧洲联盟，简称欧盟（EU），总部设在比利时首都布鲁塞尔，是由欧洲共同体（European Community，又称欧洲共同市场）发展而来的，主要经历了三个阶段：荷卢比三国经济联盟、欧洲共同体、欧盟。这是一个集政治实体和经济实体于一身、在世界上具有重要影响的区域一体化组织。1991 年 12 月，欧洲共同体马斯特里赫特首脑会议通过《欧洲联盟条约》，又称《马斯特里赫特条约》（简称《马约》）。1993 年 11 月 1 日，《马约》正式生效，欧盟正式诞生。截至 2024 年，欧盟现有 27 个成员国，人口约 4.5 亿，GDP 总量约为 18.4 万亿美元。欧盟的宗旨是"通过建立无内部边界的空间，加强经济、社会的协调发展和建立最终实行统一货币的经济货币联盟，促进成员国经济和社会的均衡发展""通过实行共同外交和安全政策，在国际舞台上弘扬联盟的个性"。

根据《欧洲联盟条约》第 4 条的规定，欧盟的主要机构有 5 个，即欧洲议会（European Parliament）、欧盟理事会（Council of the European Union）、欧盟委员会（European Commission）、欧盟初审法院（General Court of the European Union）和欧洲法院（Court of Justice of the European Union，CJEU）。其中，欧洲议会和欧盟理事会是立法机构；欧盟委员会是执法机构；欧盟初审法院和欧洲法院是司法机构。

1. 欧洲议会

欧洲议会成立于 1958 年，前身是欧洲煤钢共同体议会，1962 年改称欧洲议会。现有议员 700 多名，是欧盟的立法、监督和咨询机构，拥有通过立法的权利，以及部分预算的决策权，还可以以 2/3 及以上的议员通过来弹劾委员会，迫使其委员集体辞职。议员来自 27 个不同的成员国，分为7个议会党团，下面还设有20个专门委员会和40个对外关系代表团。

2. 欧盟理事会

欧盟理事会，又称“部长理事会”，由各成员国的部长组成，分为总理事会和专门理事会。前者由各国外交部部长组成，后者由各国其他部长组成。其主要任务是协调各个国家的事务，制定欧盟的法律、法规，在预算方面和欧洲议会拥有共同的决策权，在对外关系方面代表欧盟签署国际条约。该理事会在海运方面所采取的行动在很大程度上取决于其主席国对哪些问题感兴趣，或者是否出现了某些突发性事件，使得该理事会必须做出明显的反应。鉴于部长理事会在欧盟中所扮演的双重角色，即一方面它是代表各自国家利益的部长会议机构，另一方面它又负有维护欧盟整体利益的使命，这使得理事会成为各成员国利益与欧盟整体利益之间直接冲突并最终实现平衡与妥协的机构。因而许多欧盟的航运政策与法规中均带有这种冲突与妥协的痕迹。

3. 欧盟委员会

欧盟委员会是欧盟的常设执行机构，负责实施欧盟的有关条约、法规；向欧盟理事会和欧洲议会提出政策实施报告和立法动议，处理欧盟的日常事务，代表欧盟对外联系和进行贸易方面的谈判，是欧盟唯一有立法动议权的机构，受欧洲议会的监督。欧盟委员会共有27名委员，每个成员国1名，委员一旦当选，则代表欧盟，无须听从成员国的指令。欧盟委员会下设46个总局或专门的服务局。如运输方面的立法主要由该委员会的第7总局负责，竞争法则主要由第4总局负责，还有一些总局也与航运有关，如负责环保和对外事务的总局等。如果没有欧盟委员会的某项立法提议，欧盟理事会不能单独制定颁布一项法规或政策，同时欧盟委员会有责任保证各项政策和二级立法得到切实的贯彻实施。当某一成员国或企业、个人违反条约规定时，委员会有权予以查处。欧盟委员会还可以接受欧盟理事会的授权或委托，具体负责实施欧盟理事会所做出的某项政策或决定。

4. 欧盟初审法院和欧洲法院

欧盟初审法院和欧洲法院为欧盟的司法机构，其中欧洲法院是最高司法机构。欧盟初审法院是第一审级法院，处理针对欧盟机构的决定提出的诉讼，如公司和个人的诉讼；欧洲法院作为最高司法审级，负责审理来自欧盟初审法院的上诉案件。只有在法律问题上有争议时，才可上诉到欧洲法院。欧盟初审法院处理的案件主要集中在竞争法和知识产权法方面，欧洲法院处理的案件则侧重于欧盟法律的解释、成员国之间的法律争端以及涉及重大政策的案件。在欧盟航运政策与法规的发展过程中，司法机构也起到了关键作用。如欧洲法院在《欧洲联盟条约》第84条适用于海运业方面起到了至关重要的作用，欧洲法院在普遍和自由提供海运服务以及欧盟运输法的政策制定方面也发挥了指导作用，而欧盟初审法院在竞争法方面具有重要作用。

二、欧盟法规的主要表现形式

从广义上讲，欧盟国际海运政策制度包括以下四种表现形式，即欧洲联盟条约，法规、指令和决定，非强制性措施及案例法。

1. 欧洲联盟条约

《欧洲联盟条约》是欧盟法律中规范航运业的一级立法规范，具有最高的法律效力，适用于欧盟各成员国政府和在其领域内的个人和企业。其中该条约第74~84条涉及运输政策。

第84条第2款规定欧盟理事会可以决定在何种程度上、以何种形式将有关条款适用于海运业。但是并非仅仅该条约的第74~84条是规范海运业的,条约的基本原则也同样适用于海运业,也成为航运法规及政策制定者所共同遵循的准则,这其中包括竞争规则、国家资助原则、非国籍歧视原则等,被后来的实践证明是非常重要且十分有效的原则。

2. 法规、指令和决定

法规、指令和决定是由欧盟理事会和欧盟委员会根据《欧洲联盟条约》的原则制定的,是欧盟法律体系中的二级或三级立法形式,它们具有不同的约束力。根据《欧洲联盟条约》第189条规定:“法规(regulation,又叫规划或条例)具有普遍适用性,法规的整体规范均具有约束力并适用于所有成员国。指令(directive)中所规定的应达到的何种结果的要求对于任何接受指令的成员国均具有约束力,但是采取何种形式和方法则由该成员国当局规定。决定(decision)则只对涉及的当事人具有约束力。”欧盟理事会在1986年以后实施的许多规则和指令是欧盟航运政策和法律制度的主要表现形式,例如用来规范竞争、自由提供服务、倾销等方面的行为规则及包含于欧盟航运法律中的指令。

3. 非强制性措施

实践中有许多非强制性措施(包括建议和决议)被广泛应用于安全、防污染等方面。非强制性措施往往具有政治价值,欧盟理事会常常用其作为重大污染和安全事件之后的反应,非强制性措施还常常成为随后在同一领域内制定强制性措施的依据。在这一点上,欧盟理事会正转变其原来的做法,用强制性措施来代替决议,以影响欧盟的航运政策、法规的制定。

4. 案例法

这部分主要包括欧盟法院、欧盟初审法院的案例和欧盟委员会的决定,而且随着时间的推移,这方面的作用会越来越大。

第二节 班轮运输市场监管法规

一、班轮运输市场反垄断法规

历史上,欧盟班轮运输反垄断法豁免制度的相关规定十分繁杂,考虑到论述的需要,仅对其中最为重要的条约和条例进行介绍和分析。

1.《欧共体条约》第81条和第82条

《欧共体条约》第81条第1款和第2款禁止具有阻止、限制或者扭曲共同市场内的竞争的目的或者效果的企业之间的协议、企业团体的决定以及协同一致的经营行为,特别禁止统一固定价格、固定交易条件以及使交易对象处于不利地位等;第3款规定符合第1款的反竞争同谋行为,可以有条件地豁免其法律责任。第82条则禁止占有优势地位的企业滥用这种地位与共同市场不相容的任何行为。《欧共体条约》作为欧共体整个竞争法体系的基础,其第81条与第82条的规定是班轮运输业竞争立法的政策指导和考量标准,在欧盟班轮运输竞争的具体个案中,更是常被用作衡量是否适用或给予豁免的最终判断标准。

2. 理事会 4056/86 号条例

鉴于《欧共体条约》第 81 条和第 82 条相关规定太抽象、不易执行,在具体案件中适用标准不明确,同时班轮运输业与其他行业又有着不同的特点,为此,欧共体理事会于 1986 年制定了《关于在海上运输领域适用第 81 条和第 82 条的具体规定的第 4056/86 号条例》,习惯上将 4056/86 号条例称为欧盟的《航运竞争法》。该条例规定欧共体第 81 条第 1 款不适用其唯一目的和作用是通过有关途径促进技术进步或合作的协议、决定和协调一致的行为;当以确定运费和条件为目的,并根据情况以规定的一项或多项内容为目的时,班轮公会的全体或部分成员之间的协议、决定和协调一致的行为,不受条约的制约。该条例规定下列协议可以得到反垄断豁免:①技术性协议,其内容主要是制定船舶或运输技术为标准、互租船舶或舱位、组织与执行海运辅助服务、协调关联航线船期表、合并单个货载、制定对某一运价的确定起指导作用的条例。②承运人之间涉及运输的协议,其内容主要是固定运费率和运输条件、协调船期表、航次时间或者停靠日期、决定航次的频率和挂靠港、在班轮公会成员之间协调或者确定航次或挂靠港。③消费者与班轮公会签订的涉及班轮运输的协议,主要是指托运人与承运人之间涉及班轮运输服务的费率、条件和质量的协议。4056/86 号条例肯定了忠诚合同的存在,但规定必须使用"立即回扣制"。值得注意的是,上述的航运反垄断豁免条例,仅对班轮公会的运价实行豁免,而严禁班轮公会成员与非公会成员之间共谋运价,因此欧盟的反垄断豁免实际上是附加条件的有限豁免。

3. 取消班轮公会反垄断豁免的 1419/2006 号条例

2006 年,欧盟通过 1419/2006 号条例,决定废除前述 4056/86 号条例。欧盟认为,4056/86 号条例与欧盟竞争法尤其是《欧共体条约》第 81 条和第 82 条相背离,因为第 4056/86 号条例的班轮公会豁免规定是基于一个假定的前提,即班轮公会定价及其调节能力是必要的,以便提供可靠的服务和稳定的运费。但是自 1986 年以来班轮市场发生了相当大的变化,运费率不断下降。为此,欧盟通过 1419/2006 号条例,取消了班轮公会的反垄断豁免,各成员国必须在 2 年之内强制执行 1419/2006 号条例。与此同时,欧盟颁布了《共同体条例第 81 条适用于海运服务业的指导规则》,新规则同时适用于班轮运输和不定期船运输,也不区别国内航运市场和国际航运市场;同时在欧盟进出口航线上将不再存在班轮公会;技术协议、信息交流协议和航运分摊协议是共同体条约第 81 条适用于海运业的需要特别审查的三类协议,因为其中包含允许和禁止的两种可能。目前,欧盟各成员国正在采取措施,配合 1419/2006 号条例的推进。

4. 有关航运联营体规范的 870/95 号条例、823/2000 号条例和 906/2009 号条例

1992 年,欧洲理事会通过 472/92 号条例,根据《欧洲联盟条约》第 81 条第 3 款的禁止性行为的例外规定,确立了关于联营体立法的指导性准则。在 1995 年、2000 年和 2009 年又分别通过了 870/95 号条例、823/2000 号条例以及 906/2009 号条例。

(1)870/95 号条例

根据 870/95 号条例,班轮公司之间的某些特定种类的联营协议、决定及协同行为视为合法,得到反垄断豁免:一是联合经营;二是临时性运力调整;三是码头联合经营或使用及相关服务;四是参加一个或多个吨位、收入或净收入联合安排;五是联合行使联营体在公会内的选举权;六是联合市场营销机构和/或联合签发提单。

在满足下列条件时,联营体可以自动获得统一豁免和个别豁免。一是联营体在公会内运作,其货运量在某一航线所占比例在 30%以下;或者联营体在公会外运作,前述比例在 35%以

下，联营体可自动享有反垄断法豁免；如果联营体航线份额连续两年内超出上述比例，但不超过40%或45%，联营体仍可享受豁免；如果比例超过40%或45%，联营体仍可在次年连续6个月内享受豁免，而如果比例超过40%或45%是非联营体承运人退出航线所致，联营体可享受的豁免期限延长至12个月。二是如果联营体在某一航线的份额在30%（在公会内运作）或35%（在公会外运作）以上，而在50%以下时，该联营体可向欧盟申请豁免，如果欧盟在6个月内没有提出异议，联营体即可享受豁免。三是如果联营体在某一航线上的份额超过50%时，尽管联营体不能获得整体豁免，但有权申请个别豁免。

应该说，和班轮公会相比，联营体在欧盟内部所获得的豁免相对要广泛一些。但是运价协议中有关全面运力冻结的协议未能获得豁免。

(2)823/2000号条例

823/2000号条例与870/95号条例相比并无实质性变化，仅在于823/2000号条例进一步扩大了统一豁免的规定，即联营体有权规定其成员有义务使用内部分配于该航线上的船舶，而不得租用第三方的舱位或箱位；以及除成员另有协议外，联营体成员不能将自有舱位或箱位租于独立的第三方承运人。

从程序上讲，欧盟对联营体的监管越来越松，这首先表现在备案制度上，根据欧盟第823/2000号条例的规定，获得豁免的条件之一是联营体需要将其协议向主管机关备案，但是2004年的463/2004号条例，将联营体申报的规定予以取消；其次，欧盟认为联营体目前已经成为班轮公司之间占主导的合作形式，按照联营体条例继续享有反垄断豁免利益。

(3)906/2009号条例

这是对班轮运输公司的合作行为提供豁免的条例，进一步规范了班轮公司之间的运力合作协议。相比823/2000号条例，906/2009号条例更细化地规范了班轮运输公司的合作方式，特别是市场份额的限制以及在不同合作条件下的豁免规则。

与823/2000号条例类似，906/2009号条例也要求合作必须为市场带来效率提升或服务改进，但该条例更严格地规定了关于市场份额的限制，如果参与的公司在市场上的份额超过30%，就无法获得豁免；而且规定不仅欧盟委员会具有撤销豁免的权力，成员国的竞争当局也能对违反条例的行为进行审查。这一条例于2009年更新并取代了之前的豁免规定，适用期限经过延长，至2020年仍有效。

二、班轮运输市场准入与经营法规

欧盟非常重视班轮运输市场准入与经营监管，但其在监管上具有自己的特点。就市场准入而言，欧盟的班轮运输市场准入主要集中在从业人员资格、船舶技术条件和环境保护等社会监管方面，与一般市场准入的经济监管有很大不同；同时，班轮企业准入实行登记制度，具备规定准入条件的即可进入，不存在人为限制空间。就经营监管而言，欧盟以往主要通过班轮公会和联营体等来达到调控目的，班轮公会能够运作的业务较多，范围较广，拥有相当的市场力量，政府只需监控监管公会，再由公会运作和影响市场，进而达到政府间接地调控市场的目标。

三、针对外国海运行为的干预法规

1. 针对第三国船公司不公平定价行为的4057/86号条例

4057/86号条例是欧盟将贸易领域里的反倾销法律引入海运领域的产物，旨在针对班轮运输领域里的不公平定价行为采取措施。第三国船东在进出欧盟的航线上有不公平定价行为，对欧盟利益造成重大损害的，欧盟理事将会对之处以罚款；第三国船东的不公平定价行为仅对欧盟利益造成重大损害的，则只能进行检查。正常费率和不公平定价行为，都存在实践上如何把握的问题，欧盟在审理案件时的裁量权很大。4057/86 号条例针对损害调查、报告、协商、保密、保证和罚款等均做了具体规定，程序严密，可操作性强。

2. 为保障自由取得海运货物的 4058/86 号条例

鉴于世界不少国家通过立法、行政措施、双边协定保护本国商船队，妨碍了海运领域的公平和自由竞争，损害了欧盟船公司的利益，欧盟通过了为保障自由取得海运货物而采取共同行动的《欧洲共同体理事会关于成员国之间和成员国与第三国之间自由提供海上运输服务原则之适用的第 4055/86 号条例》。当第三国的行为限制成员国船公司或成员国籍船舶自由取得远洋货载时，成员国可以请求欧盟采取下列一致行动：外交抗议，对有关船公司强制装卸，发放运输许可证，强制规定欧盟港口装卸货物限额，强制征税。

另外，在 4058/86 号条例中，欧盟还规定如果第三国企图在散货领域将货载分配安排强加于成员国，欧盟将根据 4058/86 号条例采取适当行动。

第三节 若干海运法规条例

1957 年订立的建立欧洲经济共同体的《罗马条约》（以下简称条约）在“原则”条款中特别指出，共同体致力于运输领域里的共同政策。条约的“运输”章节就此做出了专门规定。考虑到海运和空运的特殊性，条约第 84 条规定，“运输”章节中的条款适用于铁路、公路和内河运输；理事会将为海运和空运另行制定适当的规定。围绕海运制定的一系列条例、指令及决定构成了欧盟共同海运政策。该政策所涵内容丰富，涉及面广。下面简要介绍其所涉及的若干主要内容。

一、自由提供海运服务方面

条约规定在欧盟共同市场内，商品、人员、服务和资本应实现自由流动。运输业属于服务业，因此，自由提供运输服务便成了欧盟共同海运政策所追求的又一个重要目标。欧盟为此通过了若干条例。

1. 954/79 号条例

早在 20 世纪 70 年代早期，欧共体航运立法体制仍然模糊不清，因此各成员国在《联合国班轮公会行动守则公约》谈判中，主要是从本国的利益出发，而不是从欧共体整体利益出发据理力争。后来各国对公会所持意见不统一，使得在此问题上达成共识很困难。在《欧洲共同体条约》签署后，航运立法逐渐明朗，德国、比利时和法国因签署了《联合国班轮公会行动守则公约》而被认为违反了《欧洲联盟条约》中有关成员国的义务，由此引起的法律纠纷使得欧共体不得不考虑制定一项协调各方利益的政策来解决该问题。在此背景之下，欧共体最终通过了一个相当复杂的执行《联合国班轮公会行动守则公约》的意见，即 954/79 号条例，又称《布鲁塞尔条例》。

954/79 号条例的主要目标就是协调《联合国班轮公会行动守则公约》与《欧洲联盟条约》之间的利益冲突,保护欧盟成员国之间的自由竞争,使竞争达到《联合国班轮公会行动守则公约》规定的条件下所能达到的最大限度。它通过给予其他成员国同等地加入《联合国班轮公会行动守则公约》的权利和同等的货载保留的权利,解决了存在于《联合国班轮公会行动守则公约》成员国和欧盟成员国之间的矛盾,并且规定欧盟成员国在实施货载保留政策时应充分考虑商业利益。对于《联合国班轮公会行动守则公约》与《欧洲共同体条约》之间的核心矛盾问题,即货载分配原则,欧盟则明确予以反对。该条例明确规定这一原则不适用于欧盟共同海运市场,即在欧盟成员国之间或与其他经济合作组织成员国之间的航线上,完全遵循自由提供服务原则,从市场自由取得货载份额。

2. 4055/86 号条例

该条例的全称为《欧洲共同体理事会关于成员国之间和成员国与第三国之间自由提供海上运输服务原则之适用的第 4055/86 号条例》。其适用范围是欧盟各成员国之间以及欧盟成员国和第三国之间的海洋运输服务,且只适用于那些由欧盟成员国公民使用的服务。值得注意的是,4055/86 号条例的适用并不要求经营的船舶是在欧盟某一成员国登记的,它同样也适用于以下两种情况:一是成员国公民在欧盟以外营业的;二是在欧盟以外的船公司是由成员国公民所控制,而且该船舶也是根据该成员国立法在该国登记的。虽然该条例的基本思想立足于受益人是在欧盟一成员国内定居的人,但该条例同时又赋予暂时在某一成员国提供海运服务的人享有与该国公民同等的条件。因此,任一成员国公民均可以在其他成员国内短期经营、提供服务,虽然他们并非该国的公民。

4055/86 号条例给予了欧盟理事会一项特别授权,即有权决定该条例是否能延伸至第三国公民在欧盟内设立公司提供海运服务的情况。这项权利是很重要的,因为在实践中确有一些第三国公民在欧盟从事海运服务,却没有自己的注册办公地、行政管理中心或主营业地。然而,即使欧盟理事会被授予这项特权,也不能无限制地滥用此项权利。因为该权利的实施需要受到《欧洲联盟条约》第 58 条规定的限制,即只有在欧盟成员国内登记的这种公司才可以从事海运服务。唯一例外的是该条例第 7 条赋予欧盟理事会超出《欧洲联盟条约》的限制,在有关互惠的市场准入权的双边或多边协议基础上制定措施的权利。

该条例同时规定,在 1986 年 7 月 1 日以前存在的各国将若干种货物的全部或部分保留给悬挂本国国旗的船舶承运的规定,分别给以不同时间表予以废除,并要求成员国与第三国通过双边协议确定的货载份额安排也应该逐步废除和调整,并且原则上不允许再通过新的双边协议,以保证自由提供海运服务。

3. 4058/86 号条例

在欧盟共同海运政策的形成与发展史上,1986 年具有重要意义。该年 12 月 22 日,欧共体理事会一举通过了关于共同海运政策的 4 个条例,除前面提及的 4055 号、4056 号和 4057 号条例外,第 4 个条例便是 4058 号条例。欧共体认为,世界上通过单边立法或双边协议,或通过有关国家的行政措施来保护本国商船队的国家呈上升趋势。其威胁到自由竞争的环境,严重损害了欧共体的利益。为此,欧共体通过了《关于保证自由取得远洋运输货载的共同行为的 4058 号理事会条例》。当第三国的行为对成员国船公司,或者对在该成员国登记的船公司自由承运货物构成威胁或限制时,成员国可以提出采取一致行动的请求。一致行动包括:向有关第三国提出外交抗议;对从第三国的行为中获益的有关第三国船公司采取对抗行为,如强制实行装卸、运输货物的许可证制度、强制征税等。

4. 3577/92号条例

该条例主要是针对欧共体各成员国的国内沿海运输权问题而制定的，即成员国的沿海运输权向任何成员国登记或悬挂任何一个成员国国旗的船舶开放。但考虑到沿海运输对欧共体地中海地区国家特别是希腊、西班牙、葡萄牙、法国的特殊利益，对以上国家的某些领域则暂停适用该条例。另外，该条例在援引自由提供海运服务原则时也做了一定的限制：一是成员国可以要求从事该国沿海运输的其他成员国必须保证在所谓的经济效益不好的航线上同等地提供服务，且不得对任何国家有任何的歧视；二是从事成员国岛屿之间运输的其他成员国的船舶必须根据该国法律的规定来配备船舶和船员，但从1999年1月1日起这项规定有所放松，即如果岛屿之间的航线仅是一个完整的航线的一部分，船舶的人员配备可依据船舶登记国的规定；三是授权欧盟委员会对因沿海运输权开放而引起的严重混乱采取特别行动，如果欧盟委员会未采取行动，则该国有权单方面采取措施。

5. 1940/2007号条例

1940/2007号条例废除了此前的954/79号条例，这意味着欧盟成员国在欧盟的航运业务中不再受《联合国班轮公会行动守则公约》的约束。该条例于2008年生效，成员国需及时调整国内法律、法规，以适应新的法律环境。通过废除954/79号条例，欧盟确保其竞争法与航运法规保持一致，不再依赖与《联合国班轮公会行动守则公约》不兼容的国际法规。

二、船舶登记方面

船舶登记制度是一个高度敏感的政治和经济问题，甚至还关系到国家的主权。在《欧盟条约》的第6条、第52~58条中有关于此方面的总原则，即禁止国际歧视及自由设立公司的原则。根据这一原则，一个成员国限制其公民或企业登记航运公司的规定不能适用于其他成员国的公民和企业。为了扭转船队日益萎缩和竞争力日益下降的局面，也为了鼓励雇用欧共体成员国的船员，1989年，欧共体提出建立与各成员国并行的欧共体船舶登记制度（EUORS），这是一种双重登记制度，即要求各成员国的船舶除了在本国登记并悬挂本国国旗外，还需向“欧洲船舶登记处”登记并加挂欧盟的旗帜。

在欧洲船舶登记处登记的登记人应符合下列条件：（1）船东是欧盟成员国公民；（2）船公司依据欧盟成员国法律建立；（3）按照非欧盟成员国法律建立的公司必须有50%以上的船员为欧盟成员国公民或50%以上的股权为欧盟成员国公民所有。同时，登记入籍的船舶要求符合以下条件：（1）船舶吨位为500总吨以上；（2）已在欧盟成员国国内登记，并用于客货运输或其他商业用途；（3）船龄不超过20年。所有的高级船员和至少一半的普通船员必须为欧共体公民。

登记的船舶还享受下列优惠：（1）成员国给予税收优惠；（2）有自动地改为其他成员国船籍的自由；（3）有获得其他成员国沿海航行权的自由；（4）除悬挂本国国旗外同时加挂欧盟旗帜，以此来作为同属欧盟统一商贸的象征。

1991年，欧共体理事会对一个成员国国内登记的船舶转移到其他成员国提供了更为便捷的方式，即实施便利船舶转移规则，这使得各船公司最大限度地减少了经营成本，提高了竞争力。

三、海上安全与防污染方面

每年有20亿吨货物在欧盟港口装卸,10亿吨石油通过欧盟港口和水域运输。为了提升海上运输的安全性和防止污染,欧盟出台了一系列法规。以下是这方面的重要法规及其主要内容:

1. 船舶安全管理方面

(1) Regulation (EC) No. 1406/2002:是关于建立欧洲海事安全署(European Maritime Safety Agency,EMSA)的法规,这是欧盟在海事安全和环境保护领域的重要举措。通过提供技术支持、监督成员国执行海事法规、开发船舶监控系统、管理污染应急反应等,EMSA在保障欧盟水域的安全和清洁方面发挥了至关重要的作用。

(2) Directive 2002/59/EC:是关于建立船舶交通监控和信息系统(Vessel Traffic Monitoring and Information System, VTMIS)的指令。VTMIS的核心功能包括实时船舶跟踪、信息收集与共享、紧急情况警报等方面,通过建立VTMIS,确保船舶在欧盟水域内的活动可以被实时监控和管理。该指令还要求所有满足一定规模的船舶(300总吨及以上的国际航行船舶)安装并使用船舶自动识别系统(AIS),以确保实时传输船舶身份(船名、呼号)、位置、速度、航向、货物种类与数量等信息。此外,该指令规定了对携带危险货物的船舶的特别申报要求,并且要求成员国建立紧急应对机制,以处理海上紧急情况和事故。

(3) Directive 2009/16/EC:是关于船舶港口国监督(Port State Control, PSC)的指令,旨在确保进入欧盟成员国港口的船舶符合国际海事安全、环境保护和船员健康等方面的标准,从而减少事故和污染事件的发生。这项指令设立了一个基于风险的检查制度,根据船舶的风险等级(通过船龄、船舶类型、船旗国、船东的安全记录等因素综合评定),对高风险船舶进行更频繁和更详细的检查,而对于低风险的船舶则降低检查频率。成员国应确保其进行的船舶检查数量达到其海港停靠的外国船舶数量的100%,即每年对进入其港口的所有外国船舶进行至少一次检查。如果船舶不符合要求,港口国可以采取扣留、拒绝进入港口等措施,直至问题解决。

(4) Directive 2009/21/EC:是关于确保成员国作为船旗国履行义务的指令,该指令规定了欧盟成员国作为船旗国的责任,确保成员国对悬挂其国旗的船舶进行有效管理和监督,即使船舶因经济原因移籍(flagging out)到其他国家,仍然需要满足一定的标准。成员国要确保悬挂其国旗的船舶遵守国际海事安全公约(如SOLAS公约、MARPOL公约),成员国也必须定期向欧盟委员会报告其作为船旗国的履职情况,特别是关于船舶安全和合规情况的统计。

2. 船员培训方面

(1) Directive 1999/63/EC:是关于船员工作时间安排的欧盟指令,旨在保护船员的劳动条件,特别是工作时间、休息时间和船员的健康与安全。该指令与国际劳工组织(ILO)的《2006年海事劳工公约》(MLC)以及《1996年海员工作时间和配员公约》(ILO Convention No. 180)保持一致,确保船员在欧盟成员国船舶上工作时有合理的工作时间安排和休息时间,以减少因疲劳导致的事故和健康问题。

(2) Directive 2008/106/EC:是关于船员培训和资格标准的指令,旨在确保欧盟成员国船员的培训、发证和能力符合国际海事组织(IMO)《海员培训、发证和值班标准国际公约》(STCW公约)的要求。通过该指令,欧盟统一了成员国之间的船员培训标准,确保船员具备必要的技术能力、安全意识和资格认证,以应对海上紧急情况,确保航运安全。Directive 2008/106/EC 随着行业的发展和技术的进步进行了多次修订,如 2012 年和 2019 年的修订(Directive 2012/35/EU 和 Directive 2019/1159)进一步提升了船员培训标准,并针对新技术和环境保护需求提出了新的要求。这些修订确保欧盟船员的技能与现代航运需求保持一致,特别是在数字化航海和减少碳排放量等方面。

3. *污染防控方面*

(1)Regulation (EC) No. 417/2002:是关于单壳油船逐步淘汰的法规,旨在通过引入更严格的船体结构要求,减少油船事故和由此导致的海洋污染,特别是油污泄漏。该法规的出台背景是多次重大油船泄漏事故,如 1999 年的“艾黎卡”号油船泄漏事件和 2002 年的“威望”号油船泄漏事件。通过逐步淘汰单壳油船,并强制要求使用双壳油船,该法规大大降低了油船泄漏事故的风险,特别是在运输石油及其他危险货物时。同时,法规不仅涵盖了欧盟成员国的船队,还对进入欧盟港口的外国油船提出了相同的要求,确保了欧盟水域的航运安全和环境保护。

(2)Directive 2005/35/EC:是关于船舶污染预防的指令,旨在强化对海上污染的预防和控制措施,减少船舶对海洋环境的污染。该指令特别关注非法的油污排放和其他有害物质的排放行为,并规定了对这些行为的责任追究机制。指令还明确了如何执行国际标准,尤其是 MARPOL 公约相关的规定。通过成员国之间的信息共享和合作,以及港口接收设施的完善,该指令大大提升了欧盟水域的环境保护水平,减少了船舶对海洋生态的威胁。

(3)Regulation (EC) No 1257/2013: 是关于船舶拆解的法规,旨在确保欧盟旗帜下的船舶在拆解时不会对环境和人类健康造成严重影响。欧盟规定每艘船舶在使用寿命结束前必须制订一个船舶拆解计划,该计划旨在确保船舶在报废时能在欧盟批准的拆解设施中进行安全处理。具体内容包括:①建立有害物质清单(Inventory of Hazardous Materials, IHM)。所有船舶必须有一份详细列出船上所有有害物质的清单,如石棉、含铅涂料、油漆、氯氟烃等。这份清单必须随时更新,以便在拆解时船舶能够被安全地处理和回收。②制订废物管理计划。拆解过程中产生的有害废物必须根据该计划得到妥善处理,以防止对环境造成污染。该法规要求欧盟成员国和欧盟委员会建立并维护一个获批的船舶拆解设施名单,所有欧盟船舶在退役时必须在符合欧盟标准的设施中被拆解,禁止将船舶运往不符合环保要求的国家或设施。该法规的主要内容与国际海事组织的《香港国际船舶安全与无害环境拆船公约》保持一致,但它还包括了一些额外的安全和环境要求,比如对有毒废物管理的要求、劳工权利的保护,以及禁止使用某些回收方法(如滩涂法)。欧盟希望通过这一法规在全球范围内引领船舶拆解的安全和环保进程,推动全球船舶拆解行业向更安全、更环保的方向发展。

四、船舶移籍方面

一直以来,欧盟航运面临的一个主要问题就是船舶移籍(Flagging Out),1985 年欧共体船队占世界总吨位的 27%,1996 年下降到 17%。其中主要的原因在于船员工资和发展中国家船员工资存在差异,船舶移籍可带来集装箱船舶运营成本下降 3.5%~22%;散货船舶运营成本下降 15%~44%。

欧盟觉得一个强大的欧盟船队符合共同利益原则,因为欧盟国家不应该依赖第三世界国家的船队来运输货物。防止船舶移籍的必要性还包括:保持欧洲先进的航海技术、缺乏具备航海经验的船员会影响海运的安全等。

因此在船舶移籍问题上,欧盟同意以国家资助的形式来进行补贴,具体包括:直接资助船舶运营、对于经济损失的全部或部分资助、对于融资的贷款保证、减轻公司和船员的税收、降低船员社会保障的贡献率、给予在政策市场经济条件下私营部门不可能获得的财政资助。如1996 年,欧盟同意给予德国船舶资助,以防船舶移籍:每艘船 20 万马克,其中一小部分用于训练船员。

欧盟同意国家资助的前提条件是必须把这种干预造成的市场扭曲降到最低,而且必须是透明的、书面的、充分正当的、最好是逐渐减少的,也不能导致供给的过分饱和。欧盟的国家资助包括:(1)针对海运的国家资助:政策内容集中于船队的税收系统方面,包括吨位税、收入税和社会保障支付;(2)针对船舶公司管理的国家资助:将之前应用于海运业的相关政策进一步用在船舶管理公司中,包括吨位税、收入税等;(3)针对造船业的国家资助。

第四节　可持续发展政策

一、发展短途海运

短途海运(Short Sea Shipping, SSS)是指欧洲两个港口之间的运输,或者是一个欧洲港口和一个位于与欧洲海岸线相连的非欧洲港口之间的运输。2009 年,短途海运的货物占据欧盟海上运输的 62%,其中,29.7%发生在地中海区域,26.4%发生在北海区域,19.6%发生在波罗的海区域,13.8%发生在大西洋区域,6.2%发生在黑海区域。

欧盟将短途海运作为降低运输排放、减少交通拥堵和空气污染问题的一种途径,从 20 世纪 90 年代开始进行大力推广,主要目的在于加强运输的可持续性、吸收当前和未来增加的运输需求,以及增强欧盟的协调性。2001 年颁布的《交通运输政策白皮书》中指出,保护环境与"运输方式转换"相关,要将公路运输更多地转换到海运上,因为海运是一种对环境影响更小的方式。在 2011 年欧盟颁布的新的《交通运输政策白皮书》中继续指出将公路运输转移至海运是主要的政策目标,因为前者的外部成本很高。

欧盟认为短途海运的优势在于:就每吨·公里的能源消耗而言,海运是最经济的模式;海运是最适合服务于欧洲周边地区的模式,尤其对于北部和南部地区,以及爱尔兰、波罗的海和黑海等地区;海运是对基础设施投资要求最低的模式,也是最环保的模式;海运是最有可能刺激欧洲造船业的航运类型;海运是具有最佳劳动力/资本比例的航运类型,能够提升就业率(海上和岸上)。

二、发展海上高速公路

和别的运输方式相比,海运是一种更加环境友好和能源节约的运输方式,因此获得了欧盟政府的大力支持,比如"海上高速公路"的政策。从 2003 年开始,欧盟开始推动"海上高速公路"的发展,目标是将货流更多地集中在几条海上航线上,以建立新的可行的、成员之间货物运输的定期和频繁的海上联系,从而减少道路拥堵。具体来说,包括 4 条"海上高速公路":

（1）“波罗的海海上高速公路”，连接波罗的海成员国与中欧和西欧成员国；

（2）“西欧海上高速公路”，从葡萄牙和西班牙经由大西洋通往北海和爱尔兰海；

（3）“西南欧海上高速公路”，连接西班牙、法国和意大利，包括马耳他，并与“东南欧海上高速公路”相连；

（4）“东南欧海上高速公路”，连接亚得里亚海和爱奥尼亚海以及包括塞浦路斯在内的东地中海。

三、建立航运碳排放交易体系（Emission Trade System，ETS）

2005年建立的欧盟碳排放交易体系是全球第一个碳排放交易市场，也是目前世界范围内规模最大的碳排放交易市场。海运业作为一种尚未被纳入欧盟气候承诺的交通运输方式，长期以来一直被国际协议和相关政策法规所忽略，《巴黎协定》《京都议定书》等全球性的气候协议中也缺少关于海运的内容。为进一步推动海运业的碳减排，2022年，欧盟关于ETS的改革提案中明确指出要将海运业纳入欧盟碳排放交易体系。历经几个月时间的谈判，欧洲议会、欧盟委员会和欧盟理事会三方于2022年11月30日就将海运业纳入欧盟排放交易体系（EU-ETS）达成基本共识，在时间安排、航行排放量覆盖范围以及适用船舶吨位、排放物覆盖范围、资金用途等具体方面达成了初步协议。

1. 时间安排

海运部门纳入欧盟碳排放交易体系主要分为两个阶段：过渡期和正式实施期。初步协议设置了为期3年的过渡期，并决定在此期间内实施阶梯式配额缴纳。具体来看，海运公司需在2025年缴纳实际排放量40%的对应配额，2026年缴纳实际排放量70%的对应配额，直至2027年正式完成过渡并开始缴纳实际排放量100%的配额。

2. 航行排放量覆盖范围以及适用船舶吨位

针对海运业的碳配额分配和缴纳，初步协议中的航行排放量覆盖范围与欧盟委员会的立场保持一致，认为EU-ETS应当覆盖：（1）从欧盟成员国管辖范围内的港口出发并到达管辖范围内的港口的船舶航行排放量的100%；（2）从欧盟成员国管辖范围之外的港口出发或到达欧盟成员国管辖之外的港口的船舶航行排放量的50%。此外，初步协议目前主要覆盖吨位超过5 000总吨的船舶，但随着制度的逐步完善，低于5 000总吨的船舶也有望在未来被纳入其中。

3. 排放物覆盖范围

初步协议指出，EU-ETS在2024—2025年只统计船舶的二氧化碳排放量，从2026年起会将氮氧化物和甲烷也加入排放物统计范围。因此，监管机构自2026年以后应确保海运公司的监测和报告包含新纳入的排放物种类，未来将继续评估海运产生的其他具有温室效应的排放物对全球气候的影响，并推动将更多排放物纳入EU-ETS的统计范围。

4. 资金用途

欧盟同意通过创新基金（Innovation Fund）和气候投资基金（Climate Investment Fund）出售2 000万个欧盟碳配额，并将其用于资助海上减排项目。欧盟提出了以下建议：第一，减少燃料的使用，提高能源使用效率；第二，推广使用可再生燃料和低碳燃料。因此，未来的投资重点或将围绕建设港口基础设施（如对港口的加油和充电等基础设施）、部署可持续的海运替代燃料（如氢气、氨）等领域展开。

四、建立欧盟航运碳排放监测、报告、核查机制

2015 年 4 月,欧盟委员会正式通过《航运二氧化碳排放监测、报告和验证法规》(以下简称 2015/757 号条例),建立了航运监测、报告和核查机制,并于 2018 年 1 月 1 日起开始正式监测航运碳排放,要求经营者制订监测计划,提供年度排放报告,并需通过经认可的机构核查。航运监测、报告和核查机制的建立能使欧盟对欧盟成员国港口内进出的船舶二氧化碳排放数据有比较完善的掌握,进而为未来欧盟设定航运减排总量目标、制定船舶排放配额分配方案等提供信息支持。

1. 船舶类型

根据 2015/757 号条例第 6 条的规定,需要监测的船舶包括所有驶经欧盟成员国管辖港口的 5 000 总吨以上的船舶,但排除了军舰、海军辅助船、捕鱼或鱼类加工船、原始结构的木船、非机械结构推进船舶以及非商业用途的政府公务船舶。欧盟委员会认为该吨位限制将会排除约 40%的船队和约 10%的二氧化碳排放量,从而降低了机制实施成本,避免因船舶吨位限制门槛过低导致的行政负担,并有效地减轻了中小航运企业的日常管理负担。

2. 船舶温室气体

欧盟碳排放交易体系监测的温室气体包含了《京都议定书》中规定的 6 种温室气体,但是欧盟委员会考虑到多种温室气体的观测会加重船东和船舶经营人的行政负担,且目前航运排放的温室气体中,二氧化碳占绝大比例,因此将监测气体仅限定为二氧化碳,并不包含其他大气污染物。船舶所有人或船舶经营人可以通过燃油供应单证、船上燃油舱监测、对燃油燃烧过程进行流量检测或者对二氧化碳排放进行直接测量这 4 种方式之一对燃油消耗量进行数据统计。

3. 其他监测内容

根据 2015/757 号条例第 9 条的规定,对于经过成员国管辖港口的每艘船舶,以及进出成员国管辖港口的每次航程,除了监测船舶二氧化碳排放外,以下内容也需要进行监测记录:(1)起始港和目的港,包括出发和到达的日期和具体时间;(2)每种燃料的总消耗量以及排放系数;(3)行驶距离;(4)在海上的停留时间;(5)所携带的货物;(6)运输工作内容。

第七章 日本海运政策

第一节 日本海运政策的决策模式

一、日本海运政策的决策部门

日本负责海运发展的政府部门涉及国土交通省(Ministry of Land, Infrastructure, Transport and Tourism, MLIT)、经济产业省(Ministry of Economy, Trade and Industry, METI)、环境省(Ministry of Environment)、海上保安厅(Japan Coast Guard)、内阁府(Cabinet Office)、政策投资银行(Dvelopment Bank of Japan, DBJ)、日本船级社(ClassNK)等多个机构,它们各自承担不同的职责和功能,确保航运业和相关领域的政策制定、执行和监管的有效进行。

国土交通省是负责海运和港口发展的核心部门,主管日本国内外的运输、港口管理、航运政策及基础设施建设,它在促进海运业的安全、效率、现代化和可持续发展方面发挥着关键作用。经济产业省负责推动日本经济产业的转型和创新,特别是通过技术创新和绿色发展来增强行业竞争力,它在支持航运业的数字化、技术创新和国际市场竞争方面发挥着重要作用。环境省负责制定和执行与环保相关的政策,推动航运业的绿色转型,确保航运业符合日本的环境保护目标,特别是在减少碳排放量和减少污染方面。海上保安厅负责日本海域的安全保障、海上救援和航运安全,该机构确保航运和港口的安全运营,并在国际航运管理中发挥重要作用。内阁府负责统筹国家的政策规划和协调工作,特别是涉及长期战略和多部门合作的领域。内阁府在日本海洋政策的制定和统筹执行方面起领导作用。政策投资银行为涉及国家经济发展的战略性产业提供融资支持,帮助海运业、造船业和港口设施进行技术升级和现代化建设。日本船级社负责检验和认证国内外的船舶和海上设施,确保其符合国际海事组织的技术标准和环保要求。

二、日本海运政策的决策过程

日本政府制定与海运相关政策的过程通常是一个系统化、跨部门合作的过程，涉及多个政府部门、行业协会、专家委员会和公众的意见征询。这一过程确保政策的全面性、科学性和适应性，能够有效应对行业发展的需求以及国际标准的变化。

审议会在日本的政策制定中扮演着重要角色。审议会是一种由专家、学者、行业代表等组成的咨询性委员会，通常用于政府或其他公共机构就特定政策、法规或重大议题进行讨论和提供建议。虽然审议会本身并没有决策权，但其意见往往对最终决策有很大影响。在日本的中央政府内，不同的部会（如经济产业省、环境省等）通常会设有自己的审议会，针对各自的政策领域进行广泛讨论。

日本负责海运政策的审议会主要归属于国土交通省下的交通政策审议会。该审议会专门处理与交通运输相关的各种政策，包括海运、航空、铁路等领域。在海运政策方面，交通政策审议会通常会设立海事分科会，这是一个专门针对海事和海运相关事务的分支机构。海事分科会负责讨论和审议与海运安全、船舶管理、港口设施、国际海运合作以及环保等相关的政策。海事分科会的成员通常包括海运领域的专家、学者、行业代表以及政府官员。

在日本海运政策制定的过程中，除了审议机构之外，还有许多相关方会参与其中。这些相关方的角色各有不同，从政府部门、行业组织、国际组织，到学术界和智库、环保组织和公众，他们在不同的环节会对政策的制定施加不同程度的影响力。从政策设想的提出到最后政策的出台，可能会经历审议机构启动讨论、行业组织提出建议、参考国际组织相关条约、政府部门协调、学术界提供研究支持、协调环保组织和公众意见等多个环节。

总之，日本的海运政策的决策模式体现了“政府主导下的多元参与协调决策模式”。其决策主体具有政府主导下的多元性特点，其参与者包括政府主管机构（国土交通省及下属相关局）、政党（如自民党、社会党等）、财界（银行，包括政府银行和民间银行）、团体（如日本船东协会）、业界（公司代表）和学界（学者和技术人员）。

第二节 计划造船政策

计划造船政策（Planned Shipbuilding Policy）是日本政府在第二次世界大战后为重振航运业和造船业、应对市场供需波动和国际竞争而实施的一项长期产业政策。这一政策的核心目标是支持日本航运企业保持和更新船队，同时维持日本船舶工业的稳定发展。在计划造船政策下，日本政府对航运企业提供财政支持和贷款优惠，鼓励他们按计划建造新船以更新船队。通过这样的政策安排，航运企业能够更有计划性地进行船舶更新，避免过度竞争和市场波动对航运业造成的负面影响。这种支持不仅满足了航运企业的需求，同时也为造船企业提供了持续的订单，确保了造船行业的稳定和产能利用。

从20世纪50年代到80年代，日本政府实施了多次计划造船政策。计划造船的具体实施过程可以分为以下几个关键阶段：

（1）计划目标设定。每次计划造船政策开始之前，政府首先根据国内外的市场需求和航运企业的船队状况，确定船舶建设的总体目标，包括船舶更新的数量、船型、吨位等。

(2)政府和金融机构参与。政府设立专项基金和融资渠道，为航运企业和造船厂提供低息贷款。这些贷款的利率低于市场平均水平，以帮助企业降低成本；日本的国有银行和开发银行负责发放政府的优惠贷款，并监管资金的使用；通常贷款期限较长（如10年甚至更长），并在造船完工后再开始还款。这一安排大大减轻了航运企业的短期财务负担。

(3)船舶需求调查与审批。政府对国内主要航运企业的船队进行详细的调查，了解企业的需求、船舶使用情况和船队更新计划；在此基础上，航运企业需要向政府提交造船申请。申请内容包括所需船舶的类型、吨位、数量及用途，政府审批后会给出各企业的建造配额；通过这种审批制度，政府确保船舶的建造需求符合市场需求，同时避免各公司因激烈竞争而导致的无序扩张。

(4)船舶建造订单分配。政府根据航运企业的需求和造船厂的生产能力，协调将订单合理分配给不同的造船厂，以保证造船厂的订单稳定性；政府有时还会对造船厂的生产计划提出要求，如指定船型、提升技术要求等，以提高船舶的技术标准和国际竞争力；这种订单分配方式确保了各大造船厂能够维持相对平稳的产能利用率，避免市场波动对造船行业带来的影响。

(5)优惠政策与技术支持。对符合政策要求的航运企业和造船厂提供税收优惠，以减轻财务负担。例如，对于新建的环保型或高效船舶，可以享受一定的税收减免；政府鼓励企业引进先进技术，提高造船质量和效率。企业研发创新所需的资金，有时也会得到政府支持；在某些计划中，对于淘汰老旧船舶、建造高效新船舶的企业提供补贴。这种补贴机制让企业能够更积极地更新船队。

(6)船舶建造与监督。在实际建造过程中，政府设立专门的监管部门，确保资金用途符合政策目标，避免资金被挪作他用；政府监管部门会监督造船厂的进度、质量以及建造成本控制，确保新船如期完工并符合航运企业的需求。

(7)船舶交付与后续支持。船只完工并交付后，政府继续对航运企业进行一定的后续财务支持，帮助企业度过初期的运营周期；部分贷款在新船交付后才开始还款，使得企业有更多的时间和资金用于运营和再投资。

(8)成效评估与政策调整。每一轮计划造船完成后，政府会对政策效果进行评估，包括航运企业的效益、船队的更新情况、造船行业的整体经济效益等；评估的结果用于调整下一轮计划造船的目标和政策细节，确保政策的有效性和市场的平衡性。

日本的计划造船政策终止于20世纪80年代后期，其主要原因是随着日本经济的逐步成熟，政府逐渐减少了对造船和航运产业的直接干预。同时，市场供需关系的变化、全球化的推进，以及世界贸易规则的规范，也使得政府逐渐退出了对航运业和造船业的直接支持。虽然计划造船政策结束，但日本政府仍在技术研发和环保领域为造船业提供支持，例如针对低排放、节能型船舶的研发进行补贴。

第三节 海运集约化政策

一、航运企业集约化政策

日本的航运企业集约化政策出台于20世纪60年代末至70年代初，并逐步在70年代和80年代实施。该政策出台的背景是日本经济快速增长导致海运需求上升，行业内小型航运企业众多，竞争激烈，市场高度分散。石油危机之后，全球航运市场面临成本上升和需求波动的双重压力，日本政府认为推动行业集约化可以优化资源配置，提升行业效率，帮助航运业应对这些挑战。

政府通过行业协会，如日本船东协会，来推动航运企业的整合进程。协会为参与并购的企业提供信息支持，协调重组中的业务整合和分配。政府为这些企业提供税收优惠，特别是对在重组过程中发生的资本支出、债务重组和资产整合方面给予税收减免。政府还通过政策性银行为参与并购的航运企业提供低息贷款等融资支持。此外，对于符合集约化目标的新船建造，企业也可以获得额外的贷款优惠。对于不参与并购的小型企业，政府鼓励它们组成运输联盟或进行联合经营。通过联盟形式，企业可以共用航线、港口设施和物流资源，从而分担运营成本，提高船舶的利用率，提升整体效益。

在政策的推动下，日本出现了几家具有国际竞争力的大型航运公司，如日本邮船（NYK）、商船三井（MOL）、川崎汽船（K Line）等，20世纪80年代这三家船公司占据了日本国内超过70%的市场份额。通过集约化，日本航运业的运营效率大幅提升，降低了每单位货物的运输成本，在国际市场的竞争力大幅提升，能够更好地应对全球市场的波动，如石油价格的上涨和需求的变化，增强了抗风险能力。中小型企业通过联盟、合作和并购，不仅在行业内部减少了无序竞争，还提升了整体资源利用效率。

在集约化推动下，日本航运企业在全球市场的份额大幅提升。到20世纪80年代，日本的几家大型航运公司成为全球领先的航运公司，尤其在散货运输、油船和集装箱运输方面占据较大市场份额，在国际航运市场上拥有较强的竞争力。

二、造船企业集约化政策

20世纪70年代，韩国等国家的造船业快速崛起，威胁到日本造船企业的市场份额。同时，石油危机导致市场对大型油船的需求下降，给日本造船企业带来了产能过剩和财务方面的压力。此外，生产成本也在不断增加，小规模造船厂越来越难以承担高额成本。为了应对全球竞争加剧、石油危机引发的需求下降以及成本上升带来的压力，日本政府开始推进造船企业的集约化，以实现规模经济。

政府通过金融支持和行业引导，鼓励中小造船厂合并成更大规模的造船企业。对于不愿意或无法直接合并的造船企业，政府鼓励它们组成联盟，在研发、采购和生产上进行合作，共享资源，减少重复投入和内部竞争。

政府通过政策性金融机构向参与集约化的造船企业提供低息贷款，帮助它们解决整合过程中的资金需求。这些优惠贷款支持了造船厂的生产升级、设备更新和技术研发。对于符合集约化要求的企业，政府还提供税收减免和运营补贴。

政府资助造船企业的研发项目，推动大型船舶、高附加值船型和节能环保船舶的研发，以提升日本造船业的技术水平。政府鼓励淘汰老旧的、小规模的造船厂，通过产能控制稳定造船业的供需平衡，避免价格竞争和无序扩张。

日本造船工业协会在集约化政策中发挥了重要作用，它协助政府推动企业整合，并为联盟合作提供协调和信息支持。日本开发银行等政策性金融机构通过低息贷款、长期融资支持等方式帮助企业实现整合，确保企业在并购或合作过程中获得稳定的资金支持。政府设立专项基金用于支持符合集约化目标的企业，包括技术研发补贴和设备改造补贴，帮助企业顺利完成整合并提升竞争力。

在政策的推动下，日本造船业形成了几个大型造船企业集团，如三菱重工业公司、川崎重工等。通过合并和设备升级，造船企业实现了规模化生产，降低了单位生产成本，并能够提供更具竞争力的价格。集约化政策还使得日本造船业能够生产更高附加值的船型，如大型油船、液化天然气（LNG）运输船等，使得日本造船业能在国际高端市场保持竞争优势。

第四节　海运财政补贴政策

财政补贴政策是日本战后海运法规的重要一环，其目的主要是促进企业的资金积累，减轻相关企业的负担，从而改善企业的经营状况；其内容主要包括设备近代化投资、造船利息补贴及航运补贴三类。设备近代化投资是国家针对造船设备更新而实施的一种直接投资，具有直接补贴的性质；造船利息补贴与计划造船紧密结合，是通过降低计划造船贷款利息、延长利息支付期限、对进行协调融资的民间银行的损失给予补偿等措施来实施的间接补贴措施；航运补贴则是对特定的航线给予一定的补贴，其目的根据对象不同而有所区别。

一、设备近代化投资

设备近代化投资，是促进企业设备更新的主要途径。日本海运业的设备近代化投资，首先主要体现在造船业的设备近代化投资方面。因为造船业的设备近代化投资是与海运业的发展方向，尤其是船舶的大小和种类，以及海运业的兴衰密切相关的。因此，可以从造船设备近代化投资的角度考察日本第二次世界大战（以下简称二战）后海运业的设备近代化投资的情况。二战后日本海运造船业的设备近代化投资，大体可分为以下四个阶段。

1. 1950—1957 年

二战后初期，由于日本海运造船相关企业的自我积累能力差，资金短缺，大大阻碍了企业自身设备近代化投资的进行。因此，这一时期的近代化投资不得不依靠部分政府资金。从1950—1957 年进行的设备近代化投资按照政府资金投入的多少及投资对象的不同，大体可分1950—1953 年、1954—1957 年两个阶段。

日本政府最早进行海运造船设备的近代化投资是从 1950 年开始的。这一阶段的设备投资是以柴油发动机、焊接、分段建造法的引进为中心进行的，合理化投资的色彩浓厚。

1954 年政府的近代化投资减少，特别是 1955 年以后设备投资出现如下趋势：首先，是随着大型企业自有资金的充实，对国家资金的依赖逐渐减少，国家投资主要投向中型企业；其次，是与船舶大型化增加相对应，船台及船渠、新设大型分段组装用焊接工厂、涡轮及螺旋桨制造设备、大型清洁设备、钢材加工厂等设备扩充显著。

2. 1958—1974 年

这一时期，由于海运造船业规模的不断扩大，设备近代化投资的规模也不断扩大。这一时期也可分为两个阶段，即 1958—1969 年、1970—1974 年。

1958—1969 年，设备近代化投资以改造老船厂，并建新船厂、船台、船坞、船体装备设备和提高造船技术为目的。随着世界船舶大型化的潮流，日本也致力于本国商船队大型船舶的扩充。到 1969 年年底，日本已拥有 20 万～50 万吨级的大型船舶的造、修船坞（包括 2 座船台）24 座，占世界总数的 33%。与此同时，为了促进中小型船舶的合理化和现代化，日本于 1959 年以后依据中小型钢船造船业合理化临时措施法制订实施了合理化基本计划，对中小型钢船的建造设施给予资金上的支持。

1970—1974 年，近代化投资进一步增加。这一时期的设备近代化投资是以增加大中型船舶的建造能力，提高造船效率，降低造船价格以增强海运造船业的国际竞争力为目的。

在促进造船设备近代化的同时，随着集装箱运输的出现和发展，确立合理高效的集装箱运输体制成为亟待解决的问题，日本政府在集装箱货栈及港口建设、清洁装置、装载集装箱用货车的建造等方面都给予资金援助。此外，在外贸港口的建设方面，日本政府也投入了大量资金。从 1961—1974 年，日本政府制订实施了 4 次港湾整备 5 年计划。

3. 1975—20 世纪 90 年代初

1975 年以后，由于石油危机的冲击及海运造船业同时陷入萧条并进入结构转型期，日本政府采取了反萧条政策措施。海运造船政策由扶植政策转为援助调整政策，先后于 1979 年和 1987 年两次处理了过剩的造船设施，实施对象为造船能力在 5 000 总吨以上的造船企业。经过上述调整，1988 年 5 000 总吨以上的造船设施从 1986 年的 73 座、602 万总吨减少到 46 座、460 万总吨。与此同时，44 家 5 000 总吨以上的公司减少到 26 家，企业集团从原来的 21 个并成了 8 个。到 1989 年，随着世界市场出现转机，日本政府停止了上述反萧条措施。这一时期的港湾近代化投资继续扩大。从 1976 年至 1985 年日本又制订实施了第 5 次、第 6 次港湾整备计划。

4. 20 世纪 90 年代以后

20 世纪 90 年代初，尽管日本海运船队的规模不断缩小，国内需求不旺盛。由于世界造船市场出现转机，日本海运市场还是从持续萧条的低谷中走了出来。这一时期与设备近代化投资相关的措施有促进机械化和省力化，促进对陈旧设备的近代化改造，改进生产设备和环境，促进集中生产、专业化分工的生产体制，保持适度的生产能力等。与此相对，为了成为海运物流大国，港湾建设的近代化投资仍继续增长。

5. 2000—2020 年

进入 21 世纪，全球对环境保护和可持续发展的关注日益增强。国际海运组织开始推动减少温室气体排放量的政策。日本作为海运大国，也开始在环保技术和智能化设备方面进行投资。政府鼓励使用低排放、节能的运输船舶，包括液化天然气（LNG）动力船、混合动力船等。同时，日本也开始积极推动智能航运技术的发展，包括自动驾驶船舶的研发、基于人工智能的航线优化系统,以及通过物联网连接的港口智能管理系统。

6. 2020 年以后

在全球应对气候变化和碳中和目标的推动下,海运业逐渐迈向零排放目标。为了实现 2050 年碳中和的目标,日本政府开始推动海运企业投资零排放船舶,如氢能船、风能辅助船等。同时,政府还加强对港口的碳减排技术投资,促进绿色港口的建设。此外,政府还支持智能港口的建设,利用人工智能、大数据和自动化技术优化港口的货物处理和船舶调度。

二、造船利息补贴

造船利息补贴是适应日本经济走向自立及海运重返国际海运市场面临严峻的国际挑战的新形势而出台的,其直接原因是种种不利因素,特别是在融资条件及造船成本方面的落后,使日本海运业的国际竞争力低下,对日本海运的发展造成了不利影响。该政策措施的主要法律依据是《远洋船舶建造融资利息补贴及损失补偿法》(1953 年 8 月 15 日公布)以及同法的修改法。其实施过程大体经过以下几个阶段。

1. 利息补贴初期(1953—1956 年)

1952 年日本海运重返国际市场,面临与欧美海运国的激烈竞争,且当时海运市场萧条,为确保通过计划造船扩充商船队计划的实施,日本政府于 1953 年 1 月 5 日作为法令第 1 号公布实施了由运输省制定的以《船舶建造融资补贴及损失补偿法》(1935 年 4 月 1 日法令第 71 号)为蓝本的《远洋船舶建造融资利息补贴法案》,以该法案为依据的利息补贴制度从 1953 年第 9 次计划造船融资开始实施。依据该法,船主为让造船业者以承包方式建造远洋船舶从金融机构接受融资时,根据船主的请求,政府应就该融资同相关金融机构缔结利息补贴合同。该金融机构在本合同缔结会计年度以后 8 年内,接受以根据 5 年间半年期等额偿还方式计算的余额为限度的,相当于开银融资年利率 7.5%同民间融资利息差额的利息补贴。依据该法案,船主在通过计划造船建造新船时,即便是从民间融资,仍需负担 7.5%的利息,与海运先进国融资利息相比仍比较高,而该法案中的损失补偿部分,在经内阁审议时被取消。因此,该制度受到各方冷遇,特别是民间金融机构对适用该制度的计划造船协调融资态度强硬。所以运输省对该法进行了修改,于 1953 年 8 月 15 日公布实施了《远洋船舶建造融资利息补贴及损失补偿法》。

该法在很多方面强化了利息补贴。首先,在提高民间融资利息补贴率使船主的相关利息负担变为年利率 5%的同时,对开银融资也给予利息补贴。本来依据该法规定,对开银利息补贴率应为 3.5%,实际上由于预算的制约利息补贴止于年利率 1.5%。此外,由于对开银融资年利率 2.5%部分延期征收已使船主开银融资利息负担变为 3.5%,因此,在同年 10 月利息延期征收幅度达到年利 4%以后停止对开银融资的利息补贴,改为 1954 年 2 月以后年利率 6.5%,对其中的 3%延期征收,使船主利息负担变为年利率 3.5%。其次,将民间融资 5 年间半年期等额偿还改为 10 年间半年期等额偿还。此外,增加了旧法中所没有的损失补偿措施,规定对建造远洋船舶进行融资的金融机构可以同政府签订损失补偿合同,金融机构有权向行使担保权的保证人要求回收不能回收的远洋船舶建造融资本金、利息及行使债权所需费用的合计额的 30%。到 1957 年 1 月 26 日,内阁审议决定不将利息补贴计入同年度预算,利息补贴制度全面停止。

2. 利息补贴中止期(1957—1959 年)

利息补贴制度全面停止不到数月，国际海运市场状况急转直下，日本海运企业的经营状况迅速恶化。1957 年 9 月，主要从事远洋运输的 53 家公司负债 2 503 亿日元，自有资本率不过 30%，负债率 230%，折旧不足额达 357 亿日元。因此运输省、民间金融机构、海运业一致要求恢复利息补贴制度，但经与有关各方交涉，未能实现。由于没有采取积极有效的措施，1959 年海运市场依然低迷，企业经营状况，特别是资本构成进一步恶化。同年 9 月，主要的 53 家远洋运输企业折旧不足额累计达 674 亿日元。

为此，运输省于 1959 年 6 月 12 日向海造审提出就《强化海运国际竞争力的具体方策》的咨询，海造审于 11 月 5 日答询指出“应恢复对民间融资的利息补贴制度，对新的开银融资也应给予 3%的利息补贴；为了促进企业自身的经营基础，应让企业提出基于一定标准的企业强化计划，对被认为适当者进行利息补贴”。

鉴于上述答询，运输省同大藏省协商决定对 1957 年 4 月 1 日—1960 年 3 月 31 日的远洋船舶建造融资提供利息补贴。日本政府对《远洋船舶建造融资利息补贴及损失补偿法》做了如下修改：对于年收益为其资本的 8%(修改前为 10%)的企业停止利息补贴；在利息补贴合同签订 15 年内，决算时年收益在 12%(修改前为 15%)以上的企业，要将超过 12%部分的 1/2 以上用于弥补过去决算期没有返还国库的款项。该修正法于 1960 年 3 月 31 日公布，同年 4 月 1 日开始实施。

3. 利息补贴强化期(1960—1972 年)

根据上述规定，从 1960 年开始恢复对民间融资的利息补贴，并对开银融资提供年 3%的利息补贴。运输省 1960 年对民间融资利息补贴额为 9. 54 亿日元，对既有合同部分的第 10 次及第 11 次计划造船融资给予年利率 2. 245%的利息补贴；对于其后签订合同的第 13 次至第 16 次计划造船利息补贴利率为 1. 99%；而对第 12 次计划造船融资中利息补贴既有合同以外及从第 13 次至第 15 次计划造船的中型船舶融资不进行利息补贴。

尽管采取了上述措施，船主的开银融资利息负担依然高达年利率 6. 5%，日本海运在国际竞争方面仍处于不利地位。为改变上述局面，日本船主协会、经团联关西经济联合会、产业计划会等相关的团体和组织都主张进一步减轻海运企业的利息负担。

基于上述情况，运输省决定强化财政补贴，在使民间融资利息变为 5%的同时，努力使新的开银融资利息降低到年利率 3. 5%，开银融资利息方面对第 17 次计划造船以后的开银融资给予年利率 1. 5%的利息补贴以使船主利息负担降低到年利率 5%。为整备相关制度，1961 年 5 月公布实施了《与日本开银相关的远洋船舶建造融资利息补贴为临时措施法》，除规定补贴临时制度外，利息补贴支付期及返还义务的相关规定都与民间融资利息补贴相同。

运输省在编制 1963 年度相关预算时采取了如下强化措施：“对第 17 次计划造船以前的开银融资利息余额在 5 年间延期征收；提高利息补贴率，将第 18 次计划造船的船主利息负担降低到开银年利率 4%，民间年利率 6%，将利息补贴期限延长到开银融资 10 年，民间 7 年；使对新造船的财政融资比例变为平均 7%。”运输省还制定了与海运重建相结合的强化利息补贴的相关法律与法案，即《关于海运业的重建整备临时措施法》《远洋船舶建造融资利息补贴及损失补偿法与部分修改与日本开银相关的远洋船舶建造融资利息补贴临时措施法的法案》，经国会审议通过并于 1963 年 7 月 1 日公布施行。

如此强化的利息补贴制度从 1963 年实施，适用对象为企业集约计划得到运输大臣认可的公司。其后,由于企业集约实施滞后,运输大臣认可日变为1964年5月,因此该措施的实施实际从1964年开始,一直到1966年,每年实施,3年间利息补贴预算民间融资为32.57亿日元、开银融资为75.39亿日元,合计为107.96亿日元,实际支付107.92亿日元,日本海运企业的利息负担得以暂时减轻,与对第17次计划造船以前的开银融资利息延期征收措施相结合,使海运企业的经营状况大幅改善。

但与欧美海运企业相比,日本海运企业的内部积累依然很少,在综合竞争力方面依然有差距。当时世界主要海运国的融资利息,法国为年利率2.7%、意大利为年利率3.06%、英国为年利率3.375%、挪威为年利率4.2%、希腊为年利率5.6%,日本为年利率4.4%,一旦没有利息补贴,日本海运企业的年平均利率则变为6.952%。在国际比较方面成本也存在同样情况,再加上资本自由化、海上集装箱运输方式出现、外国海运补助强化、发展中国家海运抬头、国旗差别制度的盛行,日本海运面临的国际竞争日益激烈。因此,日本船主协会、海造审及其他有关方面都主张继续实施开银融资利息补贴制度。1968年度政府预算案决定对第24次计划造船照旧实施开银融资利息补贴,但补贴的延长暂以海运重建整备期间为限。1970—1972年对开银融资的利息补贴年利率在1%左右,对民间融资利息补贴年利率从2.2%逐渐降低到1.2%。相关预算1970年民间为32.36亿日元、开银融资为114.04亿日元,合计146.40亿日元;1971年民间为34.08亿日元、开银融资为116.16亿日元,合计150.24亿日元;1972年民间为38.57亿日元、开银融资为117.56亿日元,合计156.13亿日元。

4. 利息补贴衰亡期(1973—1982年)

1973年以后,随着国内外海运发展环境的巨变,尤其是日本海运在国际海运市场中的地位转变及海运国际化、自由化的冲击,日本海运进入转型期,利息补贴措施实施力度大大减弱。利息补贴措施于1975年被再度停止,1979年由于扩充远洋船舶的需要被再次恢复,但时隔不久到1982年最终被废止。

1973年利息补贴率开银融资集装箱为1.0%~1.25%、其他为0.7%~0.95%;民间融资为1.2%~2.5%,相关预算民间融资为40.57亿日元、开银融资为113.66亿日元,合计154.23亿日元;1974年利息补贴率开银融资集装箱为1.625%、其他为1.325%,民间融资补贴率为2.5%;相关预算民间融资为42.22亿日元、开银融资为106.32亿日元,合计148.54亿日元。到1975年,根据自民党制定的方针,经运输省同大藏省协商决定对1975年(第31次计划造船)以后的远洋船舶新造船不进行利息补贴。

1979年,为遏止日籍船舶减少的趋势,维持海运国际竞争力,日本政府制定了《远洋船舶紧急整备三年计划》,利息补贴制度被恢复。该计划就利息补贴规定:1979—1981年度,每年的利息补贴对象船舶为70万吨,其对象为高度合理化船及液化天然气运输船(LNG船)。贷款年利率方面,民间融资为7.1%(最优惠的情况)、开银融资为6.05%;利息补贴率方面,定期船、LNG船为3.5%,不定期船为3.0%,油船为2.5%;船主利息负担开银融资方面,定期船、LNG船为2.55%,不定期船为3.05%,油船为3.55%,民间融资方面,定期船、LNG船为3.6%,不定期船为4.1%,油船为4.6%。利息补贴与以前相比有大幅度改善,利息补贴期限及利息补贴返还的规定同前。1982年,随着《远洋船舶紧急整备三年计划》到期,利息补贴制度被废止。

1994年,日本制定了新造船贷款条件,其中贷款额度占船价的84%,贷款年息为6%,还贷期限为14年,优惠期为8年(优惠期内只偿还利息)。另外,虽然利息补贴在1982年停止发放，但由于需要兑现在此前签订合同的项目补贴，故实际上该项补贴到 1998 年方终止。

5. 现阶段

日本船舶补贴政策现阶段的重心在于鼓励船主和造船厂加快低碳技术的应用，推动航运业的可持续发展。日本政府通过无利息贷款支持使用清洁能源（如液化天然气、氢气、氨等）作为主要燃料的船舶建造。该计划从 2023 年开始，为期 5 年，每年提供 150 亿日元的无息贷款，总额达到 750 亿日元。这项政策针对的是建造符合减排要求的船舶的船主，贷款金额可覆盖所需资金的 80%，单艘船舶的贷款限额为 20 亿日元，贷款期最长为 18 年。

现阶段针对造船厂的补贴政策也逐步向支持环保技术的研发与应用倾斜，重点鼓励造船厂开发能够减少碳排放量的船舶技术。政府提供专项补贴或无息贷款，以支持船厂在建造低碳船舶和研发新型环保推进系统方面的投入。政府还为船厂的技术创新提供资金，重点包括绿色能源动力系统（如 LNG 和氢燃料系统）的研发，以及减排技术的应用。

三、航运补贴

航运补贴是海运财政补贴的重要组成部分，是主要针对航运业务而实施的一种补贴，它主要包括三国间运输补贴及特殊航线补贴（如移民航线及孤岛航线补贴），而其中最主要的是三国间运输补贴。

三国间运输补贴是鉴于 1957 年以后，世界海运陷入萧条，日本海运企业基础薄弱，国际竞争力低下，为解决运力过剩及平衡国际收支而实施的。

1957 年以后，世界海运陷入危机，日本海运业基础薄弱及国际竞争力低下的缺陷表现得非常显著。为弥补这一不足而实施的利息补贴制度却由于苏伊士运河的繁荣而在 1957 年以后停止实施。因此，运输大臣于 1957 年 8 月向海造审提出了《关于强化海运企业基础》的咨询。1958 年 8 月，海造审答询认为政府应对利息补贴、船舶营运补贴及税收保护措施三种补贴方法加以探讨。其中就营运补贴指出“营运是海运的核心，强化营运对于日本海运业的健全发展是必要的，作为强化营运的方策，应考虑采取航线补贴或给予航海奖励等。就目前的情况看，对于货船来说，将对在日本海运市场方面起支柱作用的三国间运输的奖励制度具体化比较妥当”。基于上述答询，运输省对三国间运输奖励制度具体化的问题进行了探讨，结果得出了如下结论：

三国间运输具有如下重要意义：

（1）改善国际收支。日本海运相关国际收支在 1957 年超支约 5 亿美元，与英国、挪威 3 亿美元以上的收益相比，日本明显属于海运服务进口国，迅速增加三国间运费收入，有利于改善这种不利局面。

（2）开拓国际海运市场。世界主要海运国都活跃于三国间运输市场，日本海运要想融入国际海运市场，必须增加三国间运输。

（3）提高本国货载比例。1957 年日本商船队在本国进出口物资方面的货载比例为 44.6%，明显低于战前 60%的水平，而通过扩大三国间运输，特别是增加远距离、价格低的三国间运输，有助于提高本国船队的货载比例。

（4）扩张航权。通过扩大三国间运输，增加新的停靠港，可稳定本国船队在定期航线方面的地位，从而扩大本国航权。

（5）确保船舶需求。本国多余的船舶进入周边国家的三国间运输市场，可以保障船舶需求突增时的船舶供给。

基于上述认识,1959 年 5 月 19 日,日本政府发布第 177 号政令,通过对补贴相关法的修改使三国间运输补贴合法化。同年 6 月 3 日,运输省公布了《三国间运输补贴支付规则》(省令第 26 号),创设了三国间运输补贴制度。其后,为适应不同的需求,该支付规则于 1960 年、1963 年、1964 年及 1970 年又进行了 4 次修改。其中 1964 年及 1970 年改动较大;1964 年修改的主要目的是促进纽约航线的合理化;而 1970 年修改的主要目的是促进三国间航线的开发。

第五节　海运税制

税收政策是日本二战后海运法规的重要组成部分。日本政府在海运税制方面主要采取了特别折旧、减轻税收等措施,还有缩短船舶耐用年限、船舶买换压缩记账制度及特别准备金等辅助性措施。

一、特别折旧

特别折旧是在普通折旧基础上实施的进一步的折旧措施,旨在通过提高折旧的比例及额度,加速折旧的速度,以促进企业的设备更新,降低其固定资产费用,提高企业内部积累,增强企业的经营基础,提升其竞争力。

船舶的法定折旧年限通常为 8 年到 10 年,但在加速折旧政策下,企业可以在较短的期限内(例如 5 年内)加速折旧。加速折旧使得企业可以在初期几年通过折旧减免大幅度减少其所得税。

在不同的历史时期,能够享受特别折旧的船舶类型有所不同:

1. 20 世纪 50—70 年代

日本的航运业在二战后重建,日本政府希望通过扶持航运业来恢复经济,因此在这段时期出台了船舶折旧政策,鼓励企业购置新船舶。所有新购置的商用船舶基本能享受折旧优惠,因为当时的政策目标是促进经济复苏和增加船舶的运力,政策的重点是推动企业更新船舶,提高国际竞争力。

2. 20 世纪 80—90 年代

随着全球航运业竞争的加剧以及新技术的发展,日本航运业面临着来自中国和韩国等国家的竞争压力。因此,在这一时期,加速折旧政策不仅维持对商用船舶的支持,还开始对技术先进和符合某些标准的船舶给予额外优惠。

在这一时期,政策鼓励配备现代航运技术的船舶,比如更高效的发动机、更安全的结构设计等。加速折旧逐渐向更高效能的船舶倾斜,尤其是那些能够在较低能耗下运营的船舶,或能提高货物运载能力的船舶。

3. 2000—2010 年

随着国际社会对环保问题的关注提升(例如《京都议定书》的签署),日本的政策也开始侧重于推动航运业的环保升级,尤其是减少温室气体排放量。

政策开始明确鼓励低排放、低噪声、节能船舶的购买和建造,尤其是那些能够使用液化天然气（LNG）或其他清洁燃料的船舶。符合这些环保标准的船舶能够享受更加优惠的加速折旧政策。同时，安装了诸如节能装置或再生能源利用设备的船舶会获得更高的折旧率。

4. 2010—2020 年

2010 年之后，国际海事组织（IMO）进一步提出了减排目标，日本的加速折旧政策也与全球的绿色航运发展接轨，进一步强调推动企业购买符合环保标准的船舶。

日本的政策将符合国际海事组织 EEDI 标准的船舶纳入加速折旧对象，EEDI 是全球认可的船舶能效衡量标准，旨在减少温室气体排放量；同时，推动使用液化天然气作为燃料的船舶，该类型船舶因其较低的碳排放和更高的能源效率，成为政策的扶持对象；此外，某些使用混合动力或者纯电力驱动的船舶也可以享受加速折旧政策。

5. 2020 年以后

为实现碳中和目标，日本加大了对环保船舶的支持力度，特别是在 IMO 规定了更严格排放标准和全球减少碳足迹的背景下，日本在船舶加速折旧政策上进一步向环保船舶倾斜。

使用氢燃料电池、全电力驱动的零排放船舶成为政府大力支持的对象；智能航运技术开始得到政策扶持，船舶的自动驾驶、智能管理系统等也成为加速折旧政策的对象；使用风力、太阳能等可再生能源作为动力的船舶，也开始成为政策鼓励的对象。

二、减轻税收

减轻税收是增加企业资本积累非常重要的一项间接补助措施，二战后日本针对海运企业主要实施了减轻登记税及减轻固定资产税两种减税措施。

1. 减轻登记税

船舶登记税相关的税收主要包括所有权保存登记税及抵押权获得登记税两种，此外还有船舶所有权转移登记税、新增资本登记税等，日本二战后海运政策中减轻登记税措施对上述各税种都实施过，为了促进远洋船舶队的扩充，其适用对象主要是新建的远洋船舶，按照登记税标准降→升→降地发展变化，其过程大体可分从 20 世纪 50 年代初—70 年代初、70 年代初—80 年代中期、80 年代中期—90 年代三个阶段。

（1）20 世纪 50 年代初—70 年代初。这一阶段，为适应经济发展及改善企业基础的需要，对船舶的各种登记税一再降低，特别是在后期为了促进海运集约，降低的幅度更大。

二战后初期，船舶登记税标准是 1948 年 4 月公布的，具体如下：①所有权保存登记为船价的 4/1 000；②抵押权获得登记为债权金额的 6. 5/1 000；③所有权的转移登记为船价的 28/1 000。到 20 世纪 50 年代初，为了减轻远洋船舶建造者的税收负担，1953 年税制改革制定的新税制规定降低上述标准。所有权保存登记税课税标准从船价的 4/1 000 降低到 2/1 000，适用对象为 1953 年 8 月 1 日—1958 年 3 月 31 日建造的以在国外航线就航为目的的船舶；抵押权获得登记税标准从债权金额的 6. 5/1 000 降低到 3/1 000，适用对象为从 1952 年 11 月 1 日—1958 年 3 月 31 日建造的以在国外航线就航为目的的船舶；船舶所有权转移登记税由船价的 28/1 000 降低到 4/1 000，适用对象为由旧的船舶公团共有方式向其他共有方式转换的船舶。

1955 年，日本政府制定了《经济发展六年计划》，其中为了促进企业的资本积累，将相关股份公司增加资本的登记税从新增资本的 7/1 000 减少到 1. 5/1 000。

1961 年，为了保障日本经济的健全发展，规定减轻根据行政机关相关法令的劝告、指令设立股份公司，合并，增加资金，接受让渡资产等情况下的登记税。

1962年，经日本船主协会反复要求，日本国会于3月31日通过以部分减轻登记税为主要内容的“部分修改租税特别措施法”并于4月1日起施行，其中针对船舶登记税规定“将船舶所有权保存登记税从船价的2/1 000降低到1/1 000；将抵押权获得登记税从船价的3/1 000降低到1.5/1 000”，并将适用范围扩大到具有远洋航运资格的船舶。

1963年，《海运重建整顿法》开始施行。日本海运业通过整顿重组，集约形成了六大企业集团。为了推动企业整顿计划的实施，在税收上也采取了相应的措施。

1967年将原来的登记税法改为登记许可税法。1971年租税特别措施法第79条规定在远洋运输线上就航的船舶进行保存登记及抵押权设定登记时，对登记许可税的税率做如下改动：“所有权保存登记从船价的4/1 000降低到1.5/1 000；抵押权设定登记税从债权金额的4/1 000降低到2/1 000”。

(2)20世纪70年代初—80年代中期。这一时期，由于政策环境的转变，继续实施减轻登记税措施的必要性减弱，因此，这一时期多次提高登记税课税标准。

1973年将远洋船舶的所有权保存登记税及抵押权设定登记税分别提高到船价的2/1 000(原为1.5/1 000)和2.5/1 000(原为2/1 000)。1975年4月，进一步将上述两税分别提高到船价的2.5/1 000及3/1 000。1977年4月，又将船舶的所有权保存登记税提高到3/1 000。其后不久，又将上述两税都升至4/1 000。

(3)20世纪80年代中期—90年代。这一阶段，为了维持本国海运业必需的规模及国际竞争力，又恢复对登记税的减轻措施，但其适用范围大大缩小。1985年将在远洋航线就航的特定的新船的所有权保存登记税从相当于船价的4/1 000降低到3/1 000，抵押权设定登记税从船价的4/1 000降低到3/1 000。此外，规定适用该措施时，从接受登记之日以前2年内各决算期的分红应在船价的8/1 000以下。1988年4月将上述规定适用对象限定于计划造船中双层以上的现代化船。1990年4月又进一步缩小适用范围，将对象限定于接受开银融资并符合税法第2条规定的船舶中的二层以上现代化船。1994年4月将适用对象扩大到双层油船，将其登记税从船价的4/1 000降低到2/1 000。1996年将远洋船舶的所有权保存登记税及抵押权设定登记税都从船价的4/1 000降低到1/1 000。1995年的国际船舶特别税制提案规定将国际船舶的登记许可证税作为不课税对象。1996年10月1日起实施，将国际船舶的登记许可证税由原船价的4/1 000降低至1/1 000。

2. 减轻固定资产税

减轻固定资产税也是在20世纪50年代初，日本海运重返国际市场后，为适应形势的需要而出台的，其目的是通过减轻企业的税务负担，促进企业的资金积累，改善其经营基础，增强其竞争力，其政策对象包括船舶及船用设备。从其实施情况看，大致分为以下三个阶段。

(1)1950—1956年。船舶固定资产税属于地方税法的一种，船舶以船价作为课税标准，采取按比例征收方式，结果即使同一型号、同一性能的船舶也由于建造年限的不同而价格差距显著，使在运费统一的同一航线上航行的船舶中船价高者也要被课以高额的固定资产税，因此，船价较高的新船的固定资产税负担比原来增加了33倍，其税额占船费收入的2成多。而船舶在海外运航时，还必须负担出入港税、运河通航税、所得税等，其综合税负担与其他产业相比明显过重。另外，因船舶结构复杂、老化迅速，进行适当的综合性时价评估比较困难。

基于上述原因，海运业要求在1950年度法律许可的范围内，对上述税制进行适当修改。

因此，地方自治官厅、地方财政委员会、运输省三方经协商于1951年2月作出如下决定："以后对船舶、私人铺设铁路、电杆、车辆等采取个别征税方式征收固定资产税，对于1950年及1951年的船舶采取如下减税措施，即对二战后新造的远洋船舶（D型船以上）减轻其税额的一半，对于F型船每吨船价较高者，考虑市、町、村的具体情况进行适当的轻减。"

其后，由于在制定与上述决定相关的课税标准时地方财政委员会第一次案的提示额比假定额提高了一两成，经交涉，第三次案接受了日本船主协会的减轻要求。日本船主协会进而要求对1952年度固定资产税相关的课税标准及税额采取减税措施。结果，日本政府决定：①对二战后新建的远洋船舶征收的固定资产税减半；②对战标船征收的固定资产税中相当于其为取得船级所需改造费的部分税收减半；③对在定期航线使用的新建小型客船征收的固定资产税减少20%；④F型船中每吨价格较高者，市、町、村的财政状况不妨碍对其固定资产税进行适当减轻。

这一决定于1952年6月向各地方官厅进行了传达。另外，由地方财政委员会依据1952年度地方税法第389条规定决定对500吨以上船舶的课税评估额，并向相关市、町、村分配。运输省应日本船主协会要求将船舶的固定资产税方式改为独立税方式，并制定与减税相关的修改案提交地方自治官厅，但是，地方自治官厅由于正在由地方制度调查会对1954年以后根本修改地方税一事进行审议，对上述方案未予认可。

因此，运输省制定了地方税法修改方案，要求为减轻1953年度固定资产税修改评估标准，确实减轻1952年度相关税收，将船舶标准税率由1.6%降低到1.5%，将1 900吨以上远洋船舶课税标准定为其价格的1/3。其后，根据第16次国会通过的《部分修改地方税法的法律》对地方税进行了部分修改。

新地方税法从1953年8月1日起开始实施，也适用于海运业。但由于海运业作为折旧资产的船舶全部成为课税对象，使海运业比其他产业部门税务负担加重，另外，海运业为了重返国际海运市场，必须进行船舶的整备和扩充，在运输省、地方自治官厅及地方财政委员会协商基础上，日本政府决定对新建远洋船舶的固定资产税减少5成，但由于该措施与船舶登记税相关联，遭到一部分人的质疑。因此，日本政府对1953年新地方税法明确规定该税种仅限于依据《远洋船舶建造融资利息补贴及损失补偿法》签订利息补贴合同的远洋船舶，将其利息补贴期间的固定资产税率从1.6%降低到0.4%。翌年，由于日本政府认识到如果本国船要同外国船竞争，仅施行上述范围狭小的税收措施是不行的，故停止施行上述措施，进而规定："对于以远洋区域作为航运区域，且从上一年的1月1日到12月31日航运率达到50%以上的、1 900吨以上的船舶实施税收特别措施。由降低税率变为降低课税标准。课税标准降低到船价的1/3，税率为1.5%。"1955年进一步降低到1.4%。

（2）1956年苏伊士运河繁荣以后，苏伊士运河战争爆发，世界海运市场状况好转，为了乘此时机改善海运企业的资本结构，日本政府设立了临时税制调查会，对1950年制定的税收制度的不合理性、不均衡性进行了探讨。日本船主协会向临时调查会建议当时对船舶征收的固定资产税过于苛重，几乎使日本政府实施的各种海运补助政策的成效化为泡影，希望确立以培育、强化海运企业的竞争力为目标的税制。因此，1957年将作为特别措施适用对象的远洋船舶的吨数降低到500吨，将课税标准降低到船价的1/6，适用对象扩大到国内航运船舶，其课税标准为船价的1/3。

1961年根据业界要求放松了对远洋船舶运营的判断标准，从考察上年度的业绩转为考察当年的业绩，包括以下几类情况：①上年度航运业绩50%以上、500吨以上的远洋运输船；②过去5年中有1年航运业绩为50%以上且上年度有航运业绩的500吨以上的远洋运输船；③过去5年中3年有航运业绩且其中1年航运业绩在50%以上、500吨以上的远洋运输船。到1963年，日本政府制定实施了海运重建二法，计划在5年内实现海运重组。作为税收方面的促进措施，规定1964—1968年，根据前述的评判标准对从事远洋运输且上年度航运业绩达50%以上、500吨以上的远洋运输船全部免除固定资产税，该措施实际适用期到1974年。

(3)1975年以后。20世纪70年代以后，日本进入海运转型期，固定资产税的减免主要集中针对几方面的问题，即应对船舶方便旗问题、海运规制缓和在引进国际船舶上的制度问题。随着进一步发展，对象缩小为特定船舶或设备，包括外贸船、国际船舶、远洋运输用集装箱、船舶挡油堤及集装箱用冷冻装置等。

1975年地方税法附则第14条规定在远洋航线上运航天数超过其全部运航天数1/2以上的外贸船的固定资产税课税标准为船价的1/12。1996年又变为船价的1/10。2000年规定满足自治省规定条件的国际船舶课税标准为船价的1/15。

1995年日本政府决定引进国际船舶制度后，为了保障和促进该制度的实施，在同年的国际船舶特别税制提案中规定将国际船舶的固定资产税作为非课税对象。1996年10月1日，在部分修改的《海上运输法》的法令正式生效，国际船舶制度开始实施的同时，对国际船舶的减免税措施也开始实施。将国际船舶的固定资产税由原来船价的1/10降至1/15，并将其适用范围扩大到一定数量的海外让渡船。根据运输省海上交通局的决定，1997年，享有该项降低固定资产税优惠的船舶计129艘，其中包括87艘现代化船舶、27艘新丸船混乘船、13艘LNG船和2艘具有滚装装备的汽车专用船。此外，日本政府还决定减轻国际船舶用货柜及外贸码头的固定资产税。国际船舶用货柜的课税标准为原税率的4/5，外贸码头公司货柜码头的课税标准为原税率的1/2。

对远洋运输用集装箱，1973年规定将其固定资产税课税标准减少到原课税标准的1/2，1976年变为降低到原课税标准的2/3，1980年改为降低到原课税标准的3/4，1982年又改为降低到原课税标准的4/5。而对特定的集装箱冷冻装置，1995年对获得价格在200万日元以上者将其固定资产税税率降低到一般固定资产税的2/3，1996年将课税对象改为获得价格在240万日元以上者，课税标准降低到一般固定资产税的3/4，2000年变为降低到一般固定资产税的4/5。

三、其他租税特别措施

除上述特别折旧及减轻税收两种主要的措施外，日本二战后还针对海运业实施了缩短船舶耐用年限、船舶买换压缩记账制度及特别准备金等零散的措施，这些措施起到了重要的补充及辅助作用。

1.缩短船舶耐用年限

缩短船舶耐用年限是促进船舶更新，改善船队的船龄结构，提升船队竞争力的税收方面最直接而有效的方法。因此，日本政府在二战后多次通过相关法令缩短船舶耐用年限，从而使日本船队在船龄结构方面处于优势地位。

1947年4月根据法人税法施行规则，在战后首次将船舶耐用年限法定化，该税法规定：货船耐用年限为旧式船20年、1次战标船18年、2次战标船12年、新船(1945年8月以后下水)

16年；油船耐用年限为旧式船18年、1次战标船16年、2次战标船10年、新船（1945年8月以后下水）12年。1952年4月修改法人税法时，将油船以外船舶中1次战标船改造船的耐用年限缩短为15年、2次战标船改造船的耐用年限缩短为10年；油船1次战标船改造船耐用年限缩短为10年、2次战标船改造船耐用年限缩短为8年。

1961年4月，随着航运技术革新的进行，考虑到船舶老化问题，缩短船舶的耐用年限，具体规定如下：油船、药品船除外的船1949年以前下水者12年，1950年1月以后下水500吨以上者18年、不足500吨者16年；油船1949年以前下水者10年，1950年1月以后下水者500吨以上16年、不足500吨者14年；药品船12年。

1969年4月，随着废除2 000吨以下船舶的折旧制度的实施，作为其补充，缩短相关船舶的耐用年限，具体内容如下：油船、药品船除外的船1949年以前下水者12年，1950年1月以后下水2 000吨以上者18年、不足2 000吨者16年；油船1949年以前下水者10年，1950年1月以后下水2 000吨以上者16年、不足2 000吨者14年；药品船12年。1971年4月，进一步缩短不足2 000吨的油船及药品船的耐用年限。规定1950年1月以后下水不足2 000吨的油船的耐用年限为12年，而符合同样条件的药品船的耐用年限缩短到10年。

到1974年4月，随着石油危机的冲击，世界海运市场低迷，日本海运进入转型期，进一步缩短船舶的耐用年限，规定：油船以外其他船舶2 000吨以上者由18年缩短为15年，不足2 000吨者，车辆渡船由12年缩短为11年，其他由16年缩短为14年；油船2 000吨以上者由16年缩短为13年，2 000吨以下者由12年缩短为11年。

通过上述措施，并与其他旧船处理措施相结合，到1989年，日本与联邦德国、比利时并列成为世界海运业中船队平均船龄最小的国家之一，10年以下船舶总吨位占船舶总量的68%，而当时世界平均水平为36.4%。

2. 船舶买换压缩记账制度

该制度也是为了促进海运企业设备现代化，对旧船进行处理的税收相关措施的一种，依据租税特别措施法第65条第7款规定，在通过购买方式进行船舶更新或将特定的国内航运船舶作为折旧资产置换时，采取压缩记账方式，即减少其置换资产的账簿价额（在与差益比例的80%相乘的压缩限度内），减少额度计入该事业年度的损失部分。

3. 特别准备金

特别准备金主要有“防止公害准备金”“战争灾害准备金”两种，是适应特殊的需求而设立的，但也对改善企业的资金状况起到了一定的效果，“公害防止准备金”制度，从1972年度开始，按照租税特别措施法第56条第8款规定的防止公害准备金制度适用于海运业的沿岸运输。该制度允许防止公害费用负担大，所得金额变动大的业种在进行防止公害准备金积累时，将其计入损失部分，各事业年度的积累限度为对象企业收入的3/1 000，该积累基金经3年逐渐计入收益。

“战争灾害准备金”制度，按照租税特别措施法第57条第4项的规定：为了应对海运业在战争危险水域航行发生异常危险，将根据政令规定计算的金额作为准备金进行积累时，将该金额计入该事业年度的损失部分。

除上述直接针对海运业的减免税收的措施外，日本政府还实施了对与海运业关联产业的减税措施，这些措施成为间接的对海运业的减税措施。例如对造船业的减税措施，对造船业新产品开发、生产技术引进、设备更新等尤为支持。对造船企业在这些方面的投资，政府减税率为 3.05%。对政府批准的长期优惠,减税率则为 3.2%。为了促进新船的试验性研究,对于新增的研究费用减税率则达 10%。此外,日本政府还对 100 总吨以上的海船进口免征关税。据介绍,1996 年,日本财政预算为船舶所有人提供的减免税额达 70 亿日元。

进入 21 世纪以来,以欧美国家为首,为了提升本国船队的船舶拥有量及海运业的国际竞争力,各国的海运税制改革已经蔚然成风。在这种大趋势下,日本船主协会也于 2001 年向日本政府提交了海运税制改革建议案。其主要内容为:①延长对国际船舶登记许可税的减轻措施;②延长与国际船舶相关的固定资产税减轻措施;③延长对国际船舶用货柜的固定资产税减轻措施;④延长外贸码头公司现有或今后获得货柜码头的固定资产税及都市计划税的减轻措施;⑤延长促进中小型企业新技术体制化投资税制;⑥延长促进中小型企业投资税制。

综而观之,二战后日本海运税制包括针对海运企业的固定资产(船舶及其设备)、运营、所得等方面的多种措施,涉及登记税、固定资产税、所得税及法人税等诸税种,具备多样性特点,并与计划造船、海运技术创新等相结合,在商船队的整顿扩充,特别是减轻海运企业的负担,促进企业的内部留保,强化企业基础,促进海运业的整顿重组,提升日本海运的国际竞争力等方面收效很大。例如在通过实施国际船舶制度降低国际船舶的固定资产税方面。根据运输省测算,与普通远洋船舶相比,所减少的固定资产税额度为:船价为 250 亿日元的 LNG 船约为 170 万日元,船价为 80 亿日元的 VLCC 船(巨型油船)约为 370 万日元。

四、采取“吨位税”

2008 年日本颁布了《船舶吨位税法》,开始实施吨税制(tonnage tax),该制度是为了鼓励船舶公司在日本国内注册,以增强日本海运业的国际竞争力,同时保障日本海运企业的税收负担能够与国际竞争对手保持一致。很多国家,如英国、荷兰、挪威等,早前已经引入了类似的吨税制。这一政策使得日本海运企业在国际市场上能够享有更公平的竞争环境,减小税收负担压力。

吨位税主要针对在日本注册的从事国际航运的总吨位为 100 吨及以上的船舶。吨税制下,依据船舶的净吨位(net tonnage)来计算税额,而不是基于企业利润。每吨的税率是固定的,因此企业的税额与其实际经营利润无关。无论公司是盈利还是亏损,只要拥有船舶,均须按船舶吨位缴纳税款。

日本的吨税制税率根据船舶的吨位等级进行划分。吨位越大,适用的税率越低,这种设计有利于鼓励企业运营大型船舶,提升效率。日本的吨税制与传统的企业所得税制度是并行的,船舶公司可以根据自身情况选择是否加入吨税制。一旦选择加入吨税制,通常企业在一定的时间(例如 10 年)不能退出,以保持税制的稳定性。

为了防止企业滥用吨税制,日本政府对选择该税制的企业设定了一定的条件。例如,船舶必须从事国际航运业务或特定类型的航运业务;此外,船舶需要符合环保要求,企业需有合理的航运经营记录等。

第六节 海运技术法规

技术是海运发展的主要动力，与海运业的企业战略、资本和船员供给、进出口业者（货主）的需求环境及海事关联产业（金融、保险、造船、钢铁等）构成要素紧密关联，通过技术创新，可使上述诸要素的内容和结构发生变化，使运营成本降低，从而维持海运企业及产业整体的竞争力。因此，技术政策也成为日本二战后海运法规的重点。

日本海运技术创新紧跟时代的潮流，并在某些方面走在世界的前列，这是其官民协作大规模实施技术政策的结果。二战战败初期，日本船在性能、质量和技术含量诸方面都存在问题，造船技术也与先进国家出现了差距。然而，技术差距的存在也为日本通过技术政策使海运技术实现跨越式发展提供了可能，大量技术熟练工人及军舰制造技术人员的存在也为二战后海运技术政策的实施及技术发展奠定了良好的基础。在上述基础上，日本政府和民间密切配合，对旧船进行技术改造，在引进国外先进技术的同时，大力推进技术研发，通过积极的政策推动，使日本海运技术实现了超越。本节拟从技术改造、技术引进及技术研发三方面对日本二战后的海运技术政策进行研究。

一、技术改造

对旧船、战标船及其他低效船进行改造是二战后日本海运健全发展不容忽视的重要课题。二战后日本海运业一个大的弱点是资本生产性低下，1958 年至 1987 年，日本海运资产年均率为 3.9%，而造成资本生产性低的一个重要原因便是旧船及低效船过剩。因此日本政府针对上述问题制定实施了技术改造政策。其政策过程可分为以下三个阶段。

1. 战败—1957 年夏

这一阶段，由于日本国内船的过剩，远洋船舶不足，旧船及低效船过剩问题主要体现在国内航运船方面，技术改造措施主要围绕国内航运船进行，先后采取了系船补贴、低效船买入拆除、废旧建新三项措施。

（1）系船补贴。二战战败初期的日本商船队构成中战标船约占 7 成，旧式船占 3 成，且旧式船大多为老龄旧船。由于占领当局不允许日本进行远洋运输，日本船原则上就航行于国内航线。国内航运最初被作为缓解陆地运输混乱的对策，从 1946 年 12 月开始将运输煤炭、矿石、木材等作为重点，到 1948 年以前，货运量有相当程度的增加，船舶过剩问题尚不明显。但 1949 年随着道奇计划的实施，日本国内货运锐减，同年秋以后，每月不得不有 50 万吨船舶长期系船。因此，日本政府一方面努力促使本国海运回归远洋运输市场，另一方面采取了对国内航运船的系船补贴制度。1950 年 4 月海运还原民营时，由于国内航运市场萧条，国内航运船系船数进一步增长，使该年度系船补贴预算达 42 亿日元。但由于对每艘船平均补贴过少，该措施没有取得充分效果。

（2）低效船买入拆除。由于系船补贴未取得充分效果，国内航运船过剩问题未得到解决。尽管在重返国际远洋运输市场方面取得了快速发展。但到 1950 年 4 月 1 日日本取得国际船级的远洋货船仅 23 艘 17.2 万吨。合格远洋船舶极度不足成为日本海运重返国际远洋运输市场的主要障碍。基于上述情况，日本政府针对国内航运船过剩问题在取消系船补贴制度的同时，实施了低效船买入措施，由政府利用1950年度系船补贴预算结余的27亿日元购买旧船并拆除。但朝鲜战争的长期化使世界海运繁忙，日本国内航运船主拆除旧船的欲望显著减退，远洋船舶不足问题进一步深化，预定拆除的一些船舶经过修改获得了国际船级而没有拆除。因此，这一制度预定拆除60万吨，最后仅拆除了20万吨。

(3)废旧建新。尽管海运市场繁荣使国内航运船过剩问题得以缓解，但国内航运方面仍有以E型战标船179艘27万吨为主的大量低效船。因此，作为低效船买入制度的替代法，实施了战后最初的废旧建新。日本政府于1953年8月10日公布实施《临时船质等改善助成利息补贴法》，其中规定对在第9次计划造船中履行建造1艘新船(4 500吨、12节以上)拆除E型战标船或以此为准的低效船2艘义务的船主给予年2.5%的利息补贴。结果，从1953年9月到1954年3月，共通过上述方式拆除低效船74艘11.3万吨，取得了一定成效。但是，该措施只是以1953年度为限的临时性措施，且以缓解国内航运方面船舶过剩为主要目的。

由于上述三项措施主要针对国内航运船过剩问题，且当时远洋船舶不足，扩充远洋船舶成为当务之急。因此，这一时期并未能实施针对远洋运输船的实质性技术改造，只是针对一些特定的战标船进行了小规模的技术改造。如1949年对A型战标船进行技术改造，1951年对一些大型战标船进行了改造，使其获得国际船级。二战后真正意义上的远洋船舶技术改造则在1957年夏以后。

2. 1957年夏—1969年

1957年夏以后，日本政府开始将技术改造政策的重点转向远洋船舶，先后施行了主机换装对策、战标船对策、低效船对策等几项措施。

(1)主机换装对策。1957年夏以后，世界海运长期萧条，由于柴油机性能提高，以涡轮发动机或往复式发动机为主的远洋船舶的核算恶化，影响到日本海运企业的经营。拥有上述船舶的船主制订并实施了换装计划。最初因造船业萧条，工程费较低廉，由船主利用自有资金进行。其后，随着规模扩大，工程费上升，利用自有资金换装核算紧张，船主们要求政府对该工程提供财政融资。因此，运输省于1960年制订了主机换装计划，该计划以利用开银融资促进装备涡轮发动机或往复式发动机的远洋船舶换装柴油机，提高相关船舶的效益为目的，适用对象为2 000吨以上、船龄不足15年的远洋船舶，融资条件为：融资额限定在工程费的50%以内、年利率为6.5%，偿还期限为贷付后10年内偿还。

1961年1月发生的“弥彦”号事件，使得战标船对策显得更为紧要，而主机换装对策实施期与融资期不同时，选择标准又比较严，因此，希望量大大降低。结果，由于建造战标船的预算不够充分，同年度开银融资额出现的大幅结余被转用为战标船替代建造补贴。这样，主机换装对策仅实施了1960年度及1961年度两个年度便告结束。

(2)战标船对策。如前所述，战标船是一种质量低劣的船舶。1948年时日本仍有战标船112万吨，到1960年尚存77万吨，其中70万吨被用作商船。由于需要大量修缮费用，且船舶运营效益难以提高，希望将其拆除进行替代建造的船主较多，但是这些船主大半为中小型企业者，财务状况大多较差，无法独立实施替代建造。

因此，日本政府在1961年以后，由政府提供相关资金，实施了为期3年的战标船对策。船主的选择由运输省依据《利用日本开银融资与拆除战标船相伴的替代建造要领》进行招标并向开银推荐合格者，由开银从金融方面考察确定。融资限度在新造船合同船价的50%以内，年利率为8.7%，偿还期限为竣工后货船18年以内、油船16年以内，偿还方法为允许从竣工日起搁置3年，以后每年半年期等额偿还。替代建造对象为可以在远洋及近海区域航行的3 000吨以上的船舶，拆除比例为每建造1吨拆除1.5吨以上。通过上述措施的实施，基本解决了远洋运输中的战标船问题。

（3）低效船对策。低效船对策是为促进依据海运重建二法的海运企业重建整备及提高贸易自由化后日本海运的国际竞争力，从1964年开始实施的技术改造措施。

首先被作为该政策适用对象的是78艘43万吨（3 000吨以上）到1969年年底超过耐用年限的船舶，这些船舶多属于资金筹措能力弱的中小船主，为促进替代建造顺利进行，有必要进行积极财政援助。此外，其他低效船的改造是将标准型油船改造为木材专用船、装卸专用船或将其船型大型化，作为该政策适用对象的是从1950年到1957年建造的2万吨型或3万吨型的所谓标准型油船。

3. 1970年以后

进入20世纪70年代以后，由于海运业进入结构转型期，为了促进船舶的现代化，全面提高船舶的运营效率，技术改造在远洋船舶及国内航运船方面同时进行。

针对远洋船舶方面主要实施了替代建造及拆除补贴。在替代建造方面，从1971年起规定每建造1艘4 500吨以上的货船或近海用油船，向海外出售或拆除3 000吨以上的低效船，由日本银行进行相关融资，融资比例50%（以4亿日元为限），年利率为6.5%。

1978年，又直接对远洋超龄船提供拆除补贴，补贴额度为每拆除1总吨超龄远洋船舶，补贴15~16美元。1986年6月，鉴于海运进一步萧条，日本政府颁布了《促进拆除特定远洋船舶临时措施法》，对拆除特定远洋船舶的海运企业，给予与拆除相关的必要的资金支持，建立了拆除相关债务担保制度。指定油船及一般散装货船中的6种船型为特定拆除船型，预计从1985年到1989年拆除量要达到520万吨。为了给拆除相关海运企业提供必要的债务担保，日本政府于1986年9月设立了产业基础信用基金。从1978年到1991年3月，有500万总吨的拆除船获得了补贴。

二、技术引进

技术引进是改变技术落后的一条捷径，为了改变战后初期本国航运技术在国际上的落后地位，在对旧船进行技术改造的同时，日本在大型专用船技术、集装箱技术等方面进行了大规模技术引进。

1. 大型专用船技术

大型专用船技术引进方面，在20世纪50年代后期，日本主要引进了铁矿石专用船运输方式。从1956年5月开始，日本各界就铁矿石运输专用船化展开了热烈讨论。当时出现了两种主要观点：一种观点认为为了低价进口铁矿石，建立矿山开发、装卸设备投资、专用船运输的体系必不可少，持上述观点者主要是钢铁业；持另一种观点者虽也承认铁矿石运输专用船化是大势所趋，但不主张将占日本海运量3成的铁矿石运输从传统的不定期船运输转为专用船运输，站在这一立场上的主要是海运业。造船业及机械制造业，为获得价格低廉、供应稳定的钢铁，与钢铁业持同样的主张。

在上述背景下，通产省重工业局同海外制铁原材料委员会、运输省海运局同船舶局分别组织了共同研究会，对该问题进行了专题研究。到1956年5月25日，得出如下结论：“专用船运输必须选择装卸能力较强的地方；专用船的大小程度应在1万至1.5万吨之间，合计建造15艘，每年预定建造3艘；经营方式为钢铁业和海运业共同出资设立专门公司，由海运业具体负责航运业务，如海运业不想干，则单独由钢铁业承担。”

在进行充分讨论及调查的基础上，日本开始建造铁矿石专用船，引进铁矿石专用船运输方式。这样，长期悬而不决的铁矿石运输专用船化的问题被以积极的政策措施解决。

2. 集装箱技术

集装箱技术的出现是二战后航运技术划时代的技术变革。日本政府开始认真考虑集装箱海陆联运是在1960年前后，但真正大规模采用集装箱运输方式是在1965年以后。对于海运业的集装箱化动向，运输省深为关注，其一方面害怕引发船主间的过度竞争，影响集约化目标的实现；另一方面担心本国的集装箱运输处于外国企业特别是美国企业的支配下。于是，运输省将集装箱运输方式的引进作为海运政策的一个重要课题加以探讨。

1965年5月24日，日本运输大臣向海造审提交了《关于整备我国海上集装箱运输体制》。海造审于9月12日就集装箱化进展情况、统一集装箱规格、集装箱船、集装箱码头、与日本国内航运的关联、海上集装箱运输经营体制、政府补助、关税制度及承运人的责任及保险制度等项内容进行了答询，成为整备集装箱运输体制的指导方针。

基于上述答询，运输省于1965年9月28日决定国际海上运输体制整备计划，其根本目的在于培植集装箱运输服务的大企业，尽量排除外国企业的影响，维持集约化体制。经运输省斡旋，海运业于1966年12月14日达成如下协议：“大阪商船、三井船舶、川崎汽船、山下新日本汽船及日本线等公司相互协作，形成集团，确立共同使用集装箱、共同砝码、配船调整，集团运费、仓储一体化等的协调体制；日本邮船、昭和海运两公司以日本邮船与夏威夷的马特林航运公司的先行合作为前提，形成集团；设立外贸埠头公团，制订集装箱码头建设计划。”这样，通过政府的积极介入，日本在加州航线、北太平洋航线、欧洲航线、纽约航线等航线上相继实现了集装箱化。

但是，国际集装箱运输只有通过海陆联合才能有效。因此，运输省的流通现代化会议将上述问题作为第一议题，从1966年12月14日开始，经过10次讨论，得出了如下结论：“(1)有必要在距离码头较远的地方，设置内陆仓库、货柜、铁道货栈、仓库及与之相连的建筑物，特别是建设货场比较妥当；(2)有必要修改相关法规和进行道路整备，特别是对连接从港湾到内陆干线的道路进行重点整备；(3)有必要将与港湾毗邻的铁路线延伸到港口，就集装箱运输采取弹性运费制度；(4)为进行海上支线服务，希望重点考虑滚装方式；(5)对集装箱仓储进行研究；(6)在国内货运的末端，开发少量集装箱简易装卸方式；(7)就集装箱的强度进行研究；(8)为顺利与国际接轨，有必要就运输合同、统一运输文件格式、运费、保险、通关等与其他国家进行探讨。”

为推动集装箱码头建设，日本政府于1967年制定了《外贸码头公团法》，以公团为主体对集装箱码头的建设、管理及其企业运营进行专项贷款。为了对集装箱运输进行有效管理，日本政府还通过行政指导，让本国公司之间订立定期租船合同，引进了通过公司集团对集装箱船进行共同利用的运输方式。

三、技术研发

技术改造与技术引进只能局部改善商船队的技术含量，只有技术研发才能使航运技术发生质的飞跃，彻底改变落后状况，实现赶超。因此，在进行技术改造与引进的同时，日本政府及海运业、造船业在大型船建造技术、高速船技术、环保型船舶技术及智能化船舶技术等方面进行了积极的技术研发。

1. 大型船建造技术

为了应对世界海运市场专用船大型化的趋势，提高建造大型船的综合技术水平。20 世纪 50 年代，大型船建造技术的开发被提上议事日程。为此，日本运输省向造船技术审议会进行了多次咨询，其主要情况如 1965 年 7 月，运输大臣对造船技术审议会提出了《大型船建造技术方面的问题及其对策》的咨询。对此，造船技术审议会于同年 12 月进行了答询，该答询中列举了船型、构造、大型船建造技术审议情况。其中大半是从当时大型船建造计划进展方面看，3 年内必须解决的。基于上述答询，日本政府制订了 1966 年以后为期 3 年的计划，并推进包括船舶技术研究所、日本造船研究协会、民间企业等机构在内的官民共同研究。为此，1966 年成立了大型船综合研究委员会，对大型船的船型、船体构造、运航性能、舾装、发动机等问题，从更经济、更安全的角度出发进行探讨、实施概略的基本设计，推进综合技术开发。

2. 高速船技术

在船舶大型化的同时，为提高航运效率、缩短航运时间及节省航运成本，又对船舶高速化提出了要求。在这一方面，最先着手的是大阪商船，该公司向新三菱重工业公司订购的一艘 9 400 吨 1 万马力的高速船于 1951 年竣工，并于 1952 年 9 月开创了横渡太平洋的航运新纪录。与此同时，日本各航运公司在其他航线上也展开了速度之争，日本的高速货船队开始重建。与此相应，日本政府和各海运公司协力开始了高速货船建造技术的研究开发。

为提高船舶航速，在相关技术的开发方面，日本是独立研发成功的，特别是在球形船头的设计方面。此外，日本相关各界还开发了遮浪甲板、纵肋骨船体结构、瘦形设计等船型及船体结构相关技术。在提高船舶发动机马力方面，日本相关各界进行了大马力船用发动机的研究开发，使船舶马力不断提高，马力最大者超过了 1 万马力。

1988 年，日本运输省提出了超高速货船研究开发课题，并于同年 6 月成立了超高速货船技术研究委员会。日本七大造船公司都加入了该委员会，参与了这项研究活动。此项研究分两组进行。一组由三菱重工业公司和三井造船公司组成，从事 TSL-A 型船的研究；另一组由川崎重工业公司、石川岛播磨重工业公司、日立造船公司、住友重机械公司和日本钢管公司组成，从事 TSL-F 型船的研究。从 1988 年开始至 1992 年 3 月，顺利完成了水池试验和模拟试验。1992 年 4 月起，该项研究进入第二阶段，即进行实验船的设计。TSL-A 型试验船长约 70 米，试验目标是在装载 200 吨货物的情况下，航运速度达到 50 节。由三井造船公司玉野造船厂和三菱重工业公司长崎造船厂合作建造。TSL-F 型船是小型试验艇，由川崎重工业公司神户船厂负责建造。

根据日本运输省超高速货船技术研究委员会的计划，超高速货船在试验成功的基础上，于 1996 年进入实用阶段，主要用于日本国内海运和日本至韩国、中国香港、中国台湾、新加坡之间的集装箱运输。与此同时，日本还致力于超导电磁推进船的研究开发。该项研究从 1985 年开始，历时 7 年。第一艘超导电磁推进船的试验船“大和 1”号于 1992 年下水，该船长 30 米、宽 10 米、吃水 2.5 米，是世界上第一艘超导电磁推进船。由于无须任何发动机、螺旋桨之类的旋转部件，该船无噪声、无振动、易于维修。1992 年中期开始，该项研究进入第二阶段，即在“大和 1”号试验船的基础上进一步研制第二代超导电磁推进船，最终目标是在 2010 年前使船速达到 100 节。2023 年,日本川崎重工公司宣布全球首艘超导电磁推进试验船完成海试,航速达到 12 节。

3. 环保型船舶技术

日本政府在 2017 年首次发布了《氢战略》,并于 2023 年进行了更新。该战略将氢燃料应用于船舶领域视为关键措施之一,促进氢动力船舶的研发和使用,以实现更清洁的海洋运输。日本政府希望通过与企业合作,到 2030 年建成多条氢燃料船并推向市场。

日本经济产业省在 2020 年发布的绿色创新基金计划中,将清洁能源和环保型船舶作为重要的资助领域之一。该基金的目标是通过支持氢燃料、氨燃料、电池、碳捕获与储存等技术的开发,帮助船舶行业实现碳中和。

日本国土交通省在 2020 年发布了《温室气体减排战略》,主要内容包括推动环保型船舶的研究与开发、应用低碳和无碳燃料、优化船舶设计以减少能耗,以及发展风力和太阳能辅助推进技术。此项战略也提出了与国际海事组织减排目标接轨的具体计划,以达到 2050 年温室气体排放量减少 70%的目标。

4. 智能化船舶技术

日本的智能化船舶开发政策涉及多个层面,包括推进自动化航行技术、提升船舶运营效率以及减少人为操作错误等方面。日本的智能化船舶政策通常由政府、海事研究机构以及企业联合推动,出台了若干政策和战略文件,旨在提升船舶的智能化水平。

2015 年由日本邮船和商船三井等主要航运公司牵头,启动了《智能船舶研究与开发计划》。该计划的主要目标是通过大数据和物联网技术提高船舶运行效率,降低油耗,并减少人为操作失误。

日本国土交通省和经济产业省在 2017 年发布了推动自动化航行船舶的战略,旨在实现船舶在特定航线的自主导航。此战略提出了几个关键发展方向:(1)开发和测试自主航行系统,使船舶能够在既定航线上实现无人或少人值守的自动驾驶;(2)研究智能避碰系统,通过雷达、摄像头等设备识别并规避海上障碍物;(3)在近海和沿岸航线进行自动航行船舶的试点测试,以验证自动航行技术的可靠性和安全性。

日本政府于 2020 年发布海事智能化转型计划,进一步推动船舶数字化和智能化发展。该计划提出以数字化管理、智能辅助和自动化驾驶为核心的发展方向:(1)建立海事大数据平台,整合海运物流数据、船舶动态、气象信息等,为智能船舶的开发提供数据支持;(2)推广安装智能辅助系统(如智能驾驶仪、智能引航系统)以减少船员操作压力和失误风险;(3)通过智能化技术优化船舶能效管理,以实现低碳环保的目标。

第八章 主要国际性组织的海运政策

第一节 世界贸易组织的海运法规

一、从关税与贸易总协定到世界贸易组织

1. 关税与贸易总协定(GATT)

第二次世界大战结束后,美国向联合国经社理事会提议召开世界贸易和就业会议,并建立国际贸易组织。1946 年 2 月,联合国经社理事会接受建议,成立了筹委会。1947 年 10 月,在哈瓦那举行的联合国贸易与发展会议上,国际贸易组织宪章经审定并通过,即《哈瓦那宪章》。与此同时,参与联合国贸易与就业会议的 23 个国家还就相互减让关税问题进行谈判,并达成百余项关税减让协定。签字国把这些协定和《哈瓦那宪章》中有关贸易条款合在一起,形成了关税与贸易总协定(简称关贸总协定,GATT),并签署了《临时适用协定书》,于 1948 年 1 月 1 日开始临时实施,并准备一旦《哈瓦那宪章》被通过,便将其纳入宪章中。然而,由于《哈瓦那宪章》未能得到美国等国家国会的批准,拟议中的国际贸易组织流产,而 GATT 一直保留下来,成为协调各国贸易政策的组织,直至 1994 年 12 月 31 日止。该组织最初无常设机构,直到 1960 年才成立了缔约国代表理事会,总部设于日内瓦。1995 年 12 月 12 日,关贸总协定 128 个缔约方在日内瓦举行最后一次会议,宣告关贸总协定的历史使命完结。根据乌拉圭回合多边贸易谈判达成的协议,从 1996 年 1 月 1 日起,由世界贸易组织 (WTO) 取代关贸总协定。

关贸总协定的宗旨是:缔约各国政府认为,在处理它们的贸易和经济事务的关系方面,应当以提高生活水平,保证充分就业,保证实际收入和有效需求的巨大持续增长,扩大世界资源的充分利用以及发展商品的生产与交换为目的。其实现方法为“达成互惠协议,导致大幅度地削减关税和其他贸易障碍,取消国际贸易中的歧视待遇”。

2. 世界贸易组织(WTO)

鉴于关贸总协定是一个临时性的、过渡性的协定,法律基础比较薄弱。同时,随着服务贸易和知识产权业已提到谈判的议程,贸易范围扩大,旧的机构已经不能适应新的需要。1990年年初,意大利在GATT乌拉圭回合谈判中首次建议成立“多边贸易组织”,被乌拉圭回合谈判委员会采纳。在1994年马拉喀什部长会议上,104个成员国正式通过“多边贸易组织协议”,并将其改名为“世界贸易组织”。1995年1月1日,世界贸易组织正式成立。

WTO的成立并未改变关贸总协定的宗旨及运转方式,并在原会员国和原有的工作基础上继续发挥削减关税,消除其他各种贸易壁垒,逐步实现贸易自由化的作用。从关贸总协定的成立到世界贸易组织的确立,截至2013年,成员国已从初始的23个发展到159个。目前,各缔约国之间的贸易额已占世界贸易总额的90%左右,其规模领域不断扩大,由关税到非关税壁垒措施,由货物贸易延至服务贸易、知识产权保护和投资措施,并可能扩大到环境保护。该组织对整个世界经济发展起着举足轻重的作用,并与国际货币基金组织、世界银行共同构成当今世界经济体系的三大支柱。

3.《服务贸易总协定》(GATS)

关贸总协定自1947年成立以来已完成了8轮谈判,前6轮谈判目标主要是削减关税,从第7轮东京回合开始,谈判重点逐渐转移到非关税措施。第8轮谈判于1986年12月在乌拉圭的埃斯特角开始,1993年12月15日结束。该回合把总协定的谈判议题首次延伸到知识产权保护、投资政策和服务贸易,其中服务贸易在1988年12月召开的蒙特利尔中期评审会议上达成了初步协议。1990年7月推出“服务贸易多边框架协议草案”。在此基础上,1994年4月15日正式签订了《服务贸易总协定》(GATS)。《服务贸易总协定》的问世,不仅为国际服务贸易发展创造了条件,而且使缔约方从服务市场的保护与贸易对立转向自由化与多边谈判,为以后多边服务贸易自由化谈判奠定了基础。

二、世界贸易组织海运法规

1. 海运市场的开放

世贸组织致力于国际海运业的全面开放和自由化,消除各种服务贸易壁垒。乌拉圭回合谈判首次将服务贸易和与贸易有关的投资措施及知识产权纳入了多边贸易协定的规划范围内。这标志着世界性多边贸易体制趋于完善。现今国际贸易结构已发生重大变化,服务贸易额已达1万亿美元,占世界贸易总额的1/4以上,服务业的国际投资已占国际直接投资总额的40%。乌拉圭回合谈判中,88个国家同意对服务输入实行自由化,但是,美国和欧共体未能就金融和海运市场开放达成一致协议,在这两个领域引起了极大反响。

作为服务业重要组成部分的国际海运业,增长速度令人瞩目。国际海运船队吨位以高于海运需求的速度增长,使得国际海运市场的总供给远远大于总需求,导致市场竞争异常激烈。针对这种情况,国际海运企业纷纷开展各种形式的跨国经营,以求在世界范围内最大限度地获取规模经济效益,涌现出了一批实力雄厚的跨国海运公司。

之所以产生了《服务贸易总协定》,其根源在于服务业贸易的种类与数量在世界贸易中所占比例很大。从发达国家来看,当时,其服务业产值占国民生产总值的比例为30%~70%,它已成为影响一国经济盛衰的重要产业,因此,各国政府更为重视服务业贸易与一国经济发展的关系。而各国政府为了发展本国的基础设施(运输业、电信业和金融业等),保护发展中产业,以及考虑到社会、风俗、文化及金融安全、经济安全等国家安全的因素，而对服务业贸易所作的规范多于商品贸易，由此也产生了各种形式的服务业贸易壁垒。当服务贸易量较少时，尚不会感觉到贸易壁垒的弊端，但随着服务贸易量的增加，它会影响到全球经济的发展。为了实现世界经济的持续发展，必须解决服务贸易壁垒的问题，使其不能危及已历经40多年努力所建立的自由贸易体系。此外，发达国家商品贸易竞争力虽低于发展中国家，但其所具有的服务业，无论是从数量、质量，还是从竞争力方面都远高于发展中国家。因此，发达国家急欲建立一套关于服务业贸易的国际规范及框架，借以作为服务市场开放的基础条件。

《服务贸易总协定》所规范的海运服务业可分如下方面：

①旅客运输服务；②货物运输服务；③租船业务；④船舶维修业务；⑤拖驳船相关业务；⑥海运支持服务业务。

目前，世界主要航运国家航运业的开放程度有所不同，西北欧一些航运发达国家如希腊、英国、挪威和荷兰等，其航运业开放程度较高，一般主张航运自由，政府对航运业的干预程度较低；而另一些国家如美国、法国和意大利等，其航运业开放程度较低，他们对航运业制定了带有保护色彩的政策法规。

2. 海运业开放的谈判

(1) WTO海运谈判

海运、金融、基础电信和人员流动是关贸总协定乌拉圭回合多边贸易谈判遗留下来的4个议题。海运一直是服务贸易谈判的一个关键部门，包括日本和美国在内的约50个国家和组织（欧共体算一家）参加了谈判并提出过开价单，但是，谈判在很大程度上受到了政治因素的影响。

海运自由化面临的政治问题主要来自美国，谈判结束前的最后几天，欧共体和美国就海运等问题进行过紧张的双边谈判，当时，美国主张将海运排除在《服务贸易总协定》之外，且拟对金融、基础电信、海运和空运按不适用最惠国待遇的原则处理。因为美国并不准备取消其货载保留和其他对本国海运业的保护措施，另外，美国还反对被欧共体认可的封闭式班轮公会体制。谈判结束前，美国才提交了一份有条件的开价单，但所承诺的开放水平远低于其他国家的要求。同时，美国还抛出了一份冗长的海运部门不适用最惠国待遇原则的措施清单，其中包括单边报复措施等。美国的谈判立场出自其海运政策。

世界贸易组织海运谈判举行了10多次会议，尽管大多数国家表达了他们希望谈判能够成功结束的愿望，但大国间的利益冲突也日益突出。在会上，欧盟、日本和挪威对美国通过的阿拉斯加石油出口法案提出了尖锐的批评，因为该法案将运输权保留给了美国旗船舶，这些国家和地区认为美国的这一做法提高了其谈判地位，不符合部长级会议的有关规定。

欧盟、日本、挪威在谈判中起着主导作用，三方利益一致，政策相符，都希望能进一步进入他国海运市场。1996年3月，欧盟通过了一项海运发展战略计划，其中之一就是试图利用世界贸易组织海运谈判这一多边渠道打开其他国家的海运市场。欧盟在谈判中做了最大努力。而作为既是贸易大国又是海运大国的美国，其作用也是举足轻重的，谈判结果在很大程度上取决于美国的政治愿望。发展中国家，特别是东南亚国家的作用也不可忽视，2013年"一带一路"建设以来，东南亚国家经济繁荣和贸易增长，已使之进入这一市场成为发达国家的主要贸易战略目标，如果这些国家的承诺水平不高，显然是不会被发达国家所接受的。对于这些国家而言，如果海运不能纳入多边贸易体制，他们将面临与发达国家进行双边对话的局面。在政治、经济等综合实力相差较大的现实条件下，多边贸易体制对他们来说起着保护伞的作用。

(2)暂停海运谈判对海运业的影响

海运谈判原定在1996年6月30日之前结束。为使谈判成功结束，世界贸易组织海运谈判组于1996年5—6月连续召开会议，但由于种种原因美国一直拒绝做出承诺。尽管其他国家曾努力让步，美国仍重申不会改变立场，致使谈判如期完成的希望破灭。世界贸易组织服务贸易理事会于1996年6月28日通过一项决定，暂时中止海运谈判，待下一轮全面的服务贸易谈判开始时恢复。在谈判中止期间，谈判各方不得增加新的贸易限制以增强其谈判地位，在海运服务业的最惠国(MFN)义务也相应中止。在上述决定生效30天内，有关成员可以修改或撤回其海运开价，如果将承诺列入本国减让表，则必须在MFN基础上适用。这次海运谈判受挫的原因在于美国、欧洲各国等组织所持的态度存在分歧。

海运谈判的暂停，将使国际社会在下一轮谈判开始之前缺少一个能够促进全球海运自由化进程的多边论坛，从而延缓这一进程，但这并不意味着现有的海运自由化水平将降低。暂时中止海运谈判的决定，要求各参加方在下一轮谈判结束前不得实施新的影响海运贸易的措施。乌拉圭回合谈判结束时通过的继续进行海运谈判的决定中也有同样的规定。从实际效果上看，除美国新制定的阿拉斯加石油出口法中含有保护本国海运业条款外，其他国家未出台新的保护措施。另外，虽然采取什么样的航运政策是各国的内部事务，但随着国际经济一体化进程的发展，良好的投资环境是一国经济融入世界经济的必要保证。目前，贸易自由化已成为全球经济发展的趋势，各国在调整经济政策时除需考虑自身需要外，还会受到来自国际环境多方面因素的制约。海运业国际性强的特点使得各国更不会轻易关闭已开放的市场，因此，有理由认为，绝大部分国家将会认真遵守“决定”的要求，世界海运自由化不会出现倒退现象。虽然暂停谈判不会导致世界海运自由化水平的降低，但可能会带来以下两个后果：

①现有的海运自由化缺少国际法律的保障

从世界贸易组织的功能和其有关多边协议的作用分析，这一法律保障主要体现在：各国因受国际法的约束而不得违反已做出的承诺，争端可根据有关国际法的规定在国际场所解决。但是，在现阶段，该法律保障也会被一些国家当作保护主义的保护伞。因为，虽然海运及整个服务贸易谈判已经历了近10年时间，但与已有50年历史的货物贸易关税减让谈判相比尚处在初始阶段。服务贸易谈判的目标是达到高水平的自由化，自由化被普遍认为包括两层含义：自由竞争和公平竞争。而海运谈判主要涉及自由竞争问题，且处在最初始的阶段。因此，即使海运谈判取得成功，所达到的自由化水平也是相对较低的，而且一旦一轮谈判结束，可能会产生一种反作用，即给那些市场不太开放的国家提供了法律的保障。从这一点看，此次谈判暂停，一方面使得现有的开放水平缺少国际法律的保障，另一方面也使一些国家失去利用国际法庇护本国航运保护主义的机会。

②各国海运法规将转向双边对等原则

世界贸易组织的海运谈判与两国政府间的双边海运谈判的主要区别是，前者遵守最惠国待遇原则，后者依照双边对等原则。暂停海运谈判，对那些极力主张海运自由化，并希望通过适用最惠国待遇原则快速打开其他国家海运市场的国家来说无疑是一个打击，因此，他们在寻求打开他国市场时将以双边对等原则为由通过双边途径解决。这对开放程度较大的国家是有利的，实力较弱且不太开放的国家将面临来自双边谈判的压力。但值得注意的是，由于各国已有了世界贸易组织海运谈判的经验，不会轻易对不同国家实行差别待遇，以避免在今后的世界贸易组织海运谈判中遇到麻烦。

(3)海运谈判新动向

1996年服务贸易理事会做出搁置海运运输服务贸易谈判的决定,并承诺待服务贸易谈判全面启动后,再恢复海运运输服务的谈判。而实际上,服务贸易谈判已于2000年年初启动,根据2000年5月的服务贸易理事会特别会议的决定,谈判将以消除海运障碍来实现海运运输服务自由化。2001年10月,第四次世贸部长级会议在卡塔尔的多哈举行,标志着新一轮海运谈判的开始。为此,美国、欧盟、日本、中国香港、澳大利亚、加拿大、韩国等许多成员方就海运谈判议题,已向世贸服务贸易海运特别会议提交了海运谈判建议书。除单独提交建议书外,许多成员方还联合向世贸服务贸易海运特别会议提交了海运谈判建议书。经过12年的努力,多哈回合终于在2013年12月达成了早期收获,包括简化海关及口岸通关程序、允许发展中国家在粮食安全问题上具有更多选择权、协助最不发达国家发展贸易等10个文件。这些文件也被称为"巴厘岛一揽子协议"。2014年11月,世贸组织成员正式通过《贸易便利化协议》,标志着多边贸易机制朝着多哈回合谈判目标再次启程。2025年,国际航运公会联合47国推出航运碳税新提案,海运谈判进入新方向。

第二节《联合国海洋法公约》的相关规定

《联合国海洋法公约》(United Nations Convention on the Law of the Sea,UNCLOS)由联合国于1982年通过的,截至2024年,UNCLOS一共有168个缔约方,其中包括167个国家和欧盟。《联合国海洋法公约》被称为"海洋宪章",是国际社会规范海洋活动的基础性法律文件,已在国际海洋法体系中确立了广泛的适用性和权威性。UNCLOS对国际海事安全、海洋环境保护等问题做出了相关规定。

一、国际海事安全方面

1. 适航制度

适航是确保船舶海上航行安全的根本,包含"船舶适航""船员适任""船舱适货"三个内容。其中,"船舶适航"是指船舶本身的设计、结构、性能等方面能够应对船舶在航行与营运过程中所面临的风险。"船员适任"是指船舶上所配备的甲板部和轮机部等船员,无论是在配员数量上,还是在配员所获得的职务证书与通过的专业训练要求上,均能契合船舶航行与营运正常开展的需要。"船舱适货"是指船舶各类舱室或载货处所等均适宜且确保用于接收、装载、运输、保管、照料货物。

UNCLOS第94条详细规定了船旗国对悬挂其旗帜的船舶的责任,包括确保船舶在航行前和航行期间的适航性。船旗国需对船舶的技术状况、建造、维修和设备进行监督,确保其满足国际适航标准。虽然UNCLOS未详细列出适航的技术标准,但要求船旗国确保船舶遵循IMO的标准和公约,包括《国际安全管理规则》(ISM规则)和《国际海上人命安全公约》(SOLAS公约)。这些规则规定了船舶设计、建造、设备和操作的具体标准,确保船舶具备适航性。

UNCLOS第94条要求船旗国确保船员具备适任资格,拥有相应的资质和能力以确保船舶的安全航行。船员适任性涉及船长、驾驶员、轮机员、通信人员等在内的各类船员的专业能力。UNCLOS 未具体说明船员的资质认证要求，但 IMO 制定了《1978 年海员培训、发证和值班标准国际公约》（STCW 公约），对船员的培训、认证和能力评估做出了详细规定。该公约是全球认可的船员培训和适任标准，UNCLOS 通过船旗国的义务要求各国遵循 STCW 公约中的船员适任标准，确保船员的专业性和资质。

在“船舱适货”方面，UNCLOS 未直接做出具体规定，但其第 94 条要求船旗国确保船舶在国际航行中的安全性。这也暗含了船舱的适货性要求，即船舱必须符合装载货物的安全条件，避免在运输过程中发生货损或货物危害船舶安全的情况。虽然 UNCLOS 未规定具体的船舱适货标准，但 IMO 制定的《SOLAS 公约》等文件明确了船舶装载货物的要求。例如，SOLAS 公约要求船舶在装载、积载和运输货物时，确保货物系固和安全，以防止运输过程中发生货物位移或泄漏。对于危险货物的适货性，IMO 制定了《国际海运危险货物规则》（IMDG 规则），规定了危险货物的包装、标识、运输和船舱要求，以确保危险品运输的安全性。UNCLOS 通过船旗国的责任义务，将 IMO 的这些适货性标准纳入适用范围，间接确保了船舱适货性。

2. 多元管控制度

UNCLOS 明确了国际海事安全的管控主体，确立了船旗国监督、沿海国监督和港口国监督并存的多元主体管控制度。

船舶悬挂某一国家的国旗即具有该国国籍，这个国家即该船的船旗国（flag state）。船旗国监督是指船舶所属国对悬挂其国旗的船舶进行的管理和监督。UNCLOS 第 94 条要求船旗国对所有悬挂其旗帜的船舶进行登记和管理，确保其船舶在海上合法、安全地航行。这包括对船舶的登记、船员的适任性、船舶设备和航行的监督。

沿海国监督是指沿海国家在其主权海域、专属经济区和大陆架范围内行使的监督权。UNCLOS 规定沿海国在其海域内具有一定的监管和执法权，尤其是保障本国安全和保护环境的权利。UNCLOS 第 2 条赋予沿海国对其领海的完全主权，沿海国在领海内对船舶的活动享有监管权，可以制定和实施涉及安全、环保、航行等方面的法律。其第 19 条和第 21 条规定外国船舶可以无害通过领海，但沿海国有权监督其行为，确保不损害沿海国的安全、秩序或资源利益。沿海国可以规定外国船舶在无害通过时需遵循的交通规则，并在必要时采取措施维护安全。

港口国监督是指港口国对停靠在其港口的外国船舶进行的监督管理，主要涉及船舶安全、船员适任性和环境保护等方面的规定。UNCLOS 规定港口国有权在其港口内对外国船舶进行检查，确保其遵守国际法律和本国规定。这种检查一般包括对船舶设备、消防系统、救生设备等方面的审查，确保船舶不会对港口或港口国家的环境和人员构成威胁。港口国可对船员资质进行检查，以确保船员符合相关的适任标准，并具备合法证书。这可以防止无资质船员操作船舶带来的安全风险。UNCLOS 第 218 条规定，港口国可对涉嫌排放污染物的外国船舶进行检查，确保其遵守国际环保法规。港口国有权根据 MARPOL 公约等国际规定，对违反污染标准的船舶采取措施。

3. 打击海盗

UNCLOS 在打击海盗和非法活动方面设立了多项重要条款，以维护公海上的秩序和安全。公约中对于海盗行为的定义、打击措施的授权、各国的义务等作出了详细规定，力求通过国际合作来应对海上非法活动。

UNCLOS 第 105 条赋予所有国家在公海上打击海盗行为的执法权。任何国家的船舶在公海上可以对从事海盗活动的船舶采取扣押、拘留及引渡的措施,并在本国或其他国家进行审判。这种执法权的设立为各国在公海上采取行动打击海盗提供了法律依据,有效填补了海洋法中无国界区域的执法空白。

UNCLOS 第 106 条规定,如果一国在执行打击海盗行动中存在滥用权力行为,例如误判一艘合法船舶为海盗船,该国必须对由此造成的损失承担责任。该条款确保了国家在执行海盗打击行动时的谨慎性,避免各国滥用执法权,同时,也保护了合法航行的船舶及其船员的权益,维护了国际法的公正性。

UNCLOS 第 100 条规定,所有国家有义务在打击海盗活动方面进行合作。这一义务意味着,打击海盗不是单一国家的责任,而是全球共同的责任。国家之间的合作形式可以包括情报共享、联合巡逻、联合演习等。这一规定为国际社会应对海盗活动奠定了合作基础,有助于联合国、国际海事组织等机构协调各国一起努力。

二、海洋环境保护方面

UNCLOS 首次将海洋环境保护纳入国际法框架,规定了各国在防止污染、保护生态方面的责任与义务。

UNCLOS 第 192 条确立了各国对海洋环境的保护义务。要求各国在利用海洋资源的过程中,始终考虑到环境保护的需要,避免对海洋生态造成不可逆转的破坏。这一条款为所有国家确立了海洋环境保护的基本责任,无论是沿海国家还是内陆国家都应遵循这一义务。第 193 条赋予沿海国家在其专属经济区内对海洋资源的开发权利,但要求沿海国在行使这一权利时,必须兼顾环境保护。该条款平衡了沿海国家的主权利益和全球环保责任。一方面,沿海国家可以开发资源,推动经济发展;另一方面,它们也必须确保不因开发而破坏海洋生态系统。第 194 条规定,各国应采取必要措施预防、减少和控制各种来源的海洋污染,包括陆源污染、船舶排放、废物倾倒、海底资源开发,以及其他人类活动产生的污染。第 195 条规定,各国在减少污染时,应避免将污染转移到其他国家或环境中,防止"污染输出"现象。该条款意在阻止污染的"外包",即一国采取措施减少本国污染时,避免对邻国或全球环境产生新的污染。这对跨国公司和国际贸易具有重要约束力,敦促其在减排过程中采取全面、负责任的措施。第 196 条特别强调了有害物质和入侵物种的扩散,要求各国采取必要措施,避免对海洋生物、生态系统造成影响。第 207 条针对陆源污染问题,要求沿海国家根据各自国情制定和实施防治陆源污染的法律和政策,在工业、农业、城市化过程中加强控制,尽可能减少农药、重金属等污染物进入海洋。第 208 条规定沿海国家在开发大陆架资源(如石油、天然气、矿产)时,必须加强监管,采取防泄漏、防污染措施,防止对海洋环境的污染。第 210 条规定,沿海国家应建立并执行废物倾倒许可制度,对废物倾倒行为进行严格管理,特别是在专属经济区和公海区域,确保废物的处理符合国际标准,避免有毒有害物质进入海洋。第 200 条明确规定,各国应在科学研究、技术开发和政策制定方面合作,以减少海洋环境污染。第 201 条要求各国应交换关于污染控制的最新信息,并在海洋保护技术上进行合作,发达国家和国际组织应帮助发展中国家建立环保基础设施,提供技术援助和资金支持。

UNCLOS 在海洋环境保护方面提供了详细的法律框架,涵盖了预防、减少和控制污染,保护海洋生态系统,协调国家间的环保责任等多方面内容。这些规定不仅反映了对海洋生态环境的重视,也为沿海国家和航运业设定了具体的环保义务和标准。

第三节 国际海事组织的相关政策

一、IMO 简介

国际海事组织(IMO)是联合国负责海上航行安全和防止船舶造成海洋污染的一个专门机构,总部设在伦敦。IMO 最早成立于 1959 年 1 月 6 日,原名“政府间海事协商组织”,1982 年 5 月改为现名,至 2024 年 10 月共有 176 个成员国和 3 个联系会员。

IMO 的宗旨为:促进各国间的航运技术合作,鼓励各国在促进海上安全、提高船舶航行效率、防止和控制船舶对海洋污染方面采取统一的标准,处理有关的法律问题。

IMO 设有大会和理事会,以及海上安全、法律、海上环境保护、技术合作、便利运输等 5 个委员会和一个秘书处。大会为最高权力机构,每 2 年召开一次,其任务是选举理事国,制订工作计划和财务预算,讨论本组织职权范围内的技术和法律问题。理事会共有 40 名成员,分为 A、B、C 三类。其中 10 个 A 类理事为航运大国,10 个 B 类理事为海上贸易量最大国家,20 个 C 类理事为地区代表。理事会是该组织的重要决策机构。该组织每 2 年举行一次大会,改选理事国和主席。当选主席和理事国任期 2 年。

IMO 的主要活动包括制定和修改有关海上安全、防止海洋受船舶污染、便利海上运输、提高航行效率及与之有关的海事责任方面的公约;交流上述有关方面的实际经验和海事报告;为会员国提供本组织所研究问题的情报和科技报告;用联合国开发计划署等国际组织提供的经费和捐助国提供的捐款,为发展中国家提供一定的技术援助。

中国于 1973 年加入 IMO。1989 年,在第 16 届大会上,中国当选为 A 类理事国,并连任至今。中国加入该组织后,历年均派团出席有关国际会议并参与相关国际法规、议定书的制定。

二、四大海事公约

IMO 颁布了 4 个和海上安全、防污染及船员管理相关的国际公约,分别为:《1966 年国际船舶载重线公约》(LL 1966)、《1974 年国际海上人命安全公约》(SOLAS 1974)、《〈1973 年国际防止船舶造成污染公约〉1978 年议定书》(MARPOL 73/78)、《1978 年海员培训、发证和值班标准国际公约》(STCW 1978)。

《1966 年国际船舶载重线公约》的英文名称为“International Convention on Load Lines (LL 1996)”,是为谋求船舶安全航行,由国际海事组织制定的有关船舶载重线和干舷核定等方面规定的国际公约。该公约规定了不同类型船舶在不同水域和气候条件下的载重线的标注和适用规则,以确保船舶在适当的吃水深度航行。

《1974 年国际海上人命安全公约》(SOLAS 1974)的英文名称为“International Convention for the Safety of Life at Sea, 1974”,现称《〈1974 年国际海上人命安全公约〉1978 年议定书》(SOLAS 74/78),英文名称为“Protocol of 1978 Relating to the International Convention for the Safety of Life at Sea,1974”,是国际海事组织所制定的海事安全公约之一。条约的初创是因

“泰坦尼克”号沉没这一事件，于1914年通过的，并在1929年、1948年、1960年、1974年、1988年和2002年的国际海事组织大会中陆续修订。

SOLAS 1974主要对船舶的以下方面进行规定：(1)船舶结构与设备。规定船舶的设计、建造和设备要求，以确保其在各种条件下的安全。(2)航行安全。强调船舶在航行中必须遵循的安全操作规程，包括航行仪器和救生设备的配置。(3)救生设施。要求船舶配备足够的救生艇、救生筏和其他救生设备，并规定其维护和检查的标准。(4)消防安全。设定消防设备和灭火措施的要求，包括火警警报系统和火灾演习的规定。(5)应急程序。要求船员接受培训，以应对紧急情况，如火灾、溢油和人员失踪等。(6)载客和货物安全。规定载客船和货物船在安全运输方面的具体要求，确保不超载。(7)定期检验。船舶需接受定期的安全检验，以验证其符合SOLAS标准，通过检验的船舶将获得相应的安全证书。(8)危险货物运输。对于运输危险货物的船舶，增加了特别的安全要求和处理程序。

《〈1973年国际防止船舶造成污染公约〉的1978年议定书》(MARPOL 73/78)的英文名称为“The International Convention for the Prevention of Pollution From Ships, 1973 as modified by the Protocol of 1978”，是世界上第一个旨在防止船舶造成海洋污染的国际公约，也是人类保护海洋环境的第一个国际公约。该公约实际上包含2份基本文件，即《1973年国际防止船舶造成污染公约》《〈1973年国际防止船舶造成污染公约〉的1978年议定书》。因此，国际上通常将二者合称为73/78防污公约，即MARPOL 73/78。

MARPOL 73/78包括6个附录，分别针对不同类型的污染：(1)附录Ⅰ—油污：规定油类污染的预防措施、油舱设计和操作标准。(2)附录Ⅱ—有害液体物质：涉及液态有害物质的运输和排放，要求船舶遵守具体的处理和排放标准。(3)附录Ⅲ—有害包装物质：针对包装物质的管理，防止其对海洋造成污染。(4)附录Ⅳ—污水处理：规定船舶污水的处理和排放标准，要求在特定距离内排放处理过的污水。(5)附录Ⅴ—垃圾处理：涉及船舶垃圾的处理和排放规定，明确禁止向海洋投弃某些类型的垃圾。(6)附录Ⅵ—大气污染：针对船舶排放的污染物，如硫氧化物和氮氧化物，规定了控制标准和措施。

《1978年海员培训、发证和值班标准国际公约》(STCW 1978)的英文名称为“International Convention on Standards of Training, Certification and Watchkeeping for Seafarers, 1978”，是主要用于控制船员职业技术素质和值班行为的公约。STCW公约为缔约国提供了一个普遍能接受的海员培训、发证和值班标准方面最低标准。随着海运业的发展，国际海事组织对STCW公约不断进行修订。到目前，STCW公约经过了9次修订，其中1995年和2010年修正案是整体性的修正。

STCW公约包括多个部分，涵盖培训、认证和监管的具体要求：(1) 培训和能力要求。要求船员接受基础的安全和生存培训，包括消防、安全和急救等；根据船员的职务，规定不同的专业技能培训要求，如航海、工程、通信等；强调船员需定期参加继续教育，以保持其专业能力和更新知识。(2)发证标准。规定各类船员(如船长、轮机长、值班人员等)的发证标准，包括学历、培训和实习经验；各国需建立认证体系，确保培训机构的质量和合规性。(3)值班标准。规定船舶上不同岗位的值班时间和休息要求，以确保船员的工作安全和效率；要求船舶保持值班记录，以便于检查和监督。

三、港口国监督

港口国监督（PSC）是指港口国当局对抵港的外国船舶实施的，以船员、船舶技术状况和操作要求为检查对象的，以确保船舶和人命财产安全、防止海洋污染为宗旨的一种监督与控制。港口国监督作为对船旗国管理的补充，可以纠正与消除受检船上存在的不符合标准的缺陷。

港口国监督的由来可追溯到 1978 年的“阿莫科·卡迪兹”号油船的触礁事件。1978 年 3 月 16 日，“阿莫科·卡迪兹”号油船在法国布列塔尼海岸附近触礁，约 22 万吨原油泄漏，导致严重的海洋污染。该事故推动了对海洋污染防治的反思，人们认为港口国有必要共同采取措施，限制不满足国际公约要求的船舶继续航行。1982 年 1 月巴黎谅解备忘录（Paris MOU）应运而生，其成员有 28 个签署国，主要覆盖欧洲及北大西洋国家。巴黎谅解备忘录为建立区域性合作，形成全球性的港口国监控体系开了一个好头。后来，东京谅解备忘录、拉丁美洲港口国协议、加勒比海备忘录、地中海备忘录和印度洋备忘录等陆续签订。

1994 年 5 月 24 日，国际海事组织大会通过了关于加强海上安全特别措施（港口国监督），即 SOLAS 1974 新增第Ⅺ章的修正案。受这项决议的影响，目前多数港口国当局已经开始实施港口国监督。

目前各港口国以及区域性合作协议实施港口国监督所依据的国际公约有：《1966 年国际船舶载重线公约》《1969 年国际船舶吨位丈量公约》《国际海上人命安全公约》《〈1973 年国际防止船舶造成污染公约〉的 1978 年议定书》《1978 年海员培训、发证和值班标准国际公约》《国际劳工组织第 147 号公约》。

港口国监督的实施内容包括：（1）检查船舶有关证书及文件；（2）检查船体、机电设备和航海仪器状况；（3）根据有关国际公约，检查船员在船舶安全管理和防止污染操作方面的熟练程度；（4）检查船员工作和生活条件。

如果港口国检查人员在检查中发现有可能影响安全、人身健康和污染海洋环境的船舶缺陷，港口国可以要求船舶暂时停航，进行整改，或要求船舶进行必要修理等。

四、船舶硫排放控制区的设立

鉴于船舶排放对空气环境的影响，国际海事组织海洋环境保护委员会（MEPC）早在 1988 年就正式开展防止船舶造成大气污染议题的研讨及审议工作，后于 1997 年将 MARPOL 73/78 进行修订，通过了附则Ⅵ《防止船舶造成大气污染规则》，并于 2005 年 5 月 19 日正式生效。

为进一步加快保护海洋环境，2006 年起，国际海事组织 MARPOL 公约附则Ⅵ《防止船舶造成大气污染规则》对船舶的硫氧化物排放设立了总体的限制。国际海事组织认为有必要在全球范围内对船舶燃油污染进行控制并设定排放控制区，排放控制区分为硫排放控制区和氮排放控制区。目前，国际海事组织先后批准了 4 个排放控制区（Emission Control Area，ECA），包括波罗的海排放控制区、北海排放控制区、北美排放控制区，以及美国加勒比海排放控制区。这 4 大排放区域均是硫排放控制区，其中北海排放控制区和美国加勒比海排放控制区对氮氧化物和颗粒物的排放也有要求。

按照 MARPOL 公约的要求，在波罗的海、北海、北美以及美国加勒比海排放控制区内，船舶燃油的硫含量在 2015 年 1 月 1 日以后，不得超过 0.1%；在 2020 年 1 月 1 日以后，除排放控制区以外的全球其他海域船用燃油的最大硫含量不得超过0.5%。公约还要求,船舶靠泊后应尽早转换为低硫燃油(硫含量不超过0.1%),船舶开航前应尽量推迟切换为高硫燃油,燃油转换操作应记录在航行日志上。

五、减少温室气体排放的规定

在2003年,IMO第23次全体大会通过了一项关键决议,即963号决议,该决议将船舶温室气体的减排问题提升为政策重点。2018年MEPC在第72次会议上通过了一项开创性的文件——《IMO船舶温室气体减排初步战略》,这份战略文件提出了对于国际航运业温室气体减排的宏观规划目标:到2030年,全球航运业平均每运输单位的碳排放强度比2008年至少降低40%,到2050年力争降低70%,到2050年航运业的年度温室气体排放总量至少比2008年降低50%。

《IMO船舶温室气体减排初步战略》不仅提出了远景目标,还详细列出了实现这些目标的短期、中期和长期措施。在短期措施方面,战略强调了对船舶能效管理框架的进一步优化,对新旧船舶能效管理办法的技术性和操作性开发,以及鼓励各国更新和制订国家层面的航运减排计划。同时,还提出了推动低碳或零碳燃料的研发,并为不同燃料类型制定全生命周期内的温室气体/碳强度标准。在中期措施方面,战略提出了实施低碳或零碳燃料的计划,开发包括市场化措施在内的创新减排机制,并建立反馈机制以促进经验总结和最佳实践的分享。在长期措施方面,战略着重于持续研发零碳或非碳基燃料,并鼓励创新减排机制的建立,以实现航运业的持续减排。

2008年10月,IMO在第58届MEPC会议上提出将新造船二氧化碳设计指数标准改为EEDI,且强制实施。2011年7月15日,MEPC第62次会议通过了《〈1973年国际防止船舶造成污染公约〉1978年议定书》附则Ⅵ修正案,确定了“新船能效设计指数”(Energy Efficiency Design Index, EEDI)和“船舶能效管理计划”(Ship Energy Efficiency Management Plan, SEEMP)两项船舶能效标准。

EEDI是船舶在设计和建造阶段固有二氧化碳排放水平的衡量指标,表示船舶每吨/英里排放的二氧化碳。EEDI指数越小,能源效率越高。根据IMO相关公约的规定,2013年1月1日以后新造400总吨以上的船舶必须进行EEDI计算,并满足相应的能效要求。IMO在设立EEDI标准后,通过设定EEDI最低能效水平,计划在未来几年内逐步减小EEDI值(2015年降低10%,2020年降低20%,2025年后降低30%)。

EEDI关注船舶的设计效率,而SEEMP关注的是运营效率,SEEMP侧重于在船舶运营阶段通过管理和操作措施提高现有船舶的能效。SEEMP的内容包括计划、执行、监测、自我评估和改进四个阶段。第一步计划是为了更好地了解船舶当前的能源使用情况,应确定船舶已经实施的节能措施,并确定这些措施在提高能源效率方面的有效性;第二步执行是“做”阶段,确定负责实施每项措施的人员,并说明如何保存相关的数据记录;第三步监测是要定期进行数据收集,需要的数据是SEEMP中列出的特定机械项目所消耗的燃料量;第四步自我评估和改进是将消耗的能源与以前的消耗数据和在计划阶段设定的目标进行比较,并为改进提供有意义的反馈。

IMO在2016年推出了船舶燃油消耗的数据收集系统(DCS),规定自2019年起,所有5 000总吨及以上的船舶必须向相关管理机构提交其船用燃油的消耗情况。为了更准确地掌握船舶的年度碳排放数据,IMO 进一步建立了船舶燃油消耗量的数据库。通过 DCS 所收集的燃油消耗数据,IMO 能够更有效地监管和推动航运业的碳减排工作。

2020 年 11 月召开的国际海事组织第 75 届海洋环境保护委员会(MEPC 75)会议上提出了碳强度指数(Carbon Intensity Indicator, CII),目标是通过量化船舶的碳排放强度,推动航运业向低碳转型,以满足 IMO 对温室气体减排的长期目标。CII 计算船舶在特定时间段内所排放的二氧化碳量与所运输的货物量(或航程)之间的比例,从而得出碳强度指数。根据 CII 的计算结果,船舶将被评定为不同的碳强度等级,等级较低的船舶其船舶运营者须采取措施提升其等级。IMO 以 2019 年 DCS 数据为基础制定了不同类型及不同吨位船舶的要求的年度营运 CII 基线,且每年进行折减。

2021 年 MEPC 第 76 届会议通过了降低国际航运碳强度的技术和营运措施,包括现有船舶能效指数(EEXI)、增强的船舶能效管理计划(SEEMP)和碳强度指数(CII)评级计划。EEXI 是针对现有船舶的能效指数,适用于 2023 年 1 月 1 日之前交付或重大改建的总吨位 400 及以上的散货船、液货船、集装箱船等。每艘船舶应该计算"达到的 EEXI(Attained EEXI) ",并附上 EEXI 技术案卷并进行验证。达到的 EEXI 与达到的 EEDI 的计算公式完全一样,参数定义也一样,仅部分参数另有补充说明。

2023 年 7 月 IMO 审议通过了《2023 年 IMO 船舶温室气体减排战略》,该战略提出:(1)国际海运温室气体排放尽快达峰,并在 2050 年前后达到近零排放的目标;(2)到 2030 年,零/近零温室气体排放技术、燃料和/或能源使用占比至少达到 5%,并力争达到 10%;(3)到 2030 年,国际海运温室气体年度排放总量比 2008 年至少降低 20%,并力争降低 30%;到 2040 年,国际海运温室气体年度排放总量比 2008 年至少降低 70%,并力争降低 80%。

六、航行安全相关政策

国际海事组织(IMO)制定的 SOLAS 公约是所有涉及海上安全的国际公约中最重要的公约,为海上航运安全提供了有力保障。IMO 体系中除了 SOLAS 公约,还有《国际海上避碰规则》《国际海运危险货物规则》《国际船舶和港口设施保安规则》《极地水域船舶航行安全规则》等。

1. SOLAS 公约的背景与意义

1912 年发生了"泰坦尼克"号客船碰撞冰山而沉没的事故,在英国政府的倡议下,1913 年在伦敦召开了第一次海上人命安全会议,并于 1914 年 1 月 20 日制定了第一个国际海上人命安全公约《1914 年国际海上人命安全公约》,简称 SOLAS 1914。该公约的主要内容涉及船舶构造、分舱与稳性、救生和消防设备、无线电通信、航行规则和安全证书等方面。SOLAS 1914 后来又经历了多次修订,现行版本《1974 年国际海上人命安全公约》(SOLAS 1974),其主要内容涉及船舶检验、船舶证书、船舶构造、消防和救生设备、航行安全、无线电设备、谷物运输和危险货物运输等许多方面,在船舶结构、设备和性能等方面规定了统一标准。根据 SOLAS 1974 规定,各缔约国船舶须经本国政府授权的组织或人员的检查,符合公约规定的技术标准,取得合格证书,才能从事国际航运。

2. 国际海运危险货物规则

《国际海运危险货物规则》(IMDG 规则),是国际海事组织确保海上危险货物安全运输而制定的一套全球性规则,最初于 1965 年发布,后来不断被更新,以适应现代海运业的发展需求。它对危险货物的分类、包装、标记、运输和应急处理进行了全面而详细的规定。

IMDG 规则根据货物的化学性质和潜在危险将危险货物分为 9 大类,每一类代表一种特定的风险类型,分别是爆炸品、气体、易燃液体、易燃固体、氧化剂和有机过氧化物、有毒物质和感染性物质、放射性物质、腐蚀性物质、杂项危险物质和物品。

IMDG 规则对每一类危险货物都有特定的包装要求,包括包装材料、包装结构、密封性、抗冲击性和防水性等,以确保其在运输过程中不会发生泄漏或反应。每件危险货物都必须粘贴或打印符合规定的标记,包括 UN 编号、危险货物类别标签等。

为保障危险货物运输的安全,IMDG 规则规定了具体的运输条件,包括装卸、储存和运输环境要求,如温度控制、隔离措施、装载稳定性等。

IMDG 规则要求承运人和发货人提供危险货物申报单(Dangerous Goods Declaration)、运输文件、装箱单和堆放计划等,以确保各环节人员对危险货物的了解。

IMDG 规则设有危险货物运输过程中发生意外时的应急反应指南,包括在船舶和港口的应急响应计划,用于应对泄漏、火灾、爆炸等突发事件;以及说明如何处理中毒、灼伤或辐射暴露的急救措施指南。

IMDG 规则要求所有参与危险货物运输的人员必须接受专业培训,培训内容包括危险货物的分类、标识、包装、堆放、运输方式以及紧急应对等;培训需要涵盖理论知识和实践操作;培训结束后需要通过考试获得资格认证,以确保每位从事危险货物运输的人员具备必要的专业技能。

IMDG 规则最初是作为推荐性指南发布的,但随着海上危险货物运输安全问题的日益严重,国际海事组织(IMO)决定将 IMDG 规则的内容纳入 SOLAS 公约中进行强制实施。从 2004 年开始,根据 SOLAS 公约第Ⅶ章的要求,IMDG 规则中的主要内容对于签署和执行 SOLAS 公约的国家来说具有强制性。

3. 国际船舶和港口设施保安规则

《国际船舶和港口设施保安规则》(ISPS 规则)于 2002 年 12 月在伦敦召开的国际海事组织海上保安外交大会通过,2004 年 6 月 25 日开始生效。ISPS 规则的主要内容有 3 个方面,即对缔约国政府的要求、对公司和船舶的要求和对港口设施的要求。

(1)对缔约国政府的要求

对缔约国政府的要求包括批准《船舶保安计划》及其后的修改;审核船舶是否符合第Ⅺ-2 章和 ISPS 部分的规定,并向船舶签发国际船舶保安证书;为船舶规定保安等级并向船舶通报有关保安信息;规定船舶何时应要求签署保安声明;向国际海事组织通报公约和 ISPS 规则要求的保安信息。

缔约国政府要为船舶和港口设施规定保安等级,ISPS 规则规定了 3 个国际通用的保安等级。保安等级 1 为普通状态,船舶和港口设施通常要在这个等级上运作;保安等级 2 为加强状态,此等级适用于保安事件风险加大的情况;保安等级 3 为一段时间内的特殊状态,适用于有发生保安事件的可能性或出现迫在眉睫的保安威胁时。

(2)对公司和船舶的要求

船公司要为公司指定 1 名或数名公司保安员,并为每艘船舶指定 1 名保安员。公司保安员的职责是确保船舶开展保安评估、制订船舶保安计划。船舶保安员主要负责船舶日常营运的保安工作。

船舶保安计划是指为确保采取旨在保护港口设施和船上人员、货物、船舶物料以及船舶免受保安事件威胁的措施而制订的计划。船舶保安计划应能保证船舶通常保持在保安等级 1 上营运，在接到指令时，能够采取额外的或加强的保安措施而升级到保安等级 2，并在保安等级 3 时对可能接到的保安指令做出反应。公司和船舶保安员应监督船舶保安计划持续有效，开展独立的内部审核。船舶保安计划的任何修改，必须报经主管机关批准。

ISPS 规则规定船舶须持有国际船舶保安证书，还规定了公司保安员和船舶保安员以及其他负有保安职责的船上和岸上人员的知识培训、演练和演习的要求。

（3）对港口设施的要求

各缔约国政府须确保对港口设施开展港口设施保安评估并加以审查和批准。港口设施保安评估有 3 个要素。首先，它们必须确定并评价对港口设施来说重要的财产和基础设施，以及一些区域和结构，这些区域和结构如果被破坏的话，将造成重大的生命损失或对港口设施的经济和环境造成重大损失。其次，评估必须确定对关键财产和基础设施的实际威胁，以便为保安措施排定优先次序。最后，评估必须通过确定物理保安措施、结构完整性、保护系统、程序方针、通信系统、运输基础设施设备和其他在港口设施内可能会成为攻击目标的方面的弱点，解决港口设施的薄弱环节。

4. 极地水域船舶航行安全规则

为应对日益增长的商业运输给北极和南极环境带来的风险，国际海事组织于 2014 年 11 月通过了《国际极地水域运作船舶规则》（以下简称极地规则）。该项规则专门针对极地航行制定，旨在维护极地航行中船舶的安全，保护极地生态环境。

（1）环境保护方面的规定

极地规则在环境保护方面制定了防止油类污染、控制散装有毒液体物质污染、防止船舶生活污水与海洋垃圾污染等管理规定。

在防止油类污染方面，极地规则的主要内容包括：第一，禁止任何船舶在极地水域排放油或油性混合物入海；第二，要求船舶根据 MARPOL 73/78 的规定，将油类物质的处理活动记入油类污染物处理记录簿之中，还要求船舶制订相应的油污事故应急计划；第三，规定了船舶必须满足相应的设备要求。

在控制散装有毒液体物质污染方面，极地规则的主要内容如下：第一，禁止任何船舶在极地海域进行任何形式的散装有毒液体物质及散装有毒液体物质混合物的排放活动；第二，极地航行船舶应该根据 MARPOL 73/78 的规定，将散装有毒液体物质的处理活动记入散装有毒液体物质处理记录簿之中，并制订散装有毒液体物质污染事故应急计划。

在防止船舶生活污水污染方面，极地规则原则上禁止在极地水域内排放生活污水，但在满足 MARPOL 73/78 附则Ⅳ和下列要求时排除该规则使用：第一，船舶在距任何冰架或固定冰超过 3 海里处按 MARPOL 公约附则Ⅳ第 11.1.1 条的要求排放经粉碎和消毒的生活污水，且应尽实际可能远离海冰密集度超过 1/10 的区域；第二，船舶在距任何冰架或固定冰超过 12 海里处按 MARPOL 公约附则Ⅳ第 11.1.1 条的要求排放未经粉碎和消毒的生活污水，且应尽实际可能远离海冰密集度超过 1/10 的区域；第三，船上由主管机关核准的经认可的生活污水处理装置正在运行，该装置符合 MARPOL 公约附则Ⅳ第 9.1.1 或 9.2.1 条的操作要求，并按 MARPOL 公约附则Ⅳ第 11.1.2 条的要求排放生活污水，且应尽实际可能远离最近陆地、任何冰架、固定冰或海冰密集度超过 1/10 的区域。

在防止船舶垃圾污染方面，极地规则要求如下：首先，在北极水域若需要进行船舶垃圾的排放，应优先使用适当的港口设施进行垃圾处理和处置，避免在海洋中直接排放；除了要遵守MARPOL公约附件V中的相关规定，还需要制订并实施垃圾管理计划，详细说明垃圾的收集、存储和处理措施；而且船舶必须详细记录垃圾的处理和排放情况，包括类型、数量及处理方式，以便进行审查和监督。其次，只有船舶在航行过程中遇到紧急情况时，才可以排放不可回收的残留货物垃圾，且应采取必要措施减少对环境的影响；船舶必须保持详细的记录，说明不可回收的残留货物垃圾的类型、数量及处理或排放的情况。

(2)关于安全保障的规定

极地规则将保护人员安全与航行安全作为重点之一，具体规定如下：

①在极地水域操作方面，规定了极地航行船舶应配备极地水域操作手册。

②在船舶结构方面，使用的材料应适合于船舶在极地服务温度下操作，同时，船舶结构应设计为抵御预见冰况下预期的整体和局部结构载荷。

③在分舱和稳性方面，分别规定了完整状态稳性要求和破坏状态稳性要求。

④在水密和风雨密完整性方面，规定了应进行低气温操作船舶的水密与风雨密设计；对于在可能发生积冰的区域和时期内操作的船舶，应采取措施清除或防止在舱口盖和门的周围的冰雪积聚。

⑤在机械设备方面，规定了低气温操作船舶的机械装置和所用材料要求。

⑥在救生设备与布置方面，对逃生要求、撤离要求和求生要求三方面内容进行了规定。在逃生要求中，规定对露天积冰的船舶采取措施，以清除或防止进入通道的冰雪积聚；在撤离要求中，规定船舶应有确保人员安全撤离的措施；在求生要求中，规定了救生服或保温用具的提供，以及探明设备的配备。

⑦在配员和培训方面，船长、大副和负责航行值班的高级船员应具有满足经修正的STCW公约和STCW规则第V章规定的资质；主管机关可允许使用除船长、大副或负责航行值班的高级船员以外的1名或多名人员；使用满足培训要求的非航行值班的高级船员并不解除船长或航行值班高级船员对船舶安全所担负的责任和义务。

参考文献

一、编著类

[1]於世成.海商法[M].北京:法律出版社,1997.

[2]蒋正雄.中国海商法研究[M].上海:上海社会科学院出版社,2004.

[3]王杰,王琦.国际航运组织的垄断与竞争[M].大连:大连海事大学出版社,2000.

[4]吕靖,王杰.大连东北亚国际航运中心发展战略规划研究[M].大连:大连海事大学出版社,2005.

[5]赵大利.船舶工业经济研究集萃[M].北京:经济科学出版社,2009.

[6]於世成,胡正良,郏丙贵.美国航运政策、法律与管理体制研究[M].北京:北京大学出版社,2008.

[7]孔祥俊.反垄断法原理[M].北京:中国法制出版社,2001.

[8]杨赞,王杰.国际航运中心发展的若干理论研究[M].大连:大连海事大学出版社,2009.

[9]周佑勇.行政法专论[M],北京:中国人民大学出版社,2010.

[10]彭传圣,于秀娟,等. 亚太绿色港口实践精选[M].北京:人民交通出版社股份有限公司,2019.

[11]HARALAMBIDES H E. The shipping policy of the European Union[M]. University of Piraeus, Department of Maritime Studies, 2006.

二、研究报告

[1]European Federation of Inland Ports. Annual report 2010—2011[R]. Brussels: EFIP, 2012. 4-6.

[2]European Commission. White paper, roadmap to a single European transport area-towards a competitive and resource efficient transport system[R]. Brussels: EU, 2011. 16-45.

[3]European Commission. The 2012 annual work programme under the "Marco Polo" Programme II[R]. EU, 2012. 3-5.

[4]IMO. Fourth IMO GHG Study[R]. MEPC, 2020.

三、论文集

[1]中国造船工程学会. 第十二届全国内河船舶与航运学术会议论文集[C],2012.

[2]PSARAFTIS H N, FORMER C E O, AUTHORITY P P. An analysis of the European Union ports policy[C]//IMAM 2005: 11th International Congress of the International Maritime Association of the Mediterranean. 2005.

四、学位论文

[1]艾亚钊. 船舶登记制度研究及我国的对策[D]. 武汉理工大学,2004.

[2]黄渝娜. 关于欧盟海运竞争法的研究[D]. 上海海事大学,2007.

[3]张联. 关于我国国际海运船舶-投融资政策的研究[D]. 上海海运学院,2003.

[4]井艳. 美国航运立法的研究与借鉴[D]. 上海海运学院,2002.

[5]金钰. 美国航运政策及其立法研究[D]. 大连海事大学,2000.

[6]章博. 欧美航运竞争法的比较与借鉴[D]. 上海海事大学,2005.

[7]姜宏. 欧盟航运经济政策与法律制度研究[D]. 大连海事大学,2000.

[8]王璐. 欧盟内河航运法律政策及对我国的启示研究[D]. 大连海事大学,2009.

[9]朱延东. 日本海运政策的沿革与发展趋势研究[D]. 大连海事大学,2000.

[10]刘舟径. 我国对造船业扶持与规制的法律问题研究[D]. 大连海事大学,2009.

[11]王世超. 中资国际航运方便旗船舶特别登记问题研究[D]. 大连海事大学,2008.

[12]宋莉. 我国船舶发展政府投融资政策研究[D]. 武汉理工大学,2006.

[13]刘爽. 国际班轮运输运价协议法律问题研究[D]. 大连海事大学,2008.

[14]赵爽. 第二船籍登记制度及其相关法律问题研究[D]. 大连海事大学,2007.

[15]於世成. 美国航运法研究[D]. 华东政法学院,2006.

[16]杜小军. 日本战后海运政策研究[D]. 南开大学,2003.

[17]胡正良. 中国航运法之研究[D]. 大连海事大学,2003.

[18]王杰. 国际航运中心形成与发展的若干理论研究[D]. 大连海事大学,2007.

[19]葛志伟. 中美内河航运的比较研究[D]. 武汉理工大学,2006.

[20]汪顺静. 欧盟内河航运市场管理法律政策及对我国的启示研究[D]. 大连海事大学,2009.

[21]梁春美. 国际航运业反垄断豁免制度研究[D]. 华东政法大学,2012.

[22]刘颖. 欧盟对航运联营体实行的反垄断豁免制度研究:兼论我国《航运法》起草的相关建议[D]. 大连海事大学,2012.

五、期刊文献

[1]李盛. 欧盟发展内河航运的政策措施及对我国的启示[J]. 武汉交通职业学院学报,2006 (02): 1-5.

[2]周珏如,赵一飞. “货载保留”政策研究[J]. 交通企业管理,2007(08):39-40.

[3]於世成,林晖. 关于欧洲联盟共同海运政策的思考[J]. 水运管理,1998(11):2-6.

[4]井艳. 简评美国《航运改革法》实施的效果与影响[J]. 中国海商法年刊,2002(00):11.

[5]张晋元. 美国港口与航运管理体制透视[J]. 中国港口,2005(06):53-54+47.

[6]徐仪佑. 美国海运政策的演变[J]. 水路运输文摘,2006(07):19.

[7]涂文玲. 欧美内河航运对发展我国内河航运的启示[J]. 中国科技信息,2007(09):94-95.
[8]井艳. 欧盟海运政策的发展及其启示[J]. 中国港口,2007(09):51-52.
[9]刘慧. 欧盟航运政策述评[J]. 水运管理,2003(01):28-32.
[10]日本海运政策演进分析及其借鉴[J]. 水路运输文摘,2003(12):7-8.
[11]吕鸣,章博. 我国航运竞争法的反垄断豁免制度[J]. 水运管理, 2005 (03): 23-25.
[12]包鹏程,王晓. 我国现行航运政策的比较研究[J]. 南通航运职业技术学院学报, 2003(03): 54-56.
[13]胡绪雨. 美国、欧盟航运行政立法的发展[J]. 综合运输, 2003(04): 55-57.
[14]邓丽娟. 欧盟制定新海事政策的启示[J]. 中国航海, 2008(02): 162-165.
[15]杨荣波. 船舶登记制度的国际统一性问题研究[J]. 中国海商法年刊, 2007(00): 346-358.
[16]陈继红, 王学锋. 国际航运协议组织的制度变迁分析[J]. 集装箱化, 2005(01): 29-31.
[17]郏丙贵. 后班轮公会时代国际班轮市场管制[J]. 大连海事大学学报(社会科学版), 2007(05): 6-10.
[18]徐仪佑. 美国海运政策的演变[J]. 中国水运,2006(05):54-55.
[19]雷海. 中国实施第二船籍登记制方法与步骤的建议[J]. 中国远洋航务, 2007(09): 54-55+9.
[20]李南,许源. 经济全球化与船舶开放登记制度[J]. 上海海运学院学报, 2004(01): 56-59.
[21]于谨凯,侯瑞青. 海洋运输业竞争力提升中的政府补贴机制研究[J]. 内蒙古财经学院学报, 2009 (06): 5-10.
[22]管振. 船舶国籍法律问题应对探究[J]. 法制与社会, 2008(36): 5-6.
[23]张湘兰,张辉. WTO 海运服务贸易法初探[J]. 法学评论,2002(3):88-93.
[24]赵学清, 杨旭. WTO 补贴规则与我国优惠政策[J]. 重庆社会科学, 2004(02): 90-94.
[25]陈昌. 浅析港口国监督的发展趋势[J]. 中国海事, 2009(09): 46-49.
[26]杨燕. 我国内河运输企业发展现状及趋势[J]. 物流科技, 2013, 36 (03): 28-30.
[27]吴国付. 美国港口管理体制考察[J]. 交通企业管理, 2005(11): 54-55.
[28]李煜. 航运联营体发展对我国航运业的启示[J]. 水运管理, 2013, 35 (09): 19-21+35.